beck'sche reihe

b sr

Von den Unterschichten in der Bundesrepublik bis zum heftig umstrittenen EU-Beitritt der Türkei, vom Nationalismus bis zu den lange tabuisierten Opfererfahrungen der Deutschen reicht das Spektrum dieser neuen Essays von Hans-Ulrich Wehler. Der Bielefelder Historiker, der unlängst mit dem fünften und abschließenden Band seiner großen «Deutschen Gesellschaftsgeschichte» selbst eine Kontroverse ausgelöst hat, demonstriert in diesem Band einmal mehr seine besondere Begabung, die Rolle des Wissenschaftlers mit der des tagespolitisch engagierten Publizisten zu verbinden.

Hans-Ulrich Wehler, geb. 1931, war bis zu seiner Emeritierung Professor für Allgemeine Geschichte an der Universität Bielefeld. Seine «Deutsche Gesellschaftsgeschichte» liegt in fünf Bänden vollständig bei C. H. Beck vor.

Hans-Ulrich Wehler

Land ohne Unterschichten?

Neue Essays
zur deutschen Geschichte

Verlag C.H.Beck

Originalausgabe

© Verlag C. H. Beck oHG, München 2010
Satz, Druck u. Bindung: Druckerei C. H. Beck, Nördlingen
Umschlagentwurf: malsyteufel, Willich
Printed in Germany
ISBN 978 3 406 58588 3

www.beck.de

Inhalt

Vorwort 7

I.

1. Die Bundesrepublik: das einzige Land der Welt
   ohne Unterschichten? 13
2. Vom Tätervolk zum Opferkult? 18
3. Wird Berlin doch noch Weimar? 24
4. Grenzen und Identität Europas bis zum 21. Jahrhundert 28
5. Türkenprobleme ohne Ende 41
6. Der Fall des Günther Oettinger 43
7. Eine Lanze für Alice Schwarzer 45

II.

8. Der Aufstieg des deutschen Nationalismus 1815–1890 49
9. Schon wieder Nationalismus? 69
10. Der Puritanismus als Weltbildspender des amerikanischen
    Nationalismus 71
11. Ein aufgeklärter Patriotismus? 86
12. Hitler als historische Figur 92
13. Reichsführer-SS – Himmler als Schlüsselfigur
    des «Dritten Reiches» 105
14. Gab es von 1914 bis 1945 einen «europäischen
    Bürgerkrieg»? 111

III.

15. Literarische Erzählung oder kritische Analyse? 114
16. Was ist und was will Gesellschaftsgeschichte? 133
17. Intentionalisten, Strukturalisten und das Theoriedefizit
    der Zeitgeschichte. 151
18. Ein glänzendes Beispiel vergleichender Geschichte 158
19. Droysen: Vom Hellenismus zur Mission Preußens. 163
20. Eugen Rosenstock-Huessys «Europäische Revolutionen» . 167
21. Theodor Schieder – ein Historiker vor und nach
    der «zweiten Chance» 169

IV.

22. Aufstieg und Niedergang der Großmacht Preußen. 177
23. Das Ende der letzten Legende. 180
24. Wann kommt der «Zweite Bismarck»?. 185
25. Hindenburg zwischen Bismarck und Hitler 187
26. Ein neuer Klassiker zur NS-Geschichte. 194
27. Alter Wein in alten Schläuchen 199
28. Klassikergalerie statt Problemorientierung? 201
29. Häppchenkultur eines Pseudohistorikers. 204
30. Die Last des Erfolgs: Die Vorteile des «Wirtschafts-
    wunders» und die Bürde der Sozialen Ungleichheit 206

V.

Eine Diskussion über Gesellschaftsgeschichte
im Lesesaal der FAZ. 228

Anmerkungen. 269
Bibliographische Notiz 282
Personenregister. 283

Vorwort

Hiermit liegt der zwölfte Sammelband von Aufsätzen und Essays vor, wie sie auch für die Vorläufer in ähnlicher Form zusammengefasst worden sind, um die Teilnahme an denkbar unterschiedlichen Diskussionen während einer jüngst vergangenen Zeitspanne zu dokumentieren.[1] Das geschieht selbstverständlich in der Hoffnung, dass es neugierige Leser gibt, die sich für den Gang dieser Debatte, insbesondere für die dort von mir vorgetragenen Argumente interessieren. Wie bisher werden in strengerem Sinn wissenschaftliche Aufsätze, die während lohnender Kontroversen entstanden sind, mit tagespolitisch engagierten Essays verbunden. Die Beiträge sind auf vier Abschnitte verteilt, denen abschließend die Diskussion folgt, die im «Lesesaal» der FAZ über den fünften Band meiner «Deutschen Gesellschaftsgeschichte» (1949–1990, 2008) von nahezu 40 Experten geführt worden ist.

Im ersten Kapitel werden im Grunde Probleme der Politischen Kultur der Bundesrepublik erörtert. An erster Stelle steht die kurzlebige, aber extrem bizarre Debatte über die deutsche Sozialstruktur: Als einzigem Land der Welt wurde der Bundesrepublik die Existenz von Unterschichten abgestritten. Dass sich dieser realitätsfeindliche Konsens quer durch die gesamte politische Klasse hindurchzog, demonstriert unleugbar, mit welchen Scheuklappen die gesellschaftliche Hierarchie der Bundesrepublik häufig betrachtet und deshalb nur zu oft fatal beschönigt wird – ungeachtet der eindrucksvollen empirischen Befunde zum Stratifikationsgefüge, die in den beiden bisher vorliegenden, umfangreichen Armuts- und Reichtumsberichten der Bundesregierung, für jedermann zugänglich, ausgebreitet worden sind. Die Kritik an einer derartigen verblüffend einstimmigen Realitätsverweigerung wird von der Überzeugung geleitet, dass man sich dem Dauerproblem auch der modernen Marktgesellschaft: der hartnäckigen Persistenz der Sozialen Ungleichheit, nüchtern stellen und die Reformdebatte, erst recht im Zeichen der gegenwärtigen Wirtschaftskrise, ingang halten muss.

Die alte Bundesrepublik hat der Versuchung bravourös widerstanden, neben der zögerlichen Anerkennung der deutschen Täterschaft im «Dritten Reich» gleichzeitig einen allzu leicht anschwellenden Opferkult zu pflegen. Die Warnung davor war berechtigt, da die Viktimisierungsklage die Auseinandersetzung mit der Geschichte der Täter und Mitläufer mühelos gefährdet hätte. Mehr als ein halbes Jahrhundert nach dem Ende des Weltkriegs wird jetzt auch an die Opfererfahrungen von Deutschen erinnert – in der «Gustloff»-Novelle von Günter Grass, gefolgt von einem Film über das schauerliche Ereignis, im Bombenkriegsbuch von Jörg Friedrich, in Fernsehfilmen über den Luftangriff auf Dresden und die Flucht aus Ostdeutschland. Das ist zum einen legitim, da auch diese Erfahrungen zur Wahrheit über den «Zweiten Dreißigjährigen Krieg» gehören. Zum anderen gilt es, besonders wachsam auf der Hut zu sein, damit nach Möglichkeit der historische Kontext stets berücksichtigt wird: Die zum Krieg treibende Urheberrolle des Hitler-Regimes, die Loyalität seiner 18 Millionen Soldaten in ihren aberwitzigen Feldzügen über ganz Europa und Russland hinweg, die deutsche Initiative bei gewaltigen Umsiedlungsprojekten und Vertreibungsaktionen, bei der Bombardierung von Städten und den Aktionen des Vernichtungskriegs einschließlich des Holocausts. Wird hier das selbstkritische historisch gerechte Urteil durchgehalten, hängt es außerdem noch von der sprachlichen und ästhetischen Sensibilität ab, ob die Opfererfahrungen angemessen formuliert oder künstlerisch erfasst werden. Was an Kritik inzwischen geboten zu sein schien, ist im zweiten Essay ausgedrückt worden. Auch hier gilt unverändert, dass wir aus der Geschichte lernen müssen, wie das ebenfalls die Lernverweigerung einer Filbinger-Verklärung und die schwierige Problematik der Frauenemanzipation gleichermaßen lehren.[2]

Dass Europa sein großartiges Projekt, die gesamteuropäische Einheit zu schaffen, durch die keinem einzigen zwingenden Argument folgende Aufnahme von hundert Millionen türkischer Muslime im Kern zerstören würde, wird noch einmal mit stichhaltigen historischen Gründen dargetan. Nachdem die Rot-Grüne Koalition massiv dazu beigetragen hatte, der Türkei als Beitrittskandidat Verhandlungen zu eröffnen, haben seither nicht nur die türkische Reformstagnation, sondern vor allem auch die immer deutlicher erkennbare Kluft zwischen Europa und einem kleinasiatischen Großstaat in Zeiten seiner Reislamisierung den Beitritt fragwürdiger erscheinen lassen. Wer mit klarem Kopf einem kühlen europäischen (und deutschen!) Interessenkalkül folgt, wird weiterhin eine «privilegierte Partnerschaft» zwischen der Europäischen Union und der Türkei für die optimale Lösung halten – auch wenn das dem reizbaren türkischen Nationalismus nicht genügt.[3]

Noch einmal steht, wie schon mehrfach zuvor, der Nationalismus als mächtige Mobilisierungs- und Integrationsideologie der politischen Neuzeit im zweiten Abschnitt zur Debatte. Außer einem gerafften Überblick über den Aufstieg des deutschen Nationalismus im 19. Jahrhundert – ursprünglich nicht als wissenschaftliche Abhandlung, sondern für das größere Publikum der «SPIEGEL»-Leser geschrieben – geht es insbesondere um den Puritanismus als Weltbildspender des amerikanischen Nationalismus. Wenn in der gegenwärtigen Globalgeschichtsschreibung an prominenter Stelle behauptet wird, mit dem amerikanischen Bürgerkrieg «begann so etwas wie ein amerikanischer Nationalismus zu entstehen», verrät dieses krasse Fehlurteil, wie man eine zuvor bereits 200 Jahre andauernde Entwicklungsgeschichte des amerikanischen Nationalismus, der sich unter dem Großklima puritanischer Leitideen entfaltete, schlechterdings ignorieren kann.[4]

An dem Befund, dass der deutsche Radikalnationalismus mit Hitler und unter seiner Führerherrschaft den Höhepunkt eines leidenschaftlichen Engagements und besessener kollektiver Egozentrik erreicht hat, kann dagegen kein Zweifel aufkommen. Darauf lenken noch einmal einige Beiträge hin, die einer früher schon mehrfach verfolgten Interpretationslinie folgen.[5]

Angesichts der Interessen des Verfassers an methodischen und theoretischen Fragen der Geschichtswissenschaft wird der dritte Abschnitt nicht überraschen, geht es doch dort um eben solche Probleme. An erster Stelle rangiert die Verteidigung der kritischen, argumentativen Analyse gegenüber dem modischen Anspruch auf Überlegenheit der literarischen Erzählung; ein Plädoyer für die Gesellschaftsgeschichte ist in diesem Kontext nicht fehl am Platz. Die narrative Darstellungsform befindet sich inzwischen, zumal gleichzeitig auch die Hochzeit der kulturalistischen Welle vorüber zu sein scheint, auf dem Rückzug. Vor 150 Jahren hatte Johann Gustav Droysen, der scharfsinnigste theoretische Kopf des deutschen Historismus, in seiner «Historik» bereits unmissverständlich klargestellt, man dürfe «nicht meinen, dass sie (die analytische Geschichte) so viel einfacher, so viel leichter und bequemer ist, als etwa die erzählende. Sie erfordert vielmehr eine größere Konzentration und Schärfe der Gedanken. Denn sie will nicht wie die erzählende anschaulich sein, sondern überzeugen; sie will nicht die Phantasie beschäftigen, sondern den Verstand befriedigen», ihre ‹eigentliche Eigenschaft› ist «die Präzision, die Knappheit und Geschlossenheit der Beweisführung». Dem ist wenig hinzuzufügen. Ohnehin ist aber auch die Einsicht vorgedrungen, welches schriftstellerische Talent der Historiker besitzen muss, um dem hochgemuten Versprechen literarischer Erzählung gerecht zu werden. Wer besitzt schon die Begabung, die in Golo Manns Werk seit dem Erscheinen seiner «Deutschen Geschichte des 19. und 20. Jahrhunderts» (1958) so unübersehbar zutage getreten ist?[6]

Der Vergleich ist mit nicht minder hohen Anforderungen verbunden. Deshalb verdient die großartige vergleichende Geschichte, die MacGregor Knox über die italienische und die deutsche Diktatur in der ersten Hälfte des 20. Jahrhunderts verfasst hat, uneingeschränkte Bewunderung, da sie diese schwierige Aufgabe so überzeugend bewältigt hat. Der Rückblick auf einflussreiche Historiker knüpft an wissenschaftsgeschichtliche Interessen an, die ich seit längerem intensiv verfolgt habe.[7]

Schließlich finden sich im vierten Abschnitt einige Werkstücke zu umstrittenen Fragen, die im Verlauf historischer und politischer Kontroversen aufgetaucht sind. Noch immer fällt es schwer, die unumgängliche Kritik an belastenden preußischen Traditionen mit einer gerechten Anerkennung der Leistungen des Hohenzollern-Staates zu verbinden. Keinem deutschen Historiker, sondern dem in Cambridge lehrenden australischen Historiker Christopher Clark ist es gelungen, 60 Jahre nach der formellen Auflösung Preußens eine faire Synthese zu schreiben. Wie alle bedeutenden Bücher wirft auch sie alte und neue Fragen auf. Doch fortab muss sich alle Konkurrenz an diesem Wurf messen lassen. Gelegentlich auftauchenden Anwandlungen einer neuen Preußennostalgie wird man weiterhin widersprechen müssen: Preußen kann für die Bundesrepublik nicht als Vorbild dienen. Deshalb gilt für den Historiker unverändert die erkenntnistheoretische Weisheit Wilhelm Diltheys: «Was wir unserer Zukunft als Zweck setzen, bedingt die Bestimmung der Bedeutung der Vergangenheit.»[8]

Der Augsburger Historiker Josef Becker hat endlich die zählebige Legende, der französische Nationalismus habe zum Krieg von 1870/71 geführt, nach jahrelanger Quellensuche ad acta gelegt. Bismarck hat über Jahre hinweg mit raffiniertem Geschick die Konstellation selber heraufgeführt, dass das Frankreich Napoleons III. auf die vom preußischen Ministerpräsidenten unterstützte spanische Thronkandidatur eines Hohenzollernprinzen als Aggressor reagierte, worauf Preußen in die begehrte Defensivrolle gedrängt schien. Man darf jetzt darauf warten, wie die bisher schweigende Bismarck-Orthodoxie auf die Zerstörung dieses geliebten Mythos reagieren wird.

Mit einem empirischen und interpretatorischen Kraftakt hat Wolfram Pyta ein neues Hindenburgbild entworfen, das zu einer strengen Revision der bisher meist vorherrschenden Verklärung führt. Als Herausforderung an die Zeithistoriker endet diese gelungene Verbindung von Biographie und Strukturgeschichte mit dem Nachweis, dass Hindenburg nicht etwa allein aufgrund der Einflüsterungen einer rechtskonservativen Kamarilla den lange Zeit verachteten «böhmischen Gefreiten» zum Reichskanzler ernannt hat. Vielmehr hat er aus eigener Überzeugung Hitler als Verteidiger der nationalen Einheit in diesem Amt gewollt, damit aber eine extrem folgenreiche Entscheidung getroffen, ohne die die Weltgeschichte anders verlaufen wäre.

Einen Durchbruch verkörpert auch die Studie des jungen englischen, inzwischen an der Yale University lehrenden Wirtschaftshistorikers Adam Tooze, denn er hat eine hervorragende Analyse der «Ökonomie der Zerstörung», der Wirtschaft im Nationalsozialismus, vorgelegt, die zur Zeit konkurrenzlos dasteht. Kein Historiker hat bisher derart umfassend, empirische Forschung mit zugreifender Interpretation verbindend, dieses Megathema so überzeugend behandelt.

Nicht zuletzt wird ein Problem zur Debatte gestellt, das angesichts der Feiern zum 60jährigen Bestehen der Bundesrepublik eine intensivere Erörterung verdient: Das ist die Bürde des Erfolgs, die mich schon im V. Band der «Deutschen Gesellschaftsgeschichte» beschäftigt hat. Denn die Vorteile des «Wirtschaftswunders» haben auf längere Sicht spezifische Belastungen im System der Sozialen Ungleichheit geschaffen, die seit einiger Zeit, erst recht unter dem Eindruck der Wirtschaftskrise, mit scharfen Konturen hervortreten. Dazu gehört die verblüffende Starrheit der Vermögens- und Einkommensverteilung zwischen 1950 und 2000. Zwar hat sich das Volumen beider Größen gewaltig vermehrt, doch die Struktur, die Proportionen sind im Distributionsprozess über ein halbes Jahrhundert hinweg nahezu identisch geblieben. Solche Phänomene werden künftig im Zentrum der öffentlichen Debatte über Ungleichheit und soziale Gerechtigkeit stehen. Sie können in einer Marktgesellschaft mit ihrem beispiellosen Prosperitätsniveau nicht einfach hingenommen werden, sondern bedürfen der öffentlichen Kritik und der politischen Reform.

Die ausgiebige Diskussion, die im «Lesesaal» der FAZ über den V. Band meiner «Gesellschaftsgeschichte» über mehrere Wochen hinweg geführt worden ist, war – jedenfalls für mich – ein außerordentlich lohnendes Experiment. Im Stil eines virtuellen Kolloquiums konnten strittige Fragen ausgiebig erörtert werden. Das Verfahren hatte nur einen Nachteil: Bereitwillig hätte ich manche Kritik berücksichtigt, wenn sie sich frühzeitig an der Manuskriptfassung orientiert hätte. Jetzt bleibt nur der Dank für die Mühe, die sich so viele Kenner mit einem strittigen Text gegeben haben.[9]

Für ihre Hilfe beim Korrekturenlesen und bei der Anfertigung des Registers möchte ich Linda Braun, Jan Ole Janssen und Olaf Kordwittenborg danken, deren Beistand die Henkel-Stiftung erneut großzügig finanziert hat. Jutta Karweger und Iris Kukla gilt mein Dank für die maschinelle Herstellung des Textes. Detlef Felken im Verlag C. H. Beck schulde ich erneut einen herzlichen Dank für seine Mühe als aufmerksamer Lektor.

I.

1. Die Bundesrepublik:
das einzige Land der Welt ohne Unterschichten?

Vor kurzer Zeit hat die bundesrepublikanische Öffentlichkeit ein bizarres Schauspiel erlebt: Die von ihren Interessenkonflikten geplagte Große Koalition war sich in einem verblüffenden Konsens plötzlich einig, dass es hierzulande keine Unterschicht gebe. Kurt Beck hatte den in Windeseile zum Reizwort aufgestiegenen Begriff gebraucht und damit eine heftige Debatte ausgelöst. Sie lief im Kern darauf hinaus, das ganz unbestreitbare realhistorische Phänomen schlichtweg, aber wortreich zu leugnen. Nur eine Studie der Friedrich-Ebert-Stiftung präsentierte unter dem nicht durchsetzungsfähigen Kunstbegriff des «Prekariats» einen vorsichtigen Blick auf die Schichtungspyramide. Das war eine Vogel-Strauß-Taktik, die einem den Atem verschlug. Denn nirgendwo auf der Welt hat es bisher, in welchem Kulturkreis auch immer, Gesellschaften ohne eine ausgeprägte Sozialhierarchie gegeben, zu der auch immer Oberklassen, Eliten und Unterschichten gehören. Man kann im Augenblick nur immer wieder rätseln, warum ausgerechnet die Bundesrepublik einen neuen Sonderweg eingeschlagen haben soll, der sie als einziges Land auf dem Globus angeblich davor bewahrt hat, ein System der sozialen Ungleichheit, eine in Oben und Unten gegliederte Stratifikationsordnung auszubilden. Dabei hat sich die zeitgeschichtlich interessierte Soziologie in drei vorzüglichen Handbüchern von Rainer Geissler, Bernhard Schäfers und Stefan Hradil (die alle in hoher Auflage, dazu als Taschenbücher erschienen sind), darum bemüht, ein möglichst exaktes Bild erst von der westdeutschen, dann von der gesamtdeutschen Sozialstruktur zu präsentieren. Alle Anstrengung war offenbar für die Katz, was die aberhunderte von Volksvertretern im Bundestag angeht. Denn außer den Abgeordneten des Steinzeitmarxismus der Linkspartei hat keiner sachkundige Kritik an der Ignorierung der Wirklichkeit angemeldet.

Ob mancher an die derart nivellierenden Wirkungen der «Sozialpartnerschaft» glaubt? Hat die auffällige Konfliktarmut in den Beziehungen zwischen Arbeitgebern und Gewerkschaften die Sinne derart eingelullt, dass die Empirie der gesellschaftlichen Verhältnisse nicht mehr wahrgenommen wird? Hat die spezifisch deutsche Diskriminierung der Klassensprache zu einem Abwehrreflex geführt, der evidente Unterschiede bestreitet? Wie aber soll eine realitätsangemessene Gesellschaftspolitik betrieben werden, wenn die strukturellen Unterschiede in der deutschen Gesellschaft kenntnislos ignoriert, verdrängt, bestritten werden? Der faule Vodoo-Zauber, den sich die politische Klasse mit ihrer einhelligen Leugnung der Unterschicht geleistet hat, ist um so verblüffender, als zu den Ergebnissen einer erfolgreich durchgesetzten Marktwirtschaft auch die Ausbildung einer Marktgesellschaft gehört, in welcher die Organisationsprinzipien des Marktes weithin die sozialen Beziehungen regieren. Auf Arbeitsmärkten wird z. B. die Leistungskapazität der Individuen zu Marktpreisen abgerufen (oder nicht honoriert). Dadurch entstehen große Sozialverbände mit einer gemeinsamen Mentalität: Max Weber hat sie treffend «marktbedingte Klassen» genannt. Das aggressiv aufgeladene Klassenbewusstsein von Proletariat und Bourgeoisie ist nur ein extremer, vergänglicher Sonderfall dieser Mentalität gewesen. Die marktwirtschaftlich durchstrukturierte Bundesrepublik hat daher folgerichtig auch ihre Marktklassen hervorgebracht, und wen der Markt ausspeit, den hat sie mit Transferleistungen in sozialstaatlichen Versorgungsklassen aufgefangen. Allerdings hat sie wegen der Nivellierungstendenzen im «Dritten Reich» sowie in der Kriegs- und Nachkriegszeit kein militantes Klassenbewusstsein ausgebildet. Aufgrund der Wohlstandsexplosion während des «Wirtschaftswunders (1950–1973) mit ihrer Vervierfachung des Einkommens, aufgrund der kraftvollen Expansion der materiell abgepolsterten mittleren Klassenlagen, in welche die Angestellten- und Facharbeiterschaft längst aufgestiegen ist, und aufgrund des «Fahrstuhl»-Effekts (Werner Sombart), der den Lebensstandard der westdeutschen Wachstumsgesellschaft ganz allgemein angehoben hat, tritt die soziale Ungleichheit nicht mehr so verletzend, so provokativ ins allgemeine Bewusstsein.

Dennoch gibt es hinter der Fassade des Aufstiegs schroffe, unübersehbare Disparitäten, die jeder Leugnung der sozialen Ungleichheit Hohn sprechen. Die klassischen Kriterien der Ungleichverteilung von Macht- und Herrschaftschancen, von Einkommen und Vermögen, von Prestige sind längst durch die Berücksichtigung von Alter, Geschlecht und Herkunft aus ethnischen Verbänden, von Wohnlage und Gesundheitszustand ergänzt worden. Hier einige Beispiele: Eine neubürgerliche Oberklasse, die allerdings durch zahlreiche Kontinuitätslinien mit älteren Familiendynastien verbunden ist, repräsentiert einen bemerkenswerten Stand der Vermögens- und Einkommensverteilung. Denn die obersten zwölf Prozent aller bundesdeutschen Haushalte besaßen z. B. 1986 60 Prozent aller statistisch erfassten Vermögenswerte; einem Viertel aller Haushalte gehörten 80 Prozent des Privatvermögens. Die unteren 30 Prozent erreichten dagegen nur sage und schreibe 1,5 Prozent. Die Sozialstatistik liebt die Einteilung in Quintile: 1990 besaß das reichste Fünftel der Haushalte 63 Prozent des Nettogeldvermögens, die unteren 40 Prozent des vierten und fünften Quintils kamen dagegen auf ganze 4,5 Prozent. Die Verteilung des Geldvermögens ist übrigens in den ersten fünf Jahrzehnten der Bundesrepublik auffallend stabil geblieben und hat die Anteile der Quintile kaum verändert. Bereits in den 60er Jahren hat der Ökonom Wilhelm Krelle in einer sorgfältigen Analyse ermittelt, dass die winzige Minderheit von 1,7 Prozent aller Haushalte über 74 Prozent des Produktivvermögens und 35 Prozent des Gesamtvermögens verfügte. Dreißig Jahre später ergab seine Kontrolluntersuchung einen nahezu identischen Befund.

Auch die Grundstruktur der Einkommensverteilung ist über die Jahrzehnte hinweg, als sich der statistische Durchschnitt der Bezüge vervierfachte, erstaunlich konstant geblieben. 1950 erhielt das oberste Quintil 45,2 Prozent, 1990 43,5 Prozent; das unterste Quintil zuerst 5,4, nach vierzig Jahren egalitärer Transferpolitik 7,4 Prozent. Die Lage der drei mittleren Quintile blieb mit 49,6 Prozent stabil. Die Aufteilung des Einkommens auf die Haushalte bestätigt mithin in einem verblüffenden Maße die Kontinuität dieser Distributionsordnung. Auch die neueste Einkommensanalyse, die für 1995 40 Millionen Steuerpflichtige erfasst hat, unterstützt die eklatante Ungleichverteilung. Danach bezogen die reichsten zehn Prozent 30,5 Prozent des Nettogeldeinkommens, das 28fache der unteren zehn Prozent. Im Übrigen hat sich, wie seit Reagan in den USA und seit Thatcher in England, auch in der Bundesrepublik der seit den 1890er Jahren beobachtbare Trend weiter durchgesetzt, dass an der Spitze der Sozialhierarchie Vermögen und Einkommen so drastisch zunehmen, dass schon im gehobenen Bürgertum die sich vergrößernde Kluft, die es von dieser Plutokratie trennt, scharf empfunden wird. Umgangssprachlich gesagt: Die Reichen werden auch in Deutschland immer reicher. Der Einkommens- und Vermögensabstand zwischen der Spitzenposition und den Arbeitern hat sich kontinuierlich vergrößert. Soeben hat das «Deutsche Institut für Wirtschaftsforschung» diesen Trend erneut bestätigt: In den letzten zehn Jahren hat das unterste Zehntel der Bundesbürger fünf Prozent seines Anteils am Gesamtvermögen verloren, das oberste Zehntel dagegen mehr als ein Prozent hinzugewonnen, in Ostdeutschland beträgt der Verlust sogar 14 Prozent, der Gewinn fünf Prozent.

Angesichts solcher Daten fragt man sich, wie sich das Ungleichheitsgefälle, mithin auch die Existenz von Unterklassen überhaupt leugnen lässt. Die Armut, die maximal neun Prozent der Erwerbstätigen, keineswegs also das oft beschworene Drittel erfasst, lenkt ja nur auf eine ganz spezifische Dimension der Ungleichheit hin, die damit nicht gleichgesetzt werden darf. Der Ausschluss von Herrschaftspositionen, von Vermögen und sozialer Ehre, die Diskriminierung auf dem Feld der Gesundheitsfürsorge, des Wohnens, der Freizeitgestaltung, des beschränkten Bildungszugangs für Kinder – sie erfassen ja noch ungleich größere Mengen von Unterklassenangehörigen.

Blickt man auf eine andere Ungleichheitsdimension, die nicht unmittelbar mit Reichtum und Einkommen, sondern mit der sozialen Herkunft, daher mit Sprachkompetenz, Schul- und Universitätsausbildung, also – mit Pierre Bourdieu gesprochen – mit dem sozialen und kulturellen Kapital der Familien zusammenhängt, fördert die Elitenforschung aufschlussreiche Daten über Ungleichheit zutage. Die administrative Elite z. B. stammte bis zum Ende der 80er Jahre zu 44 Prozent aus den Familien höherer Beamter. Die offenere politische Elite, in die das Schleusenwerk der Parteien und Verbände auch Außenseiter hochträgt, beruhte ebenfalls zur Hälfte auf der Rekrutierung aus Familien von höheren Beamten und Angestellten, mithin aus den oberen Mittelklassen. An Homogenität wurde sie von der Justizelite weit übertroffen, die durch eine massive Dominanz der Beamtenherkunft, vor allem eine hohe Selbstrekrutierung aus Juristenfamilien bestimmt ist. Am weitesten fortgeschritten ist, entgegen dem Mythos von der «offenen Leistungsgesellschaft», die elitäre Schließung in der Wirtschaftselite der Vorstände und Aufsichtsräte. Bis 1995 stammten ihre Angehörigen zu 80 Prozent aus dem Großbürgertum und dem gehobenen Bürgertum, namentlich aus Unternehmerfamilien selber; sie drückten den Anteil der Spitzenkräfte aus höheren Beamtenfamilien von 40 auf zehn Prozent hinunter.

Es entspricht übrigens diesen Rekrutierungskanälen, dass auch die Heiratsmärkte überwiegend durch Homogamie bestimmt sind, denn die soziale Schließung führt dazu, dass 58 bis 80 Prozent der Ehen im selben sozialen Milieu – bei Bauern und Adligen liegt der Anteil noch weit höher – geschlossen werden. Die Klassenhierarchie reguliert noch immer weithin die Eheschließung. Auch die Liebe führt an erster Stelle unter Klassengleichen zu einer formellen Bindung.

Die Einkommens- und Vermögensverteilung, der Zugang zu mächtigen, gut dotierten Positionen im Staatsapparat und in der Wirtschaftsverwaltung beruhen auf dem Ergebnis langlebiger Prozesse, die sich seit dem Durchbruch der Industriellen Revolution in Deutschland vollzogen haben. All diese Phänomene besitzen daher eine erstaunliche Kontinuität, sind auch im Sinn der verbesserten Chancengerechtigkeit nur äußerst schwer zu korrigieren. Eine zielbewusste Sozialstaatspolitik vermag auf diesem Feld nur Millimeterweise voranzudringen. Völlig verfehlt ist der immer wieder auftauchende Vorwurf des Sozialneids, wenn nüchterne Daten zur sozialen Ungleichheit angeführt werden. Und ebenso kurzatmig ist die Anklage der derzeitigen SPD-Linken, dass die Wurzel allen Übels in Schröders Agenda 2010 liege. Besaß die Linke bisher eine honorige Tradition der Sozialkritik, ignoriert sie jetzt vollständig die historische Tiefendimension der Probleme, welche in der Sozialstruktur aus der Bundesrepublik gespeichert sind.

2. Vom Tätervolk zum Opferkult?
Der Diskurs über die deutsche Zeitgeschichte und die Rhetorik der Viktimisierung

Blickt man auf die Geschichte der Bundesrepublik in den vierzig Jahren zwischen 1949 und 1989 zurück, wird einem die gewaltige Aufgabe, vor der dieser Neustart von Anfang an stand, noch einmal bewusst. Denn Westdeutschland musste sich nicht nur von allen Dimensionen eines deutschen «Sonderwegs», den das Land bis 1945 für sich in Anspruch genommen hatte, distanzieren. Vielmehr musste es sich auch nach dem Zivilisationsbruch des «Dritten Reiches» den Schrecken der jüngsten Vergangenheit stellen, an erster Stelle dem Genozid an der europäischen Judenheit. Das war, ganz abgesehen von den schauerlichen Aspekten dieses Massenmords, schon deshalb eine ungewöhnlich schwierige Aufgabe, weil sich Völker nur äußerst widerwillig den Verbrechen stellen, die in ihrem Namen und von ihnen selber begangen worden sind. Das ist kein spezifisch deutsches Problem, sondern offenbar durchaus ein allgemeines, wie das etwa die Einstellung der Holländer zum Indonesienkrieg nach 1945, der Franzosen zum Algerienkrieg, der Türken zum Armeniermord, der Belgier zum Kongo, der Amerikaner zur Ausrottung der Indianer enthüllt. In Westdeutschland übertraf aber der Holocaust, der das Vorstellungsvermögen ohnehin überfordert, alle bisherigen Erfahrungen eines Vernichtungskriegs. Schon das schien die modische Formel von der «Vergangenheitsbewältigung» zu einer hohlen Phrase zu machen.

Tatsächlich hat die «Vergangenheitspolitik» (N. Frei) im ersten Jahrzehnt nach der Staatsgründung trotz mancher Anstrengung dahin tendiert, der jüngsten Vergangenheit von Krieg, Führerdiktatur und Massenmord auszuweichen, ihr jedenfalls mit Amnestie, Straffreiheit und der apologetischen Floskel von der heilenden Kraft der Zeit zu begegnen. Erst mit dem Ulmer Prozess gegen das

Vernichtungswerk der Einsatzgruppen (1958) setzte ein Wandel ein, der durch die folgenden großen Prozesse (Auschwitz 1963/65, Majdanek 1975/78) vertieft wurde, denn die Berichterstattung erreichte erstmals eine breite Öffentlichkeit. Die von den Bundesländern eingerichtete Ludwigsburger Zentralstelle zur Verfolgung von NS-Verbrechen und die Energie einer jungen Generation von Staatsanwälten trieben die Aufarbeitung voran.

Vor allem aber war in der Bundesrepublik eine neue Disziplin der Geschichtswissenschaft, die Zeitgeschichte, erfunden worden, die sich ausschließlich der Erforschung der Weimarer Republik und der nationalsozialistischen Herrschaft annahm. Seit dem bahnbrechenden Werk von Karl Dietrich Bracher «Die Auflösung der Weimarer Republik» (1955) erreichte eine Flut von zeitgeschichtlichen Veröffentlichungen das deutsche Lesepublikum, die in Martin Broszats Klassiker «Der Staat Hitlers» von 1968 einen neuen Höhepunkt erklomm. Die Zeitgeschichte zog eine jüngere Generation von Historikern an, die zum guten Teil noch als Soldaten oder Flakhelfer die Abgründe des Krieges kennen gelernt hatten und jetzt, durchaus auf der Linie von Theodor Mommsens berühmtem Diktum, dass der Historiker «die Pflicht zur politischen Pädagogik» besitze, zur Aufklärung und Katharsis der Deutschen beitragen wollten. Sie beschränkten sich daher nicht auf das Leben im Elfenbeinturm der reinen Wissenschaft, vielmehr nutzten sie alle anderen Möglichkeiten außerhalb ihrer Institute und Universitäten: Vorträge, Volkshochschulen, Rundfunk, alsbald auch das Fernsehen, um ihrer Analyse Resonanz zu verschaffen. Sie wurden wiederum unterstützt von einer kritischen Publizistik, in der ebenfalls eine jüngere Generation von Journalisten seit dem Ende der fünfziger Jahre überall: in der Presse, im Rundfunk und im Fernsehen den Ton angab. Diese informelle Allianz von zeitgeschichtlicher Wissenschaft und Publizistik erwies sich im Laufe der Zeit als außerordentlich effektiv, als sie daran ging, das Schweigen, das Vergessenwollen, das Verdrängen der Vergangenheit aufzubrechen. Im internationalen Vergleich stellt diese langlebige Koalition, die im Grunde bis heute fortbesteht, durchaus ein Unikat dar. Sie lebte und lebt zutiefst von dem moralischen und politischen Impuls, sich dem Vernichtungskrieg des «Dritten Reiches» gegen Juden, Slawen und Europa mit all seinen fürchterlichen Konsequenzen vorbehaltlos zu stellen.

Ihr gelang es während eines langjährigen und schmerzhaften Prozesses, die Westdeutschen mit ihrer Vergangenheit vor 1945 zu konfrontieren. In der DDR dagegen schloss die parteioffizielle Faschismustheorie mit dem Alleinschuldigen des Kapitalismus jede realistische Auseinandersetzung mit dem Holocaust bis 1989 aus. Seit den späten siebziger, erst recht seit den achtziger Jahren wichen die Westdeutschen dieser Vergangenheit nicht mehr aus, sondern stellten sich ihr mit wachsender empirischer Sachkunde. Das ist wegen der hohen Blockaden, die währenddessen bei einer Mehrheit erst einmal überwunden werden mussten (welche Familie akzeptiert schon bereitwillig, dass ihr Vater, ihr Ehemann, ihr Sohn an der Erschießung von tausenden von russischen Juden beteiligt war?), eine der großen Leistungen der Bundesrepublik, die jedem Vergleich mit den spektakulären Erfolgen der Westintegration, des Lastenausgleichs, der Wiedergutmachung, der dynamischen Rentenpolitik gewachsen ist.

Angesichts der Loyalität, welche die Deutschen bis zum April 1945 der Führerdiktatur bewiesen hatten, war die Einsicht, dass sie dadurch auch zu einem Tätervolk geworden waren, eine mühsam errungene Selbstkritik. Ihre Durchsetzung wurde zu keiner Zeit begleitet von einer Aufrechnung der deutschen Opfer, die an der Front, durch den Bombenkrieg, und nach Kriegsende durch die Vertreibung von Abermillionen Deutschen entstanden waren. Auch das war eine Leistung, da eine derartige Aufrechnung, die ebenfalls Millionen Tote präsentieren konnte, allzu leicht zu einer Relativierung des Menschheitsverbrechens an den Juden und Slawen geführt haben könnte.

Ein halbes Jahrhundert nach Kriegsende begann sich diese Konstellation im Hinblick auf das Urteil über den Zweiten Weltkrieg allmählich zu ändern. Es setzte keine Fundamentalkritik an der kritischen Präsentation der deutschen Vergangenheit von 1945 ein, wohl aber eine Infragestellung der Dominanz der Täterrolle. Den Auftakt zu einer neuartigen Debatte über die deutschen Kriegsopfer bildete die Novelle von Günter Grass «Im Krebsgang» über den Untergang der «Wilhelm Gustloff», eines Schiffes, mit dem nach seiner Torpedierung durch ein russisches U-Boot 9000 deutsche Flüchtlinge untergingen. An der Reaktion der westdeutschen Öffentlichkeit, auch an dem Verkaufserfolg der Novelle konnte man ablesen, dass eine neue Debatte über die deutschen Flüchtlings- und Vertreibungserfahrungen, legitimiert durch einen jedes Rechtsradikalismus unverdächtigen Nobelpreisträger wie Günter Grass, in Gang kam.

Wenig später folgte das Buch von Jörg Friedrich «Der Brand» (2002), in dem die Schrecken des alliierten Bombenkrieges gegen viele deutsche Städte mit düsterer Anschaulichkeit genüsslich geschildert wurden. Im Gegensatz zu Grass verriet Friedrichs Buch, im Nu ebenfalls ein Bestseller, der seinen Autor reich gemacht hat, fatale Urteilskategorien. Friedrich verzichtete nämlich ganz auf den historischen Kontext, der den alliierten, namentlich den englischen Bombenkrieg als Reaktion auf das deutsche Flächenbombardement von Warschau, Rotterdam, Coventry und zwanzig anderen englischen Industriestädten erscheinen lässt. Das entpuppte sich als fatale Verkürzung, zumal er den Bombenkrieg dann ganz hemmungslos mit dem Mordwerk der Judenvernichtung verglich. Die Luftflotten wurden zu «Einsatzgruppen», die Städter in ihren Kellern wurden wie Juden liquidiert usw. Damit aber tauchte bei der zweiten Wendemarke der deutschen Diskussion die verhängnisvolle Gefahr auf, auf den historischen Zusammenhang zu verzichten, in einer undisziplinierten Sprache nur das Leiden der deutschen Zivilbevölkerung zu beschreiben und durch den ganz und gar ungerechtfertigten Vergleich mit dem Holocaust zu dramatisieren. Die Reaktion bestand aus einer Mischung zum einen aus pointierter Kritik, zum anderen aus der Zustimmung, dass endlich über den Bombenkrieg diskutiert wurde. Friedrich selber hatte diese irreführende Vorstellung genährt, dass es endlich Zeit sei für diese angeblich von ihm eröffnete Debatte, obwohl es längst eine umfangreiche wissenschaftliche Fachliteratur dazu gab.

Die Resonanz von Friedrichs Buch bestätigte, dass sich eine grundsätzliche Veränderung des Diskussionsklimas und der mentalen Aufnahmebereitschaft ankündigte. Sie wurde dadurch unterstrichen, dass der «Spiegel» die Thematik in zwei Serien aufgriff. Eine agile junge Filmfirma erreichte mit einem Erfolgsstreifen über die Bombardierung Dresdens im Februar 1945 ein Millionenpublikum. Vor allem aber stieß außerhalb der Printmedien das Fernsehen, den Blick starr auf die Zuschauerquote gerichtet, in dieselbe Richtung weiter vor. Es sendete Dokumentationen über Flucht und Vertreibung, präsentierte dann aber vornehmlich einen zweiteiligen Film «Die Flucht», der am Beispiel eines ostpreußischen Guts den Treck nach Westen verfolgte. Hergestellt hatte diesen Film dieselbe Firma, die «Dresden», inzwischen auch einen Film über die Berliner Luftbrücke produziert hatte. Man mag das als lukrative Entdeckung zeitgeschichtlicher Themen charakterisieren. Doch die «Flucht» gehört auch in den Zusammenhang der neuen Debatte über die deutschen Kriegsopfer. Die Fluchtsituation, die ohnehin nicht mit ihren Massenvergewaltigungen und Tieffliegerangriffen realistisch verfilmt werden kann, wurde in diesem Film ohne Kitsch und Weinerlichkeit erfasst – deshalb wurden die Aufführungsrechte von «Dresden» und der «Flucht» inzwischen auch in mehr als fünfzig Länder verkauft. Der Film blendete aber die Ursachen der Flucht bis auf einige verbale Anspielungen aus.

So geht die Hinwendung zu den deutschen Kriegsopfern weiter: Neue Dokumentationen über Flucht und Vertreibung laufen, ein neuer, zweiter Film über den Untergang der «Gustloff» befindet sich in der Herstellung. Nachdem die Attraktion des Themas erst einmal entdeckt und bestätigt worden ist, öffnet sich ein weites Feld für deutsche Opferfilme: etwa über den Untergang der U-Boote, den Niedergang der Nachtjäger, die horrenden Verluste der Wehrmacht, etwa die Vernichtung der Heeresgruppe an der Ostfront, als die Rote Armee in zwei Wochen 350 000 deutsche Soldaten ausschaltete (nach dem Attentat auf Hitler im Juli 1944 ist bekanntlich die Hälfte aller deutschen Kriegstoten entstanden). Und schließlich droht als emotional hochbesetztes Thema die Massenvergewaltigung durch die Soldaten der Roten Armee, die seit dem Frühjahr 1945 schätzungsweise weit über zwei Millionen ostdeutscher Frauen und Mädchen, Kinder und Greisinnen Gewalt angetan haben. An ihrem Opferstatus könnte gar kein Zweifel aufkommen, an der rapiden Emotionalisierung der Diskussion aber auch nicht.

Angesichts dieser Perspektiven lässt sich die Gefahr, dass doch ein bisher verhinderter deutscher Opferkult entstehen könnte, nicht von der Hand weisen. Man kennt aus der Erfahrung der Vereinigten Staaten, wie schnell und aggressiv sich solche Opferkulte mit ihren zahlreichen Viktimisierungsaspekten durchsetzen können. Nun ist es, mehr als ein halbes Jahrhundert nach dem Ende des Zweiten Weltkriegs, kaum zu vermeiden, dass nach einer intensiven Täterdiskussion auch eine Opferdiskussion ausgetragen wird. Unterdrücken kann man sie schon gar nicht, da dem die freie Öffentlichkeit entgegensteht. Und die Generation der Vertriebenen und Ausgebombten hat gewissermaßen auch ein Anrecht, dass ihre Leiden öffentlich anerkannt, nicht in der privaten Intimität des Familiengesprächs begraben werden. Aber für die Historiker und Journalisten als Wächter über ein selbstkritisches Verständnis der deutschen Vergangenheit kommt es während dieser Diskussion auf die Beachtung unverzichtbarer Kriterien an.

1. Die Sprache muss nüchtern und diszipliniert bleiben. Sie darf sich nicht in rhetorischen Exzessen des Schwelgens in grausamen Details und Gefühlen eines einseitigen Mitleids verlieren. Diesen Appell unterstützt als Gegenbeispiel Friedrichs Buch.

2. Ursache und Wirkung dürfen nicht verschleiert werden. Ohne den mörderischen Krieg, den Hitler und seine Deutschen gegen die halbe Welt geführt und bis zum Vernichtungskrieg im Osten, bis zum Holocaust gesteigert haben, wäre kein englischer Bomberverband über einer deutschen Stadt erschienen, hätte kein russischer Panzer einen Flüchtlingstreck niedergewalzt, wären nicht neun Millionen Deutsche als Folge ihres Krieges umgekommen. Deshalb kommt in dieser Diskussion alles darauf an, den historischen Kontext unmissverständlich herauszuarbeiten, Aktion und Reaktion trennscharf auseinanderzuhalten. Anstatt eine einseitige deutsche Leidensgeschichte zu präsentieren, müssen die deutschen Urheber des Unheils immer im Blick bleiben.

3. Wenn aber die Leiden der ausgebombten Städter, der Flüchtlinge und Vertriebenen, der einfachen Wehrmachtssoldaten und der Bevölkerung unter fremder Besatzungsmacht erörtert worden sind, muss mit Geduld und Hartnäckigkeit zugleich auf ein Ende dieser Debatte gedrängt werden. Denn sonst könnte das Selbstmitleid in der Tat zu einem Viktimisierungskult führen, den die

derzeitige Diskussion noch nicht erzeugt hat. Am Ende muss vielmehr die Bilanz vorherrschen, dass auch die selbstkritische Einstellung die Leiden vieler Deutscher anerkennt, aber keinen Zweifel an den Ursachen und Urhebern lässt.

3. Wird Berlin doch noch Weimar?

Als der Schweizer Journalist Fritz René Allemann 1956 seine scharfsichtige Diagnose der frühen Bundesrepublik veröffentlichte, fand er den zugkräftigen Titel «Bonn ist nicht Weimar». Vierzig Jahre lang behielt diese Formulierung in der Tat ihre Geltung. Beobachtet man aber in den letzten Wochen die Reaktion der SPD auf die neue Linkspartei, gewinnt man den Eindruck, dass auf jener Ebene der Parteihierarchie, wo überhaupt noch eine klare Meinung geäußert wird, die unterschwellige Befürchtung wächst: Berlin wird doch wohl nicht Weimar werden? Eine überzeugende Antwort auf «Die Linke» hat die SPD offenkundig noch nicht gefunden. In der älteren Generation der Funktionsträger ist der Abscheu, den der Name Oskar Lafontaines erzeugt, unüberhörbar. Das ist nicht nur unter dem Gesichtspunkt der Parteiräson allzu verständlich. Dass jemand, der beim Sturm auf den Parteivorsitz seine Genossen unlängst noch begeistert hatte, das Mammutministerium eines 80-Millionen-Landes begründungslos über Nacht verlässt und seiner Partei ebenfalls ohne ein Wort der Erklärung den Krempel vor die Füße wirft, verrät ein charakterliches Defizit, das dauerhafte Abneigung rechtfertigt.

Dass die Polemik gegen Lafontaine als einen der Vorsitzenden der Linkspartei erneut anschwillt, kann daher nicht überraschen. Verblüffend ist aber bisher, dass die SPD im Eifer ihrer empörten Distanzierung jede pointierte Auseinandersetzung mit der «Linken» noch nicht zustande gebracht hat. Dabei geht es um eine sachkundige, ungeschminkte Distanzierung von der Antiquitätensammlung, welche die neue Partei bislang präsentiert hat. Dafür müsste es freilich eine Persönlichkeit geben, die mit politischer und ökonomischer Sachkunde, intellektueller Souveränität und rhetorischem Schwung die Programmatik der Linken als das enthüllt, was sie tatsächlich ist: eine kunterbunte Mischung von Ressentiments, anachronistischen Postulaten, regionalen Eigenarten und jenem bösen Erbe, das der Steinzeitmarxismus der PDS bisher gespeichert hat – und zwar nicht nur in der Dogmatik, die Miss Sarah in ihrer «Kommunistischen Plattform» unentwegt unbelehrbar gepflegt hat. Eine Figur mit einem solchen Profil kann die SPD offenbar zurzeit nicht aufbieten. Vorbei sind die Zeiten, da Carlo Schmid und Fritz Erler, Helmut Schmidt und Willy Brandt, Hans-Joachim Vogel und Erhard Eppler mit Schwung und Hingabe eine solche Aufgabe übernommen hätten. Der Provinzialismus der beiden jüngsten Parteivorsitzenden schließt dieses Talent aus. Parteiintellektuelle, wie sie der alten SPD früher immer zur Verfügung standen, kann sie zurzeit ebenfalls nicht in den Nahkampf schicken.

Die beklommene Frage nach einer Annäherung der Berliner Republik an ihre Weimarer Vorgängerin ist daher aus verschiedenen Gründen nicht so oberflächlich, wie sie zunächst wirken mag. Natürlich hat es zu Weimarer Zeiten keine PDS gegeben, aber die Wirkung der «Linken» wird in den alten Bundesländern ohnehin nicht von den Erben der deutschen Bolschewiki aus dem Gebiet der verblichenen DDR abhängen, sondern von den abtrünnigen SPD-Mitgliedern, die sich via WASG an die Brust der PDS geworfen haben – mit Lafontaine als neuem Rattenfänger von Hameln an der Spitze.

Mit solchen Abtrünnigen hat die SPD bereits bittere Erfahrungen machen müssen. Im Ersten Weltkrieg hatte sich die «Unabhängige Sozialdemokratie» wegen ihrer Opposition gegen den totalen Krieg von der SPD abgespalten, deren Vorsitzender Hugo Haase die Fronten wechselte, als er in das Amt des USPD-Vorsitzenden umschwenkte. Die Mehrheitssozialdemokraten kultivierten einen unnachgiebigen Hass auf ihn, so dass sie ihm auch keine Träne nachweinten, als er am Ende des ersten Friedensjahres einem politischen Mord zum Opfer fiel. Ungleich bedrohlicher als diese Reaktion auf den Überläufer war die numerische Expansion der USPD. Bei den Wahlen zur Nationalversammlung in Januar 1919 war die SPD auf satte 11,51, die USPD nur auf 2,32 Mill. Stimmen gekommen. Doch bei den ersten Reichstagswahlen im Juni 1920 sackte die MSPD auf 6,1 Mill. ab, während die USPD mit 5,1 Mill. Stimmen bedrohlich nah aufrückte. Als sich die USPD 1922 auflöste, schlossen sich zwei Drittel der Mitglieder der KPD an, die dadurch, bisher nur politische Sekte, die Grundlage für eine Massenpartei gewann; allenfalls ein mageres Drittel kehrte zur Mutterpartei zurück. Der Aufstieg der USPD, durch die die SPD von links überholt zu werden drohte, anschließend dann der von USPD-Mitgliedern genährte Aufschwung der KPD, konfrontierte die SPD mit einer Konstellation, der sie zunächst einmal ähnlich ratlos gegenüberstand wie heutzutage der «Linken».

Im Grunde besaß sie, wie Heinrich August Winkler in seiner großen Geschichte der deutschen Arbeiterbewegung in der Zeit der Weimarer Republik herausgearbeitet hat, zwei Optionen. Sie hätte sich zum einen dezidiert dazu bekennen können, dass sie längst pragmatische Reformpartei geworden war, die am Ausbau des modernen Sozial-, Rechts- und Verfassungsstaates aktiv mitarbeitete. Im Licht der intensiven Parteidiskussion hätte das einen Sieg des Bernsteinschen Revisionismus über die Marxsche Heilslehre bedeutet. Aufgrund dieses Reformbekenntnisses hätte die SPD aber à la longue mit den Liberalen und dem Katholischen Zentrum koalieren und die stets gefährdete Republik stabilisieren können. Zum anderen aber konnte sie sich weiter zur heilsgeschichtlichen Utopie des Marxismus, zum Klassenkampf und seinen Erzfeindschaften bekennen, um nicht noch mehr enttäuschte Sozialdemokraten an die USPD oder KPD zu verlieren. Im internen Entscheidungsprozess hat sich die zweite Option durchgesetzt. Als Folge dieses Kurses sah sich die SPD einem Schrumpfungsprozess ausgesetzt, der bis zu der Wahlserie von 1932 anhielt.

Was könnte die SPD, wenn sie noch so viel historischen Sinn besäße, auf Weimar vergleichend zurückzublicken, aus den Entscheidungen jener Zeit lernen? Zum ersten sollte sie nicht versuchen, das heterogene Häuflein der «Linken» durch eine eigene Linkspolitik links zu überholen. Die programmatischen Versatzstücke der «Linkspartei» bestehen aus Traditionsresten, die im 21. Jahrhundert nicht mehr weiterhelfen. Statt dieser Versuchung nachzugeben, sollte die SPD nicht nur den Mut, sondern die politische Klugheit haben, sich als entschlossene Reformpartei zu präsentieren. Welche Fehler die Regierung Schröder auch immer begangen haben mag, als sie den antiamerikanischen Pazifismus ausbeutete oder die Büchse der Pandora mit einem Türkeibeitritt zur EU öffnete – ihr bleibt das Verdienst, mit wenn auch fünfjähriger Verspätung endlich ein längst überfälliges Reformprogramm auf den Weg gebracht zu haben. Dass es an manchen Stellen schludrig gearbeitet war, zudem auf kurze Sicht keine Heilung bringen konnte, steht auf einem anderen Blatt. Jedenfalls führt die Meinung des Parteifürsten, man habe dem Wähler jetzt genug Reformen zugemutet und müsse ihm die Befreiung von weiterer Unruhe gönnen, geradewegs in eine Sackgasse. Die nächste Bundestagswahl ist für die SPD ohnehin nicht mehr zu gewinnen. In die übernächste aber mit dem Ruch der Reformvermeidungspartei einzutreten, löste ähnliche Blockaden aus, wie sie der unselig verteidigte Marxismus der 20er Jahre geschaffen hat.

Zum Zweiten muss die SPD all ihre intellektuellen Ressourcen und Think Tanks wie die Ebert-Stiftung einsetzen, um der «Linken», aber auch allgemein dem Wähler, eine zeitgemäß durchdachte, glaubwürdige Programmatik entgegenzusetzen. Der Sozialstaat z. B. ist vermutlich die größte Errungenschaft der europäischen politischen Kultur des 20. Jahrhunderts. Aber er muss offensichtlich umgebaut werden. Wenn Blair und Persson mit ihren schmerzhaften Wahrheiten Erfolg hatten, warum sollte er der SPD versagt bleiben? Die Globalisierung, der Zusammenschluss aller Weltteile zu einem einheitlichen Aktionsfeld, ist durch keine einzelstaatliche Intervention aufzuhalten. Aber wie die Nationalstaaten seit dem ausgehenden 19. Jahrhundert den naturwüchsigen Privatkapitalismus durch ihre Sozialpolitik im weiten Sinne gezähmt haben, bedarf auch der Wildwuchs des Turbokapitalismus der Einhegung. Das ist eine extrem schwierige politische Aufgabe, da die mächtigsten Profiteure der Situation in New York und London sich jeder Regulierung entgegenstemmen. Aber es ist keine Sisyphusarbeit. Ähnlich könnte man Politikfelder der Innenpolitik aufzählen. Was soll der geheime Traum von der gescheiterten Gesamtschule, wo doch alles auf Leistungsförderung und Leistungsfähigkeit ankommt, wie sie die eigentliche Gesamtschule, das Gymnasium, noch immer am besten unterstützt? Was soll der obsolete Kampf gegen Studiengebühren an den Universitäten? Ohne sie mutet die

SPD Millionen von jungen Angestellten und Arbeitern, die nie das Privileg der Studentenzeit genießen werden, weiterhin mit krasser Verletzung des Gerechtigkeitsprinzips zu, mit ihrem Geld ein Studium zu finanzieren, das dem Hauptreservoir an Studierenden, den bürgerlichen Mittelklassen, längst zugemutet werden kann.

Kurzum, erst wenn die SPD wieder klare Zielvorstellungen, auch gegenüber der exotischen Fusion von PDS und WASG, verfechten kann, wird sie aus der politisch fatalen Position einer schweigsamen Defensive herauskommen.

4. Grenzen und Identität Europas bis zum 21. Jahrhundert

Seit einigen Jahren erweist es sich als ein prinzipielles Dilemma der europäischen Politik, dass sie es bisher vermieden oder nicht gewagt hat, die geographischen, kulturellen und politischen Grenzen der Europäischen Union zu fixieren. Das ist in drei Himmelsrichtungen nicht mit Problemen verbunden:
- Nach Westen bildet der Atlantik die Grenze.
- Im Norden ist es nach ihrem Anschluss der Rand der skandinavischen Länder am Eismeer.
- Im Süden ist es das Mittelmeer. Wegen der engen Verbindungen einiger Maghreb-Staaten mit der ehemaligen Kolonialmacht Frankreich gibt es mit ihnen Präferenzverträge; auch liegt seit Jahren ein Aufnahmeantrag Marokkos vor. Aber jedes nüchterne Interessenkalkül verbietet die europäische Expansion nach Nordafrika, nicht zuletzt wegen des fundamentalistischen Islamismus, der sich dort zusehends ausbreitet, und wegen der anschwellenden Migrantenströme.
- Das offene Problem ist die Ost- und vor allem die Südostgrenze. Nach dem Anschluss von acht genuin europäischen Ländern im Frühjahr 2004 steht wegen der fatalen Entscheidung, einen muslimischen, im Zeichen seiner Reislamisierung stehenden Großstaat wie der Türkei die Kandidatenverhandlungen mit dem Ziel des EU-Beitritts einzuräumen, eine prinzipielle Veränderung des Charakters der EU zur Debatte. Gibt sie gegenüber der Türkei nach, gibt es keine überzeugenden Argumente mehr gegen Auf-

nahmeverhandlungen mit der Ukraine. Mit einem Türkei-Beitritt würde mithin die Büchse der Pandora geöffnet, denn danach stehen die Ukraine, Weißrussland, Moldawien, die Kaukasus-Staaten usw. auf der Tagesordnung. Es bedarf einer drastischen Grenzentscheidung.

Was die Frage nach den Grenzen Europas zur Zeit so spannend macht, ist die schlichte Alternative, ob das großartige Projekt der wirtschaftlichen und politischen Einheit Europas zu Ende geführt wird oder ob seine Verwässerung in Gestalt einer großen Freihandelszone, die dann auch vom Atlantik bis zum Ural oder bis Wladiwostok reichen könnte und mit Europa im historischen Sinn nichts mehr zu tun hätte, bevorzugt wird. Dafür sind Gegner des ursprünglichen Europa-Projekts wie Großbritannien, Schweden und auch die Vereinigten Staaten jederzeit zu haben; sie streben diese politisch kastrierte Lösung seit langem an, da sie ihnen ökonomische Vorteile, aber keinen weiteren Souveränitätsverlust, den USA keine aufgewertete Konkurrenzmacht Europa einbrächte.

Es mag ja sein, dass diese klare Alternative gegenwärtig schon unterlaufen wird, weil das Engagement für das europäische Projekt in den jüngeren Generationen – die alle seine greifbaren Vorzüge für selbstverständlich halten – bereits sehr gedämpft ist. Die Einsicht, dass Europapolitik nach 1945 einmal das imponierende Ergebnis eines schmerzhaften Lernprozesses war, den die europäischen Völker, nachdem sie sich in zwei totalen Kriegen zerfleischt hatten, durchlaufen haben, scheint zu verblassen. Nach imponierenden Verfechtern des Projekts wie Adenauer und Schuman, Delors und Kohl haben wir seit dem Ende des 20. Jahrhunderts die bisher schwächste Generation von Europapolitikern erlebt, die diesen Generationsunterschied wahrscheinlich schon widerspiegelt.

Diese Spannungslage: Fortschritt zur europäischen Einheit oder Kapitulation vor einer Freihandelszone verleiht der Frage nach den Grenzen und der Identität Europas eine gesteigerte Dringlichkeit, weil sie im politischen Entscheidungsprozess unmittelbar eine Rolle spielt. Ich erörtere einige wichtige Aspekte dieser Polarisierung.

Zuerst einmal muss man sich vor der all zu engen Perspektive lösen, es handele sich primär und ausschließlich um klar erkennbare geographische Grenzen (De Gaulle: Europa reicht bis zum Ural) oder um die Grenzen der gegenwärtigen Staaten. Das drängt sich zwar für eine erste Orientierung auf, erfasst aber nicht angemessen die institutionellen, politischen, kulturellen, religiösen, sozialen, wirtschaftlichen Grenzen, innerhalb derer Europa seit 1989/90 wieder besteht und sich von Nachbarn tiefreichend unterscheidet. Auch in den allzu voreilig bestätigten neuen Beitrittskandidaten Rumänien und Bulgarien verläuft die inner- und außereuropäische Grenze mitten durch diese Länder selber. Albanien steht im Grunde ebenfalls außerhalb Europas. Nur Kroatien könnte über kurz oder lang hinzugerechnet werden.

Diese Fragen verblassen aber alle vor dem Türkei-Problem, da 100 Millionen Muslime die kulturellen und religiösen, politischen und ökonomischen Kräftekonstellationen im derzeitigen Europa mit seinen 480 Millionen Einwohnern von Grund auf verändern würden, ohne dass auch nur von ferne genug kompensatorische Vorteile durch den Beitritt winkten.

Wenn das rein geographische Grenzargument nicht befriedigt, muss die Frage nach Europas Grenzen und damit auch nach seiner Identität neu gestellt werden. Sie lenkt dann auf die konstitutiven institutionellen Unterschiede hin, die Europa von der außereuropäischen Welt, besonders von seinen nichteuropäischen Nachbarn unterscheiden.

1. Das antike Erbe – und zwar das griechische, römische und jüdische – hat seine prägende Kraft nur in Europa behalten und entfaltet: sei es im Recht, in der Religion, in der Philosophie, im Politikverständnis z. B. in den Erfahrungen mit Republik und Demokratie. Dieses Erbe ist zwar nach Nordamerika, Australien und Neuseeland transportiert worden und hat dort eine vergleichbare Wirkung entfaltet, in den nichteuropäischen Nachbarregionen kam es jedoch nicht zu diesem Transfer. Es ist grotesk, aus den Ruinen griechischer Tempel und römischer Stützpunkte oder aus den von Paulus besuchten jüdischen Gemeinden in Kleinasien auf die antike Prägung ganz Kleinasiens zu schließen, denn vor mehr als 500 Jahren hat die osmanische Besatzungsmacht alle Traditionsbestände mit Gewalt zerstört. Dasselbe gilt für den nordafrikanischen Steppengürtel, in dem sich nicht nur Augustinus, sondern ein Gutteil der römischen Elite bewegt hat,

ehe der Vorstoß der muslimischen Araber nach Westen diese Welt ebenfalls zerstört hat.

2. Der Sieg des monotheistischen Christentums hat Europa in statu nascendi zu prägen begonnen, als Paulus, das eigentliche welthistorische Individuum in der Sekte des Wandercharismatikers aus Nazareth, die neue Lehre auch den Unbeschnittenen, also der ganzen Welt zugänglich machte, und als der römische Kaiserstaat das Christentum zur Staatsreligion erklärte. Atheisten oder innere Kritiker mögen das Christentum wegen der Kreuzzüge, der Religionskriege, der Inquisition noch so sehr kritisieren, die historische Bilanz fällt dennoch zugunsten der zivilisatorischen Prägekraft des Christentums aus und zwar in seiner katholischen wie in seiner reformatorischen, lutherischen und calvinistischen Variante. Denn die Fähigkeit zur inneren Reformation hat sich als belebender Impuls bewiesen; den Unterschied demonstriert die Reformunfähigkeit des Islams.

3. Mit dem Entwicklungspotential des Christentums hängt auch die eminent folgenreiche Trennung von Staat und Kirche zusammen. Sie ging aus einem erbitterten Konflikt hervor, aber letztlich wurde ein Cäsaropapismus oder ein Sultanismus verhindert. Das Modell einer auf sorgfältiger Trennung beruhenden Koexistenz von Staat und Kirche wurde verwirklicht. Das konstituiert einen fundamentalen Unterschied im Verhältnis zu anderen Religionen, namentlich zum Islam, dessen Idealzustand der universelle Sieg der Scharia bildet. Wie angesichts dieser Orthodoxierung ein Euro-Islam aussehen soll, bleibt vorerst ein Rätsel.

4. Zu einer großen Macht des öffentlichen Lebens in Europa entwickelte sich die Aufklärung. Selbst wenn man ihren unmäßigen Anspruch, schlechthin alles in der menschlichen Welt müsste sich vor dem Richterstuhl ihrer Vernunft rechtfertigen, relativiert, bleibt doch ihr Sieg wichtig, rationalen Kriterien zu mehr Macht verholfen zu haben. Mancherorts ist der Aufklärungsgedanke geradezu zu einer Zivilreligion aufgestiegen. Das wurde durch diejenigen Elemente des Christentums, die in dieses Denken eingeflossen sind, erleichtert. Ein klassisches Beispiel ist die Situation in den jungen Vereinigten Staaten, dem «Land der angewandten Aufklärung» (R. Dahrendorf).

5. Unstreitig gibt es Vorläufer der Mathematik oder der Medizin in außereuropäischen Kulturen. Doch nur in Europa und seinen amerikanischen Kolonien hat sich das System der modernen Wissenschaften zu einer beispiellosen Antriebskraft und Macht des öffentlichen wie privaten Lebens entwickelt. Dieser Siegeszug setzte vermutlich die Trennung von Staat und Kirche, zugleich aber den christlichen Imperativ «Macht euch die Erde untertan» voraus. Als mit der Globalisierung seit etwa 1500 Europas Aufstieg zur Weltgeltung begann, wurde dieser bald auch von den unterschiedlichen Wissenschaften getragen. Es gibt keinen anderen Kulturkreis, der seit der «wissenschaftlichen Revolution» so durch alle Wissenschaften geformt worden ist wie der Okzident.
6. Beispiele für einen Abenteuer-, Beute- und kleinen Gewerbekapitalismus gibt es an vielen Orten der Erde, doch nur in Europa setzte sich zunehmend ein rational organisierter Erwerbskapitalismus durch, der Gewerbe- und Landwirtschaft durchdrang. Zu dieser Entwicklung gehörte auch die Erfindung zweckmäßiger Organisationen wie der Industriefabrik, des kommerziellen Agrarbetriebs, der Dienstleistungsunternehmen. Auf der Verbindung von kapitalistischem Weltbild und Organisationsleistung beruhte der beispiellose Aufschwung Europas seit dem 16. Jahrhundert, das ihn zum Modernisierungspionier der Welt machte. Dabei kam ihm zustatten, dass es alle essentiellen Rohstoffe und Ressourcen besaß, also keineswegs, wie die Legende Wallersteins vom kapitalistischen Weltsystem es will, von der Ausbeutung der überseeischen Peripherie essentiell abhing.
7. Die Unterschiede zwischen Europa und der nichteuropäischen Welt wurden durch sozialhistorische und politische Eigenheiten vertieft. Nur in Europa entfaltete sich ein Bürgertum, das Städte in autonomer Selbstverwaltung durchsetzte. Von ihm ging ein Gutteil der Motorik des wirtschaftlichen Fortschritts aus, gefolgt von einer zukunftsfähigen politischen Programmatik. Die großen Residenz- und Handelsstädte in Mesopotamien, Persien, Ostasien haben diesen Typus des europäischen Bürgertums nicht hervorgebracht.
8. Ein Unikat ist offenbar auch die tausendjährige Herrschaftselite des Adels, der mit einem hohen Maß an Autonomie das flache

Land in Europa, aber auch das Regierungssystem des allmählich entstehenden modernen Staates beherrschte. Zwar gibt es einige Ähnlichkeiten zwischen dem europäischen Feudalismus, in dem adlige Lehensträger von ihrem Oberherrn gegen Treueversprechen mit Land und der Verpflichtung zum Militärdienst ausgestattet wurden, und vergleichbaren Strukturen in Japan und im Osmanenreich. Doch nur in Europa war der Adelsfeudalismus rd. 1000 Jahre lang durchsetzungsfähig.

9. Ebenso ist das freie europäische Bauerntum ein Unikat. Natürlich gab es Regionen, wo die Bauern lange Zeit in Abhängigkeit von Gutsherrn oder Grundbesitzern lebten. Aber daneben gab es faktisch freie bäuerliche Landbesitzer und seit der französischen Revolutionsgesetzgebung, seit den Reformen in Preußen und in den Rheinbundstaaten entwickelte sich eine bäuerliche private Eigentümergesellschaft.

10. Und – last but not least – ist Europa zusammen mit seinem nordamerikanischen Ableger das große politische Experimentierfeld für die Erprobung des neuen republikanischen Staatstypus gewesen, der auf der Grundlage der Volkssouveränität statt des monarchischen Gottesgnadentums und wegen dieses Anspruchs auf der Demokratie beruhte. Dieser Erfolg wurde durch das Zusammenfließen anderer europäischer Eigenarten ermöglicht, und es hat sich seither erwiesen, wie mühsam und gefährdet der Export dieses Politiksystems in die nichteuropäische Welt ist.

Überblickt man diese institutionellen ideen-, sozial- und politikgeschichtlichen Lösungen und Erfahrungen, erkennt man, dass die Ostgrenze Europas heute ungefähr mit der Ostgrenze Polens, der Slowakei, Ungarns, Rumäniens und Griechenlands übereinstimmt. Nach historischen Kriterien gehören jedenfalls nicht dazu Russland, Weißrussland, die Ukraine, die Türkei, zunächst einmal ungeachtet der Bemühungen in Russland seit Peter dem Großen und in der Türkei seit den Jungtürken um Kemal Atatürk, durch die Verwestlichung ihrer Länder den Abstand zu Europa zu verringern und zu gleichwertigen Mitgliedern zu werden.

Da zurzeit nur der Beitritt der Türkei zur EU zur Debatte steht, erörtere ich erst die wichtigsten türkischen Beitrittsargumente,

dann die ausschlaggebenden Gegenargumente aus der Perspektive, das Projekt der europäischen Einheit am Leben zu erhalten.
1. Würde die Türkei beitreten, heißt es, könne die erste erfolgreiche Demokratisierung eines islamischen Landes sichergestellt werden. Dieser Prozess muss aber nicht in der EU ablaufen, deren Unterstützung genügt. Letztlich muss die Türkei aus eigener Kraft diese Veränderung wollen und durchsetzen.
2. Das geostrategische Argument, früher zugunsten des NATO-Stützpfeilers, heute des Alliierten in künftigen Nahostkonflikten, ist seit jeher vor allem von Amerika vertreten worden. Leicht wird dabei vergessen, dass schon der erste Irakkrieg 1990 auf heftigen Protest traf: der Außen- und der Verteidigungsminister sowie der Generalstabschef traten zurück. Im zweiten Irakkrieg verweigerte die Türkei die Teilnahme an einem Rachefeldzug gegen einen muslimischen Nachbarn. Bei kommenden Nahostkonflikten hätte sie es aber nur mit muslimischen Staaten zu tun. Überdies war die osmanische Türkei im Nahen und Mittleren Osten jahrhundertelang eine erbittert abgelehnte Kolonialmacht, so dass sie schon deshalb in vielen arabischen Ländern auf Ressentiments trifft.
3. Nur mit Einschluss der Türkei könne Europa zur Weltmacht aufsteigen, von Lappland bis Kurdistan reichend. Diese wilhelminische Großmannssucht hatten sich nach anfänglichem Zögern Schröder, Fischer und Verheugen zu eigen gemacht. Die Argumente kennt jeder Historiker aus der Epoche deutscher «Weltpolitik» von 1914. Tatsächlich käme aber mit der Türkei, wie auch Erich Reiter, der Beauftragte für Strategische Studien im Wiener Verteidigungsministerium in der «Neuen Zürcher Zeitung» (27. 3. 2007) überzeugend argumentiert hat, ein Staat hinzu, dessen hochentwickelter Nationalismus die Einengung durch gesamteuropäische Interessen verständnislos ablehnt, doch schon wegen seiner Größe als Führungsmacht der EU deren Sicherheitspolitik bestimmen und sie dazu instrumentalisieren würde, als Regionalmacht des Nahen Ostens fungieren zu können. Die Türkei brächte aber auch die Nachbarschaft mit famosen erodierenden oder autoritären Staaten wie Georgien, Armenien, Aserbaidschan, dazu Iran, Irak und Syrien mit sich. Mit ihnen ist

ein hohes Konfliktpotential verbunden, das man nicht mit leichtfertiger Beitrittsrhetorik auf sich laden sollte. Überdies würde zu den neuen Konflikten auch die Kurdenfrage gehören. Die Türkei kultiviert eine Phobie gegen kollektive Minderheitenrechte, vielleicht ist das ein Erbe der Zerschlagung des Osmanenreiches seit 1918. 40 000 ermordete Kurden, 4000 zerstörte Dörfer und 400 000 Flüchtlinge in Zeltlagern und Notunterkünften sind bisher der Preis allein in den letzten Jahren. Das Militär droht immer wieder mit der Intervention in der nordirakischen Autonomiezone der Kurden, die als böses verlockendes Vorbild für die türkischen Kurden gilt. Nur das amerikanische Veto wirkt noch als Bremse.

4. Ein grundsätzliches Argument, etwa des Münchner Soziologen Ulrich Beck, läuft darauf hinaus, dass die Globalisierung ohnehin alle nationalen Grenzen verflüssige, die angesichts dieser Dominanz transnationaler Prozesse nichts mehr taugen. Das ist ein Denkfehler, da es diese Automatik nicht gibt. Man sollte sich diesen Prozess vielmehr stufenförmig vorstellen. Die EU verkörpert als historisch neuartiger Staatenbund eine solche Stufe, beruht aber auf der Inklusion europäischer und der Exklusion nichteuropäischer Staaten wie der Türkei, Marokkos, Russlands, Israels.

5. Das ökonomische Argument beschwört die Aufnahmemöglichkeiten eines großen Marktes in der Türkei. Faktisch sind aber auch für Deutschland entwickelte Länder die besten Kunden. Nicht zufällig gehen zwei Drittel des deutschen Exports in die EU-Länder.

6. Die türkischen Argumente liegen auf der Hand: Der Anschluss an die Finanzressourcen der EU gestattet ohne eigene Steuererhöhung die Bedienung der Klientel mit Hilfe der Vorbeitrittshilfen, das sind 150 Millionen jährlich; der Argrarsubventionen in der Höhe von jährlich elf Milliarden Euro; der allgemeinen Subvention nach dem Beitritt in Höhe von 40 Milliarden, wovon zehn Milliarden auf den größten Nettozahler Deutschland entfielen. Das europäische Prinzip der Religionsfreiheit schützte dann auch die Islamisierung und den Fundamentalismus. Das Militär soll entmachtet werden, darauf beharrt die EU. Es war

aber auch immer der Hüter des Kemalismus und seiner laizistischen Republik. Der Beitritt garantiert eine lange Serie von Wahlsiegen als Belohnung. Für die türkische Regierung ist keine überlegene Alternative in Sicht.

Diesen Argumenten hätte der Verheugen-Bericht, der die prinzipielle Beitrittsfähigkeit der Türkei bestätigte, zahlreiche Einwände entgegenhalten können. Aber es handelt sich um einen der schlampigsten Berichte in der EU-Geschichte. Der Bericht hätte die 2000 jährlichen Folterfälle monieren müssen, die Amnesty International ermittelt hat; die der europäischen Rechtsvorstellung krass widersprechende Behandlung der Frauen: zum Beispiel die von Eltern vereinbarten Kinderehen; zwei von drei Männern zahlen Brautgeld und betrachten die Frau als Eigentum; jede zweite Frau wird ohne Einwilligung verheiratet; jeder zehnte Mann hat mindestens zwei Frauen; jede fünfte Ehe wird nur in der Moschee geschlossen, ist zivilrechtlich unverbindlich und kann jederzeit vom Mann aufgelöst werden.

Die diskriminierten christlichen Minderheiten gelten als Stiftungen unter der Aufsicht des islamischen Stiftungsrats. Sie als Körperschaften des öffentlichen Rechts anzuerkennen, wird immer wieder verweigert, wie etwa 2002 gegenüber dem Vatikan. Ihr Immobilienbesitz ist beschlagnahmt worden. Geistliche müssen als Konsulatsbeamte fungieren, dürfen erst recht nicht in der Türkei ausgebildet werden.

Der strafrechtliche Schutz eines nationalistisch überhöhten Türkentums, der zu zahlreichen Prozessen gegen kritische Intellektuelle geführt hat, soll noch immer nicht aufgeschoben werden, so Erdogan selber in einem «Spiegel»-Interview vom 16. April 2007.

Bereits die Erwähnung des Genozids an 1,5 Millionen Armeniern kann zu drei Jahren Zuchthaus führen. Noch immer weigert sich die offizielle Türkei, diesen staatlich organisierten Massenmord anzuerkennen.

Die angeblich laizistische Republik hat unter Erdogan das staatliche Religionsministerium mit 180 000 Mitarbeitern beibehalten, die das religiöse Leben, auch der Auslandstürken, steuern. 60 000 neue Imame mit staatlicher Alimentierung sind von der AKP-Regierung eingesetzt worden. Die Absolventen der Vorbeterschulen können ohne die Prüfung, die alle anderen jungen Türkinnen und Türken ablegen müssen, die Universität besuchen.

Die erleichterte Einbürgerung der sog. «erweiterten Familienmitglieder» aus den Turkvölkern in Usbekistan, Kirgisien, Kasachstan usw. ist nicht kritisch kommentiert worden. Sie wird großzügig gehandhabt und kann zu einem erheblichen Zustrom führen. Wer kontrolliert ihn? Schon deshalb kann es leicht noch mehr als 90 Millionen Türken bis 2014 geben.

Zu diesen von der EU bisher blind oder großzügig übergangenen Schwachpunkten kommt noch eine Reihe von schwerwiegenden Einwänden genereller Natur hinzu.

1. Die genuin europäische Einheit einer künftigen EU wird durch die Aufnahme eines nichteuropäischen kleinasiatischen Großstaats mit 2014 etwa 90 Millionen Muslimen torpediert.
2. Ein Beitritt der Türkei bescherte der EU einen klassischen «Imperial Overstretch», eine strategische Überdehnung aller Ressourcen nach der Aufnahme zehn neuer Staaten, denen Rumänien, Bulgarien und wahrscheinlich Kroatien bald folgen werden. Jedes Kosten-Nutzen-Kalkül ergibt riesige Nachteile eines Türkeibeitritts, aber keine ausgleichenden Vorteile.
3. Die ökonomischen Probleme sind gewaltig: Die Türkei erwirtschaftete 2003 20, 2005 24 Prozent des europäischen Bruttosozialprodukts; die Inflationsrate ist mühsam unter 40 Prozent gedrückt worden; ein Drittel der Bevölkerung gehört nach dem Scheitern der kemalistischen Bildungspolitik noch zu den Analphabeten; ein Drittel der Erwerbstätigen arbeitet als Zwergbauern auf einer kärglichen Subsistenzwirtschaft.
4. Die Migrationsprobleme sind durchaus bedrohlich. Die Bundesrepublik hatte von 1950 bis 2000 die weltweit höchste relative Zuwanderungsrate, darunter waren drei Millionen Türken. Die türkische demographische Wachstumsrate betrug bisher jährlich 3,4 Prozent. Falls man nur 2,5 Prozent zugrunde legt, gibt es bis 2014 90, bis 2020 100 Millionen Türken. Demirel hat einmal Helmut Schmidt gegenüber geäußert: Wir müssen 15 Millionen Türken exportieren. Freizügigkeit ist in der EU nur für kurze Zeit aufschiebbar.

5. Bisher ist die Assimilation der Türken in der Bundesrepublik weithin gescheitert. Das Beispiel Berlin, der größten türkischen Stadt in Europa, zeigt das auf dramatische Weise. Im Herbst 2002 und 2003 konnten jeweils 94 Prozent aller Erstklässler aus türkischen Familien kein Wort Deutsch. 66 Prozent aller 15- bis 25jährigen jungen Türken sind arbeitslos, da sie weder die Sprachkompetenz noch einen Schulabschluss besitzen. Die allgemeine Zahl türkischer Arbeitsloser liegt doppelt so hoch wie unter Deutschen, in Berlin bei 40 Prozent. Die Anzahl der Sozialhilfeempfänger ist dreimal höher als der türkische Anteil an der Bevölkerung. Die Rente wird wegen Berufsunfähigkeit vom 50. Lebensjahr in Anspruch genommen, ein vernünftiges Verhältnis zwischen Ein- und Auszahlung besteht nicht. Die dritte Generation, bei der man von einer fortschreitenden Assimilation ausging, hat weithin den Rückzug in eine türkisch-islamistische Subkultur angetreten. Die Assimilierung würde erst recht bei einer weiteren Zuwanderung aus einem EU-Mitglied Türkei stocken.

6. Das demographische Argument: Wenn die Deutschen keine Kinder mehr haben, brauchen sie Zuwanderer, um zum Beispiel die Sozialsysteme zu stabilisieren, führt im Falle der Türken in Deutschland in eine Sackgasse. Denn diese türkische Minderheit ist bereits jetzt ein finanzielles Zuschussunternehmen, so das Berliner Institut für Demographie. Die dritte Generation zahlt weit weniger ein als die zweite, sie erhält wegen der grassierenden Arbeitslosigkeit sogar noch mehr Transferzahlungen als die zweite.

7. Besonders strittig ist das Gegenargument, dass zwischen Europa und der Türkei die Grenze zweier Kulturkreise verläuft, denn das Osmanenreich und die Türkei als islamische Länder haben nie zu Europa gehört. Besonders heikel ist jetzt der Umstand, dass von den sieben großen Weltreligionen nur der Islam eine fundamentalistische Feindschaft gegen den Westen entwickelt hat. Und dieser fundamentalistische Islam ist die politische Pest des 21. Jahrhunderts wie das der Nationalsozialismus und Bolschewismus im 20. Jahrhundert waren.

Dagegen betont die Politik der gegenwärtigen Türkei die «Wertegemeinschaft». Aber empirisch hat eine Umfrage großer

Soziologischer Institute für 2006 ergeben: In der EU sind zehn Prozent für eine Rolle der Religion in der Politik, in der Türkei 68 Prozent, mehr als zwei Drittel. Die Demokratie halten in Europa 85 Prozent für das überlegene politische System. In der Türkei sind wiederum zwei Drittel für eine autoritäre Führung, wie das der gesamten historischen Tradition entspricht. Und der große Test auf die angebliche Wertegemeinschaft bleibt die Einstellung zum Armeniermord. Natürlich wird einem sofort der Holocaust entgegengehalten. Aber hätte auch nur ein einziger Staat die Bundesrepublik mit der Feuerzange angefasst, wenn sie Auschwitz geleugnet und die Wahrheit mit Gefängnis bestraft hätte? Kurzum: Eine tiefgreifende soziokulturelle Divergenz besteht weiter, und es ist schiere Ignoranz, sich mit geopolitischen Thesen darüber hinwegzusetzen.

8. Woher nehmen die protürkischen europäischen Politiker in ihrer Arroganz die Gewissheit, dass eine islamistische Partei, die zu zwei Dritteln aus Erbakans fundamentalistischer Wohlfahrtspartei (wie auch Erdogan und Gül) hervorgegangen ist, die umfassende Europäisierung wirklich auf Dauer vorantreiben will?

9. Falls wider alle politische Vernunft und gegen das wohlverstandene Eigeninteresse der EU dennoch 2014/15 ein Beitritt erfolgte, wie er Mitte April 2007 im ultimativen Ton des Palavers auf dem Basar von der Regierung Erdogan gefordert worden ist, entsteht ein riesiges Demokratiedefizit. Die jährlich regelmäßig erhobenen Allensbacher Umfragen ergeben, dass, wie auch in Frankreich, Holland, Österreich, 66 bis 70 Prozent gegen einen Beitritt, nur 12 Prozent dafür sind. Politik soll demoskopischen Umfragen nicht sklavisch folgen. Aber wann und wo ist für den Beitritt der Türkei zu Europa überzeugend geworben worden? Wie wollen sich Brüssel und die Regierung über Zweidrittelmehrheiten und die drohende Abstimmungsniederlage, denn Einstimmigkeit bleibt ja bei der Neuaufnahme eines EU-Mitglieds vorgeschrieben, hinwegsetzen? Träte die Türkei der EU bei, wäre sie sofort der größte EU-Staat mit den üblichen Führungsansprüchen. Sie stellte sofort die größte Fraktion im Straßburger Parlament, denn eine Aufteilung der islamischen Abgeordneten auf Christdemokraten und Sozialdemokraten wäre

ganz unwahrscheinlich. Sie würde Druck zugunsten politischer und finanzieller Sonderleistungen ausüben, z. B. das entscheidende Wort zur Nahost-Politik beanspruchen.
10. Als Folge des Beitritts würde die Euro-Skepsis weiter steigen, da mit der Missachtung des Widerstands dagegen auch das Ideal des mündigen Bürgers missachtet worden wäre. Zudem wäre die Generationsgerechtigkeit krass verletzt worden, da künftige Generationen endlose Belastungen ohne überzeugende Gegenleistungen zugemutet würden.

Eine Schlussfolgerung drängt sich erneut auf: Politisch ist es für die EU längst geboten, die dürre Alternative zwischen Vollmitgliedschaft und der als stigmatisierend empfundenen Außenseiterrolle zu überwinden. Stattdessen müsste ein Dutzend unterschiedlicher Stufen entwickelt werden, um Nähe und Entfernung zur EU auszudrücken. Auch im Verhältnis zur Türkei erweist sich diese Alternative wieder als schwerwiegender Mangel. Das Angebot der «privilegierten Partnerschaft» ist ein spät unternommener Anlauf, diese Starrheit aufzulockern. Aber da längst der hochgradig reizbare türkische Nationalismus sich an den Beitrittserfolg geheftet hat, ist eine pragmatisch verbesserte Partnerschaft, die zur Zeit ja schon viele Züge einer privilegierten Partnerschaft besitzt, nurmehr schwer zu etablieren, bleibt aber die einzige realistische Alternative zum Beitritt. Die politische Maxime muss daher lauten: Nicht was gut ist für die Türkei, besitzt den Vorrang – wie manche Politiker uns glauben machen wollen –, sondern was gut ist für die politische Union Europas und für die Bundesrepublik.

Bismarcks Imperativ, auch in der Nah-Ostpolitik, lautete bekanntlich: Es steht großen Staaten nicht an, anders als nach Maßgabe ihrer Interessen zu handeln. Das Schwergewicht vitaler Interessen, die mit dem unvollendeten Projekt einer genuin europäischen Union verbunden sind, spricht gegen den Türkei-Beitritt. Weder Brüssel noch Berlin sollten diese vitalen Interessen und damit auch die historischen Grenzen und die Identität Europas verraten.

5. Türkenprobleme ohne Ende

Ralph Giordano, einer der großen alten Männer der deutschen politischen Publizistik, muss sich als Holocaust-Überlebender Morddrohungen gefallen lassen, weil er es gewagt hat, die Megalomanie des Kölner Moscheeprojekts mit vorzüglichen Gründen zu kritisieren. Der deutsche Ableger des türkischen Religionsministeriums, die DITIB, plant ein Exempel purer Machtarchitektur mit zwei Minaretten, deren Höhe nur noch vom Kölner Dom übertroffen wird. 5000 Muslime soll die Moschee beim Freitagsgebet aufnehmen können, während in ihrer Umgebung gerade einmal 130 Parkplätze vorhanden sind. Der gewaltige Komplex wird Köln-Ehrenfeld über kurz oder lang in ein türkisches Viertel verwandeln. Offensichtlich haben sich die politischen Parteien im heiligen Köln von dieser Demonstration muslimischen Gleichberechtigungswillens überrumpeln lassen. Inzwischen suchen sie nach Kompromisslösungen, die bisher aber alle an der unerschütterlichen Unnachgiebigkeit der DITIB gescheitert sind. Dieser Machtbeweis mit der Brechstange dementiert die Bereitschaft zur Integration, er betoniert vielmehr die bislang nicht aufgegebene Entscheidung, sich in einer eigenen Subkultur einzuigeln und jede Assimilation zu verweigern.

Die rund drei Millionen Muslime in der Bundesrepublik, unter denen die Türken die erdrückende Mehrheit stellen, haben sich bisher nur punktuell in ihr Zuwanderungsland eingefügt. In der größten türkischen Stadt Europas, in Berlin, konnten unlängst 94 Prozent aller eingeschulten Kinder türkischer Herkunft kein Wort Deutsch. Zwei Drittel aller 14- bis 25jährigen Türken, also alle aus der dritten Generation mit ihrer wachsenden Neigung zu einem fundamentalistischen Islamismus, waren dort wegen des fehlenden Schulabschlusses und der mangelnden Sprachkompetenz arbeitslos. Allgemein lag die türkische Arbeitslosenquote doppelt so hoch wie die deutsche, bei 40 Prozent. Die Anzahl türkischer Sozialhilfeempfänger stieg dreimal so hoch wie der türkische Anteil an der Stadtbevölkerung. Wegen vermeintlicher Berufsunfähigkeit wurde die Rente durchweg vom 50. Lebensjahr an in Anspruch genommen, so dass jedes vernünftige Verhältnis zwischen Einzahlung und Auszahlung zerstört wird. Der Anteil türkischer Gymnasialschüler und Studenten ist im Vergleich mit dem Nachwuchs aus ehemaligen italienischen, spanischen, griechischen Gastarbeiterfamilien erschreckend schmal geblieben. Die Bildungsferne der überwiegend aus Anatolien stammenden Zuwanderer, oft – namentlich die Frauen – Analphabeten, hat sich verhängnisvoll fortgesetzt. Dem Argument, dass die Deutschen schon wegen ihrer schrumpfenden Kinderzahl auf türkische Zuwanderung angewiesen seien, um die Sozialsysteme zu stabilisieren, muss entgegengehalten werden, dass die türkischen Arbeitsmigranten bereits seit langem ein Zuschussgeschäft für den deutschen Sozialstaat sind und alles andere tun, als zur Stabilisierung der disproportional beanspruchten Versicherungssysteme beizutragen.

Wenn man ein politisch explosives ethnisches Subproletariat in ghettoähnlichen Wohnquartieren der deutschen Großstädte vermeiden will, muss die mehr als zögerliche staatliche Integrationspolitik endlich forciert werden. Diese Überzeugung liegt Innenminister Schäubles Islamkonferenzen zu Grunde, die eine langwierige Diskussion zur Erleichterung der Annäherung eröffnen sollen. Wes Geistes Kind jedoch manche Verbandsfunktionäre sind, die durchweg kleine Minderheiten der hier zu Lande lebenden Muslime vertreten, trat vor der letzten Sitzung unmissverständlich zu Tage. Soeben war das veränderte Zuwanderungsgesetz im regulären Gesetzgebungsverfahren von Bundestag und Bundesrat verabschiedet worden. Es hatte gegen den routinemäßigen Import minderjähriger Bräute aus Anatolien ohne jede deutsche Sprachkenntnis endlich eine Hürde errichtet. Daraufhin band ein Teil der türkischen Lobby die Teilnahme an der Konferenz an eine Revision dieses Gesetzes im Sinne ihres Macho-Weltbildes, sie wollte mit ihrem Veto als eine Art von Ersatzgesetzgeber fungieren. Während diese Verbände verbal stets versichern, auf dem Boden des Grundgesetzes zu stehen, enthüllte diese Reaktion entweder eine erschreckende Unkenntnis des legislativen Verfahrens oder eine krasse Missachtung der politischen Verfahrensregeln in der Bundesrepublik.

Beide Streitpunkte: die Kölner Moschee (ein ähnliches Frankfurter Projekt ist angekündigt worden) und das Auftrumpfen der

Lobby in Berlin, unterstützen die Forderung von Ralph Giordano, endlich eine offenherzige Diskussion über die Stellung der deutschen Muslime zu führen, auch über ihre Integrationswilligkeit und Demokratieunfähigkeit. Wer kann unter den derzeitigen Umständen noch für eine Vollmitgliedschaft der Türkei in der EU plädieren, da doch ihr Beitritt die Anzahl der Muslime in der Bundesrepublik im Nu verdoppeln würde?

6. Der Fall des Günther Oettinger

Der Fall Oettinger besitzt unter mehreren Gesichtspunkten einen Seltenheitswert: Selten ist mit einem Minimum an Worten ein solches Maximum an Schaden angerichtet worden. Die Ministerpräsidenten der Bundesländer gehören zur Spitzengruppe der deutschen Berufspolitiker, aber noch nie hat einer von ihnen eine solche Unkenntnis des Dritten Reiches mit einer Mischung aus Ignoranz, Feigheit und Arroganz paradiert. Noch nie hat einer von ihnen einen klassischen opportunistischen Mitläufer zum Gegner des Systems geadelt. Noch nie hat einer solche Feigheit gezeigt, als er zu einer umstrittenen Figur wie Filbinger Stellung bezog, und noch nie hat einer mit einer solchen Arroganz falsche Formulierungen tagelang verteidigt. Vermutlich ist auch noch nie ein Ministerpräsident von seiner Parteivorsitzenden mit so entschiedenem Druck zum Einlenken gebracht worden, wie das Oettinger durch Frau Merkel erfahren musste.

Zu diesem harschen Urteil lässt sich kurz sagen: Inzwischen müsste auch und gerade ein Politiker in der Position Oettingers wissen, dass das «Dritte Reich» nicht aus glühenden Nazis und einer Handvoll Widerstandskämpfer bestand. Vielmehr haben Millionen das Regime mitgetragen, weil sie opportunistische Gründe und vor allem die partielle Übereinstimmung mit einzelnen Forderungen des Hitler-Regimes dazu trieben. Filbinger gehört offenbar zu diesem Typus des Opportunisten. Der eine wünschte sich die Revision des Versailler Friedens, der andere die Wiederaufrüstung, der eine den erneuten Aufstieg zur Hegemonialmacht, der andere die Beseitigung des lästigen jüdischen Konkurrenten. Und viele bekannten sich zu diffusen völkisch-rassistischen Ideen, um ungestört Karriere machen zu können. Filbinger gehörte dem modisch rechtskonservativen katholischen Jugendbund Neudeutschland an, der 1932/33 wahrscheinlich mit einer streng autoritären Regierung Papen rundum zufrieden gewesen wäre. Der Abstand zur neuen Notstandsregierung unter Hitler konnte für seine Mitglieder nicht allzu groß erscheinen. Keineswegs jeder Student ging damals aber wunschgemäß in die SA und den «Nationalsozialistischen Studentenbund», bald auch in die NSDAP. Filbinger tat all das, denn er pflegte seit 1933 die geschmeidige Anpassung. 1935 bezeichnete er Kritiker des Regimes als «Schädlinge am Volksganzen», gegen die er die «rassisch wertvollen Bestandteile des deutschen Volkes» verteidigte. Trotz dieser verräterischen Formulierungen braucht Filbinger kein dogmatischer Vollblut-Nazi gewesen zu sein. Das opportunistische Arrangement brachte ihn beruflich weit genug, und mit einigen populären Postulaten der Führerdiktatur wird er, wie so viele andere, auch einverstanden gewesen sein. Als Wehrmachtsjurist blieb er vom Fronteinsatz verschont. Seine Mitwirkung an Todesurteilen bewies die erwartete Funktionstüchtigkeit. Trotz aller Filbinger-Apologetik seit 1978 hat man von Zivilcourage und humanem Verhalten im Zeichen der herannahenden Niederlage nichts vernommen. Selbst nach Kriegsende wurde im Gefangenenlager starrsinnig auf altem Recht bestanden, anstatt den Überlebenden mit pragmatischer Hilfe zu begegnen. Diesen klassischen Opportunisten zum Systemgegner zu erheben, wie das Oettinger getan hat, ist eine glatte historische Fälschung. Von Resistenz und Widerstand gegen das Regime war dieser Mitläufer par excellence meilenweit entfernt.

Wenn Oettinger die Trauerrede über Filbinger übernahm, sprach er nicht an erster Stelle zur Familie, sondern während eines öffentlichen Akts, der bundesweit verfolgt wurde. Das konnte einem politischen Profi nicht unbekannt sein. Es gehört eine ordentliche Portion Feigheit dazu, sich in dieser Situation vor jedem realistischen Urteil zu drücken, aus Filbinger einen Systemgegner zu machen und damit alle Schattenseiten seiner Existenz vor 1945 schlichtweg zu leugnen. Was trieb Oettinger bloß an, mit seiner ungelenken Suada sich gewissermaßen auf Filbingers Standpunkt seit 1978 zu stellen, dem Erhard Eppler treffsicher ein «pathologisch gutes Gewissen» attestiert hat?

Da Berufspolitiker einem Kosten-Nutzen-Kalkül folgen, ist die Vermutung nicht abwegig, dass Oettinger mit seiner verfälschenden Rhetorik auch dem rechten Flügel der Südwest-CDU Wohlgefallen bereiten wollte. Die begeisterte Zustimmung des p. p. Brunnhuber, des Sprechers der Bundestagsabgeordneten aus Baden-Württemberg, bestätigt dieses Kalkül.

Und irritierend bleibt die Arroganz, mit der Oettinger Tag für Tag auf seinen verfehlten Formulierungen beharrte, anstatt nach dem Rededebakel möglichst schnell den geordneten Rückzug anzutreten. Das alles spricht gegen sein politisches Urteilsvermögen, überdies auch gegen die Qualität seines Beraterkreises, der die Notbremse ziehen musste. Es bedurfte der resoluten Intervention von Frau Merkel, um Oettinger zum Nachgeben zu bewegen. Anstatt ihr «parteischädigendes Verhalten» vorzuwerfen, wie das der brandenburgische CDU-Minister Jörg Schönbohm mit unerfindlicher Häme getan hat, verdient sie alle Anerkennung. Offensichtlich war es doch unvermeidbar, eine klare Grenzlinie durchzusetzen und damit weiteren schweren Schaden von ihrer Partei abzuwenden. Ob das Oettinger auch so sehen wird, nachdem er sich durch sein Verhalten, nicht nur durch seine Rede, für jedes höhere politische Amt selber disqualifiziert hat?

7. Eine Lanze für Alice Schwarzer

Seit dem 19. Jahrhundert ist die Thomas Carlyle zugeschriebene Maxime «Männer machen Geschichte» zum Gemeingut geworden. Wahrscheinlich besitzt sie noch immer die Hoheit über die Stammtische. Gedacht hatten diese Verfechter des Heroenkults an die große Staatspolitik. Weitet sich der Blick aber auf das ganze gesellschaftliche Leben, lässt sich die Zwillingsthese, dass auch Frauen Geschichte machen, nicht ernsthaft bestreiten. Sie mögen nicht immer so spektakulär auftreten wie Mrs. Thatcher, die das soziale und politische Leben Englands derart umgestülpt hat, dass Tony Blair zehn Jahre lang mit effektiven Korrekturen regieren konnte. Aber:

Weibliche Ideen und Aktionen können nicht minder folgenreich sein. Man denke nur an den dramatischen Erfolg der neuen Frauenbewegung, die seit den frühen 1970er Jahren in einem bis dahin unvorstellbaren Tempo die rechtliche, zusehends auch die soziale Gleichberechtigung der Frauen erstritten hat.

Es reicht aber nicht, die Schwungkraft einer anonymen Bewegung anzuerkennen. Ohne die Dynamik, die Argumentationsstärke, das kontinuierliche Engagement einer Wortführerin wie Alice Schwarzer wäre dieser Erfolg vermutlich nicht in der jetzt erreichten Form zustande gekommen. Man braucht nämlich diese Persönlichkeit nur einmal wegzudenken – im Jargon der Wissenschaft: kontrafaktisch zu überlegen –, um zu erkennen, in welchem Maße diese Publizistin und de facto Politikerin, oft im Alleingang, die Sache der Frauen überzeugend verfochten hat. Ohne diese ganz individuelle Motorik, ja sei's drum, ohne diese Leidenschaft, im offenen Streit für ihre gerechte Sache unentwegt voranzugehen, hätte der Frauenbewegung, aber auch den Entscheidungsgremien der Parteipolitik ein wesentlicher Impuls gefehlt. Kein Wunder also, dass man auf das neue Buch von Alice Schwarzer, «Die Antwort», gespannt ist.[1]

Um es in martialischer Sprache auszudrücken: Sie blickt noch einmal, nicht ohne Befriedigung, meist aber voll geschulter Kritik, auf einige der Fronten, an denen sie in den letzten dreißig, vierzig Jahren so unverwechselbar gekämpft hat. Das Ergebnis ist ein Dutzend ganz so temperamentvoll wie sachkundig geschriebener Essays. Man kann sie jeweils für sich lesen, aber auch alle hintereinander, indem man dem roten Faden eines feministischen Plädoyers folgt, das namentlich die ungelösten Aufgaben präsentiert. So belehrt Frau Schwarzer zu Beginn ihre Leserinnen und Leser noch einmal, denn offensichtlich hält sie es für geboten, über den Unterschied zwischen «Sex» als biologischer Grundausstattung und «Gender» als soziokulturell zugeschriebener weiblicher Rolle zu argumentieren. Und natürlich gehört ihre ganze Sympathie der Auflockerung, ja Beseitigung dieses starren Rahmens, innerhalb dessen, modisch gesprochen, weibliche Identität seit endloser Zeit so verbindlich fixiert worden ist, dass dieses kulturelle Kunstprodukt als schlechthin naturgegeben galt.

Mit rational fundierter Aversion attackiert Frau Schwarzer den fundamentalistischen Islam, der sich auch nach Europa in die muslimische Diaspora ausbreitet. Von ihrer Position aus vor allem deshalb, weil sein Männlichkeitswahn die unnachgiebige Unterdrückung der Frauen aufrechterhält. Im Kopftuchstreit steht Frau Schwarzer daher grundsatzfest auf der Seite der Gegner dieses antiemanzipatorischen Symbols. Offensichtlich handelt es sich bei diesem militanten Islam um die politische Pest des 21. Jahrhunderts, so wie der Nationalsozialismus und der Bolschewismus die politischen Epidemien des 20. Jahrhunderts gewesen sind. Angesichts des gegenwärtig längst laufenden «Kampfes der Kulturen» à la Huntington sollte die mutige Stimme von Alice Schwarzer auch bei jenen Gehör finden, die trotz der erkennbaren Gefahren eine Vogel-Strauß-Politik vorziehen.

In der Abtreibungsfrage wiederholt Frau Schwarzer – nach einem Rückblick auf die seit der berühmten Stern-Aktion von 1971 verbesserte Lage der Frauen – ihre Forderung nach einer uneingeschränkten Fristenlösung, die anderswo in Europa längst konsensfähig geworden ist. Aber in Deutschland herrsche ja, polemisiert sie, kein Volksentscheid, «sondern der Vatikan».

Mit der ihr eigenen Emphase stellt Frau Schwarzer das Vorurteil, nur die Mutter sei die einzig wahre Bezugsperson für das Kleinkind, in Frage und wirbt für die Übernahme von Familienpflichten durch die Männer. Selbstverständlich hält sie die weibliche Doppelexistenz in Beruf und Familie für einen zumindest in den westlichen Ländern unaufhaltsamen Trend, dem jetzt endlich die verbleibenden Schwierigkeiten pragmatisch aus dem Weg geräumt werden müssen. Ihre helle Empörung löst das neue Schönheitsideal der aus Hungerkuren hervorgehenden Knabenfigur aus, gegen deren Ausbreitung – ihr Wort ins Ohr der Modellagenturen, Fotografen und Designer – endlich Barrieren errichtet werden müssten. Doch diese Kritik ist sanft im Vergleich mit der Polemik, die Alice Schwarzer gegen die rapide um sich greifende Pornografie und Prostitution richtet. Wer die Blitzkarriere von Porno-Videos, Gang Bang und Frauenhandel, zumal aus Osteuropa in den Westen, angewidert zur Kenntnis nimmt, kann ihren Argumenten nur Durchsetzungskraft wünschen, damit der Umgang mit Frauen als käuflicher Ware endlich eingedämmt wird.

Alle pointierte Kritik schließt aber Frau Schwarzers nüchternes Urteil nicht aus, dass der Fortschritt der Frauenemanzipation in den letzten vierzig Jahren eine der größten sozialen Revolutionen des 20. Jahrhunderts ausgelöst hat. Nach der rechtlichen Gleichstellung steht freilich, wie ihr nur zu sehr bewusst ist, die soziale Durchsetzung des Egalitätsprinzips an vielen Stellen noch weiter aus. Noch immer erhalten Frauen in der Industrie, die in diesen Jahren eine atemberaubende Feminisierung der Arbeitswelt erlebt haben, 25 bis 30 Prozent weniger als Männer, sehen sich in schlechtbezahlte Lohnleichtgruppen verbannt. Als Rentenempfängerinnen kommen sie auf die Hälfte des männlichen Alterseinkommens. In den Chefetagen der 626 umsatzstärksten deutschen Großunternehmen fanden sich zwölf Frauen (0,5 Prozent) unter 2286 Männern. An den höchsten Bundesgerichten stellen Juristinnen fünf Prozent dieser Rechtselite. Von den Schulleitern sind in einem feministischen Beruf nur 18 Prozent Frauen, von den Schulräten sogar nur neun Prozent. Erstmals gibt es neuerdings Intendantinnen in den Spitzengremien der öffentlichen Rundfunkanstalten.

Andererseits ergeben neue sozialwissenschaftliche Studien aus Westeuropa, die für Frau Schwarzers Recherchierkünste eigentlich ein gefundenes Fressen gewesen wären, ein erstaunliches Resultat. Denn sie stellen den männlichen Zweifel an der Kompetenz, der Belastbarkeit, der Führungsfähigkeit von Frauen radikal in Frage. In der Realität ist es, ihnen zufolge, inzwischen klar nachweisbar, dass Frauen, ganz im Gegensatz zum Vorurteilsyndrom des Machismo, Leitungsfunktionen besser ausfüllen, kommunikativer, integrativer, teambewusster, entscheidungsfreudiger, innovativer, die besseren Planer sind und, last, but not least, wirtschaftlich sogar mit Abstand erfolgreicher operieren als Männer in denselben Positionen. Man darf Frau Schwarzer so verstehen, dass ihr die Durchsetzung dieser empirisch vorzüglich abgesicherten Ergebnisse im öffentlichen Diskurs willkommen ist, da sie ihre Grundüberzeugung bestätigen. Das tun solche Studien auch anderswo – in jenem hoffentlich weiterwachsenden Häuflein, das Alice Schwarzer als aufgeklärte Männer anerkennt.

II.

8. Der Aufstieg des deutschen Nationalismus 1815–1890

Die moderne Nationalismusforschung hat seit den 1980er Jahren die überlieferte Vorstellung radikal in Frage gestellt, dass sich die großen ethnischen Verbände in Europa, nachdem die Völkerwanderung endlich zur Ruhe gekommen war, allmählich in Nationen verwandelt und ein Nationalgefühl hervorgebracht hätten, dessen Hauptziel die Errichtung eines eigenen Nationalstaats mit einer eigenen Nationalkultur gewesen sei. Dieser Vorgang war von den großen Nationalhistorikern im 19. Jahrhundert, durchweg zustimmend, in einer biologistischen Sprache gedeutet worden: Allen Völkerschaften wurden nationale Keime unterstellt, aus denen während ihrer Blütezeit Nationen und Nationalstaaten in einem von der göttlichen Weltordnung vorgesehenen Prozess hervorgingen.

Anstelle dieser im öffentlichen Bewusstsein auch heutzutage noch immer fest verankerten Legende geht die neue Interpretation von der ungleich realistischeren Annahme aus, dass erst der Zerfall überlieferter Weltbilder und gesellschaftlicher Ordnungssysteme die Suche nach einem neuen integrationsfähigen Weltbild hervortrieb. In der Gestalt des Nationalismus bemächtigte es sich der Vergangenheit etablierter Herrschaftsverbände, indem es diese als nationale Einheiten umdeutete und sie zugleich mit dem missionarischen Sendungsbewusstsein einer welthistorischen Aufgabe ausstattete. So gesehen trifft die pointierte Formulierung des englischen Nationalismuskenners Ernest Gellner den zentralen Punkt der neuen Sichtweise: Nicht etwa die Nation hat den Nationalismus hervorgebracht, sondern das Ideensystem des Nationalismus hat sich seine Nationen geschaffen.

Diese folgenreiche Transformation stellte sich in aller Regel im Zusammenhang fundamentaler Krisen ein, während denen die bisher verbindlichen Weltbilder und soziopolitischen Ordnungskräfte ihre Überzeugungskraft verloren, so dass die Suche nach einem neuen Weltbild mit überlegener Deutungs- und Integrationskraft vorangetrieben wurde. Dieses Weltbild musste aus dem überlieferten Gedankenhaushalt der Zeit konstruiert werden, auch und gerade im Hinblick auf seine utopischen Züge. Angesichts der Dominanz des Christentums hat sich überall im europäisch-amerikanischen Kulturkreis die altisraelische Vorstellung vom «auserwählten Volk» als Inkarnation der eigenen Nation durchgesetzt. Dass sich auf diese Weise der Nationalismus als «Antwort» auf eine prinzipielle «Herausforderung» im Kontext der Englischen, Amerikanischen und Französischen Revolution herausbildete, wodurch die im 18. Jahrhundert ökonomisch und politisch dominierenden Pionierländer des Westens nationalisiert und eben dadurch, wie sich alsbald herausstellte, auch zum Vorbild wurden, ist von der Forschung überzeugend gezeigt worden. Der Nationalismus ist daher keine Dauererscheinung seit archaischer Vorzeit, sondern durch und durch ein Phänomen der politischen Neuzeit.

In den Ländern des deutschsprachigen Mitteleuropa, in denen um 1789 auch rund 1789 größere Herrschaftseinheiten und Zwerggebilde nebeneinander existierten, gab es im ausgehenden 18. Jahrhundert bekanntlich keine Revolution. Doch es entstand eine Überlagerung von politischen und ökonomischen, sozialen und kulturellen Modernisierungskrisen, die sich zu einer bedrohlichen Konstellation zusammenballten, als sie durch Napoleons Export der Französischen Revolution nach Osten dramatisch verschärft wurde. Zugleich bewiesen die militärische Expansion Frankreichs und der Erfolg seiner inneren Staatsbildung eine Entfesselung von Energien, zu denen offenbar nur der Nationalismus eines revolutionierten Landes befähigte.

Auch in den deutschen Herrschaftsgebieten, in denen die klassischen Revolutionen des Westens mit ihren Modernisierungseffekten von einer aufgeschlossenen, Öffentlichkeit aufmerksam verfolgt worden waren, bildete sich ein kleiner elitärer Zirkel von Nationalismusverfechtern, der einen für alle Länder in dieser Frühphase typischen Intellektuellennationalismus vertrat. Ihm ging es darum, die politische Vielfalt des deutschsprachigen Mitteleuropa in eine einheitliche Nation mit einem eigenen Nationalstaat zu verwandeln. Nur auf diese Weise, glaubten die nationalen Reformer, könne das künftige Deutschland im unerbittlichen Wettbewerb des europäischen Staatensystems erfolgreich mithalten, ja selber wieder eine Führungsrolle übernehmen. Dass dieses Projekt eine scharfe Spitze gegen die Dynastien, überhaupt gegen die privilegierte Adelswelt besaß, konnte nicht verborgen bleiben. Denn die politische Legitimationsbasis sollte künftig in letzter Instanz durch den Willen der Nationsgenossen gebildet werden. Allerdings dachten diese früheren Adepten des Nationalismus keineswegs primär an einen straff zentralistischen Nationalstaat, sondern häufiger an eine föderative Union, die den deutschen Traditionen Rechnung trug.

Diese kleine deutsche Nationalgemeinde, die noch keine mächtige Bewegung verkörperte, bestand aus einigen hundert Professoren, Theologen, Schriftstellern, Studenten und Gymnasialschülern – anfangs wohl, auch großzügig gerechnet, aus nicht mehr als gut tausend Anhängern der faszinierenden neuen Ideen. Zu dieser Trägergruppe gehörten freilich einflussreiche, wortgewaltige Männer, wie etwa Friedrich Schleiermacher, der bedeutendste protestantische Theologe des 19. Jahrhunderts, Wilhelm von Humboldt, Friedrich von Schiller, Heinrich von Kleist, Friedrich Schlegel, Adam Müller, Johann Fichte, Ernst Moritz Arndt, der «Turnvater» Jahn, auch Reformbeamte wie der Freiherr vom Stein und Schlüsselfiguren aus Hardenbergs Umkreis, sowie prominente Militärs wie Clausewitz und Scharnhorst, Gneisenau und Boyen. Sie deuteten mit Nachdruck die kulturellen Traditionen und Lebensformen der Deutschen als nationale Vorgeschichte um, und zugleich beschworen sie die Metaphysik der Nationalideen, indem sie die historische Mission Deutschlands, an dessen «Wesen die Welt genesen» sollte, als Panier aufpflanzten. Im Inneren sollte der Nationalismus das friedliche Zusammenleben aller Nationalgenossen, in der Außenwelt die friedliche Koexistenz liberaler Nationalstaaten gewährleisten. Dieses harmonisierende Weltbild schloss freilich die für alle Nationalbewegungen typische Wendung gegen existenzielle äußere Feinde nicht aus, wie sie damals von der französischen Besatzungsmacht und von Napoleon als gehasstem, aber wegen seiner Leistungen auch bewunderten «Universaldespoten» verkörpert wurden.

Unstreitig gab es vor diesem Intellektuellennationalismus schon jahrzehntelang angestrengte Bemühungen um die Vorherrschaft der deutschen «National-Sprache», um im kulturellen Leben die Hegemonie des Französischen zu durchbrechen, auch um ein deutsches «National-Theater», eine deutsche «National-Literatur». Aber erst die Krisensituation seit dem ausgehenden 18. Jahrhundert vermochte die Schubkraft des frühen deutschen Nationalismus unwiderruflich zu entfesseln.

Sein Anspruch traf auf die etablierte Loyalität, die vom Landespatriotismus der Einzelstaaten und autonomen Städte erzeugt wurde. Diese Bindung war jedermann in der Nationalgemeinde bewusst, und man ging durchweg davon aus, dass auch jeder – modisch gesprochen – mit der doppelten Identität als Deutscher und Preuße oder Bayer sehr wohl zu leben vermochte. Im lockeren Sprachgebrauch der Zeit wurde auch ungeniert von Preußen, Bayern, Hessen als «meiner Nation» gesprochen, die aber das Bekenntnis zur umfassenderen deutschen Nation nicht ausschloss, zumal föderative Staatsideen eine so wichtige Rolle spielten.

Als der Kampf gegen die napoleonische Vorherrschaft in einen militärischen Großkrieg mündete, wurden die Schlachten von Berufstruppen, keineswegs von national enthusiasmierten Massenheeren ausgetragen. In den Freiwilligenverbänden, den «Freikorps» etwa, die später zum Gegenstand der Legende vom Befreiungskrieg wurden, überwogen auch keineswegs nationalbegeisterte Studenten (5 Prozent), sondern abenteuerlustige Handwerksgesellen und Bauernsöhne. Und als eine 25jährige Kriegsepoche auf dem Wiener Kongress von 1815 in eine Friedensordnung überführt werden sollte, konnte die kleine Gesinnungsgemeinschaft, die – wie etwa Wilhelm von Humboldt in der preußischen Delegation – für ein «geeintes Deutschland» eintrat, keinen nennenswerten Einfluss gewinnen.

Nicht nur erwies sich das vom österreichischen Staatskanzler Clemens von Metternich souverän geleitete Bollwerk der dynastischen Staaten als unerschütterlich, vielmehr setzte auch alsbald ihr rigoroser Repressionskurs gegen die gefährliche Unterminierarbeit der Nationaldenkenden ein. Die Karlsbader Beschlüsse, welche die Staatsleitungen 1818 herbeiführten, boten ein hartes Regelwerk von

Verfolgungsmaßnahmen auf, die zahlreiche Exponenten des Nationalismus in die Festungshaft führten, sie ins Exil trieben, ihnen die Berufsausübung zeitweilig unmöglich machten. Allerdings traten damals noch keine totalitären Staaten gegen ihre Opponenten an. Man konnte, wie etwa der linkshegelianische Intellektuelle Arnold Ruge, jahrelang in Haft gesessen haben und dennoch nach der Entlassung sogleich erneut für seine Ideen eintreten, seine Leser, Studenten, Schüler wiederum beeinflussen und sich, wenn die Zivilcourage ausreichte, so schnell nicht beugen lassen.

Dennoch, aus der Perspektive Metternichs und seiner konservativen Gesinnungsgenossen in allen Mitgliedsstaaten des neuen Deutschen Bundes mochte es trotz aller sorgenvollen Skepsis so erscheinen, als ob die Ausschaltung dieser gefährlichen Systemveränderer gelingen könne. Tatsächlich aber ist sie trotz aller intensiven Anstrengungen nicht gelungen. Die große Frage ist mithin, warum sich auch der deutsche Nationalismus als politische Bewegungsmacht so durchsetzungsfähig erwies, dass er schon vor der Revolution von 1848/49 gar nicht mehr übersehen werden konnte.

Für eine Antwort empfiehlt es sich, insbesondere auf drei historische Bedingungen zu blicken.

1. Zum Ersten wirkte sich im europäischen Staatensystem der Vorbildcharakter der nationalisierten Großstaaten wie Frankreich und England, gefolgt in der transatlantischen Welt von den USA, weiter stimulierend aus. Ein Vergleich: Der einflussreiche amerikanische Wirtschaftshistoriker Alexander Gerschenkron hat die europäische Industrialisierungsgeschichte aus dem Spannungsverhältnis zwischen England als erstem «Pionierland» der Industriellen Revolution und dem Zugzwang für die «Nachzüglerstaaten» erklärt, die diesen Vorreiter durch Imitation oder Substitutionsleistungen einholen mussten, ja überholen wollten. Dieselbe Denkfigur lässt sich auch auf die Nationalisierungsgeschichte anwenden: Der Modernisierungsvorsprung, den die neuen Nationalstaaten durch ihre Transformation, wie es schien, so überzeugend gewonnen hatten, wirkte auf die anderen Mitglieder des Staatensystems als immens attraktives Vorbild, ja geradezu als Modell, um dessen Imitation in der Wettbewerbssitua-

tion man nicht umhin kam. Unablässig wurde daher durch die bereits bestehenden Nationalstaaten die Hoffnung auf den endlich zu schaffenden eigenen Nationalstaat wachgehalten.

2. Zum Zweiten wirkten sich aufregende Krisen als Beschleunigungseffekte aus, die dem Erstarken des deutschen Nationalismus zu Gute kamen. Hier wird nur an vier solcher Krisen erinnert. Der griechische Unabhängigkeitskampf gegen das Osmanische Reich in den 1820er Jahren wurde in der deutschen Öffentlichkeit, deren Bildungsbürger im Zeichen des Neuhumanismus ohnehin griechenfreundlich eingestellt waren, als eine Art von Stellvertreterkrieg für die großartige Sache der Nationalstaatsbildung unter äußerst schwierigen Umständen wahrgenommen. Zwischen 1821 und 1827 schossen zahlreiche sogenannte philhellenische Vereine aus dem Boden, in denen national-liberal gesinnte Männer für die Unterstützung des griechischen Freiheitskampfes durch Geldsammlungen, Exilantenversorgung und sogar durch Freiwillige warben. Unter dem Deckmantel der Griechenfreundschaft wurden dabei durchaus auch deutsche Nationalhoffnungen belebt.

Kaum war die Griechenbegeisterung etwas abgeklungen, löste 1830 der polnische Aufstand gegen die russische Teilungsmacht durchaus vergleichbare, ja gesteigerte Sympathiereaktionen aus. Wiederum ging es um einen Stellvertreterkampf eines unterdrückten Volkes, das – wie das Aufbegehren wahrgenommen wurde – um seine Existenz als eigene Nation mit einem eigenen Nationalstaat schwere Opfer auf sich zu nehmen bereit war. Auch die schnelle Niederlage der Aufständischen vermochte die emotionale innerdeutsche Mobilisierung nicht rückgängig zu machen.

Folgenreicher noch wirkte sich die Rheinkrise von 1840 aus. In ihrer Nahostpolitik unerwartet gebremst, suchte die französische Staatsleitung, unterstützt von großen Segmenten der öffentlichen Meinung, einen eigenartigen Ausgleich für die vermeintliche Schwächung, indem das linke Rheinufer als «Kompensation» gefordert wurde, die als «natürliche» französische Ostgrenze eine Wiedergutmachung bedeuten sollte. Mit unerwarteter Heftigkeit stemmte sich jedoch diesem annexionistischen Chauvinismus ein deutschnationaler Protest entgegen, der sich als Stimmungskampagne durch alle sozialen Klassen ausbreitete. Im September 1840 veröffentlichte Nikolas Becker sein Rheinlied («Sie sollen ihn nicht haben, den freien deutschen Rhein»), dessen Siegeszug zu 200 Vertonungen führte. Nicht minder populär war Max Schneckenburgers «Wacht am Rhein». Unter dem Eindruck der Drohung dichtete auch Hoffmann von Fallersleben sein «Deutschlandlied», das später zur Nationalhymne wurde. Und ein alter nationalistischer Agitator wie Ernst Moritz Arndt scheute vor Kriegspropaganda nicht zurück: «Zum Rein! Übern Rhein! Alldeutschland in Frankreich hinein.»

Der Rückzug der französischen Regierung entzog der Erregung alsbald den Boden, doch unübersehbar enthüllte die Rheinkrise den Vorstoß eines deutschen Nationalismus als Massenphänomen, das sich über den anfänglichen Intellektuellennationalismus weit hinausbewegt hatte.

Auf die Dauer ging eine mindestens ebenso mobilisierende Wirkung von dem Streit um die beiden Herzogtümer Schleswig und Holstein aus, der die Gemüter in den 1840er Jahren zunehmend bewegte. Dieser Konflikt erwies sich geradezu als Magnet, der das nationale Ressentiment an sich band. Holstein gehörte dem Deutschen Bund an, Schleswig war außerhalb geblieben, aber beide Territorien waren durch Personalunion seit langem auch in den dänischen Staatsverband eingebunden. Gegen die spätabsolutistische Zentralisierungstendenz der Kopenhagener Monarchie wehrte sich die regionale Ritterschaft unter dem Banner ihres traditionellen Landespatriotismus, und Kieler Professoren unterstützten wortreich ihren Autonomieanspruch. Die dänische Sprachenpolitik goss Öl in das Feuer. Schrittweise wurde ein altständischer Autonomiewunsch in ein national begründetes Anschlussprogramm verwandelt, das aus nationalen Gründen die Aufnahme der beiden norddeutschen Territorien in den Deutschen Bund forderte. Wiederum machten öffentliche Meinungsmacher wie die rede- und schreibgewandten Kieler Professoren Droysen, von Stein, Mommsen, den Kampf zu ihrer Sache. Große Protestversammlungen lehnten sich gegen die drohende Absorbierung durch das dänische Königreich auf. 1846 forderte die

Ständeversammlung die Aufnahme in den Deutschen Bund. Die Ritterschaft, die Universität Kiel und eine erregte öffentliche Meinung unterstützten die Resolution. Als der neue dänische Monarch im Januar 1848 eine liberale Gesamtstaatsverfassung verkündete, welche die beiden Herzogtümer als gleichberechtigte dänische Territorien behandelte, stellte sich im Vorfeld der Revolution heraus, dass auch die Liberalität der Verfassung die nationale Erregung nicht entschärfen konnte. Noch im März 1848 kam es während der allerersten Phase der Revolution zu einer nationaldeutsch überhöhten Erhebung, die zum Krieg gegen Dänemark führte. Im politischen Spektrum herrschte von den Konservativen bis hin zu den Republikanern und ersten «Social-Demokraten» der Konsens, dass es um die Lösung einer genuin nationalen Aufgabe gehe. Unstreitig hat der deutsche Nationalismus dieser Jahre durch den Schleswig-Holstein-Konflikt ein geschärftes programmatisches Profil gewonnen und seine Mobilisierungskraft bewiesen.

3. Außer dem Wettbewerb des Staatensystems und den zusehends tiefer greifenden Beschleunigungseffekten, die von solchen Krisensituationen ausgingen, ist als dritter Einflussfaktor der fundamentale sozialgeschichtliche Prozess der gesellschaftlichen Organisierung des deutschen Nationalismus ins Auge zu fassen. Um welche Kräfte ging es dabei?

Der «Turnvater» Jahn hatte in seiner Turnbewegung bis zum Verbot im Januar 1820 12 000 Turner in hundertfünfzig «Turngemeinden» zusammengebracht, die sich als Träger einer Nationalbewegung verstanden, ja geradezu als Schrittmacher nationaler Einheitswünsche fungieren wollten. Als die Vereine wegen ihrer bedrohlichen Einstellung verboten wurden und Jahn selber sechs Jahre ins Gefängnis wanderte, kam die frühe Turnbewegung zum Erliegen. Doch in der Auflockerungsphase des Vormärz gelang ihr die Rückkehr ins öffentliche Leben. In Preußen, Mittel- und Süddeutschland wurden in kurzer Zeit hundert Vereine gegründet. 1848 zählten die Turnvereine schon 90 000 national engagierte Mitglieder, die sich auf großen überregionalen Turnfesten trafen, auf denen das Ritual eines nationalen Gemeinschaftserlebnisses zelebriert wurde, das die nationale Zusammengehörigkeit erfahrbar machen sollte. Aufmärsche, Fackelzüge, Festmähler mit anfeuernden Reden, patriotische Lieder und Deklamationen gehörten zu den Gestaltungselementen, während die Orte des Treffens mit «deutschem» Eichenlaub und Schwarz-Rot-Gold-Fahnen geschmückt waren. Eine eigene Turnerpublizistik besaß eine «national-freiheitliche Tendenz», die der Zensur nicht entging und zur polizeilichen Überwachung führte. Der Schwung der Turnbewegung enthüllte, dass ihr Nationalismus sich zu einer breitenwirksamen Offensivideologie zu entwickeln begann.

Eine vergleichbare Funktion übernahmen die Männergesangsvereine, die keineswegs nur der musischen Entspannung, sondern vor allem auch der Pflege des «patriotischen Liedes» dienten. Bis 1848 zählten 1100 Vereine gut 100 000 Mitglieder. Zum festen Repertoire der Sänger gehörten Arndts «Was ist des Deutschen Vaterland?», die Lieder des Freikorps-Heroen Theodor Körner und Max von Schenkendorffs, und stets wurde auch das «Deutschland-Lied» von Hoffmann von Fallersleben gesungen. Auf die Dauer konnte der wöchentliche Gesangsabend für die politische Mentalität der Sänger nicht folgenlos bleiben, zumal sie sich im Kreis der Gesinnungsgenossen ihr Weltbild immer wieder bestätigen konnten. Das taten sie auch auf großen Sängerfesten, zu denen die neue Eisenbahn Tausende herantrug. Vor 1848 bildete die Sängerbewegung die an Mitgliederzahl größte und auch territorial am weitesten verbreitete Organisation mit einem unüberhörbar nationalpolitischen Anspruch.

In diesen Zusammenhang gehört auch die frühe Burschenschaftsbewegung, die von Anfang an auf die nationale Karte gesetzt hatte. Deshalb war sie auch im Verlauf der Metternichschen Repressionspolitik verboten worden. Diesem Akademikernationalismus wurde dadurch zunächst die Spitze abgebrochen. Aber im Selbstbewusstsein nicht weniger Studenten blieb die Überzeugung lebendig, dass sie als künftige Angehörige der staatlichen Funktionseliten eine Multiplikatorrolle im Nationalismusbildungsprozess übernehmen sollten. Vorerst griff die «Demagogenverfolgung» jedoch rigoros zu. 1823 wurden die letzten Assoziationen der politisierten Studenten zerschlagen. Wegen der aufgelockerten Verhältnisse in den süddeutschen Verfassungsstaaten kam es dort jedoch in den späten

1820er Jahren schon wieder zu Neugründungen, und 1827 forderte die Bamberger Burschenschaft die Gründung eines liberalen Nationalstaats.

Als der Frankfurter Wachensturm einiger radikal Gesinnter im April 1833 scheiterte, griff die neue «Zentralbehörde» zur Verfolgung von «Umtrieben» hart zu: 1200 Studenten wurden wegen Hochverrats angeklagt, Hunderte verurteilt. Doch ist es ein Zeichen der Vitalität dieser Studentenbewegung, dass sie sich am Ende der 1830er Jahre schon wieder in neuen Vereinigungen regte und im «Progress» die Speerspitze einer liberalen Organisation mit eigener wagemutiger Publizistik herausbildete. Fast wäre es auf dem Kyffhäuserfest von 1846 schon zu einem gesamtdeutschen Studentenverband gekommen, doch die pragmatische Klugheit nahm den drohenden polizeilichen Gegenschlag ernst.

Blickt man auf die Mitglieder der Nationalversammlungen in Frankfurt und Berlin, auf das förmlich explodierende politische Vereinswesen, auf die Führung der Aufstandsbewegungen von 1848/49, stellt man fest, dass viele sich dort bereits aus ihrer Burschenschaftszeit kannten. An Zahl konnten sie es mit den Turnern und Sängern nicht aufnehmen. Doch wegen ihrer Einflusschancen besaß diese vergleichsweise kleine jungakademische Trägerschicht des Nationalismus eine erhebliche Bedeutung.

Und schließlich lohnt sich der Blick auf einflussreiche akademische Organisationen, die sich, je auf ihre Weise, den Nationalgedanken zu eigen machten. Wegen des Ansehens, das die Welt der Universitäten und ihrer Professoren damals in den deutschen Staaten genoss, ist der Einfluss dieser «strategischen Cliquen» nicht gering zu schätzen. An erster Stelle muss der 1822 gegründete «Verein deutscher Naturforscher und Ärzte» genannt werden. Schon sein Gründer, der vielseitige Gelehrte Lorenz Oken, hatte auf Jahrestreffen mit wechselndem Tagungsort bestanden, damit die Wissenschaftler wie es bezeichnenderweise hieß, als «geistiges Symbol der Einheit des deutschen Volkes» wirken konnten. Auf fünfundzwanzig solcher Konferenzen, meist in den Universitäts- und Residenzstädten des Bundes abgehalten, demonstrierten 650 prominente Mitglieder den gesamtdeutschen Zusammenhang ihrer Wissenschaften. Seit 1837 ahmte die «Versammlung Deutscher Land- und

Forstwirte» die Naturforscher nach, denn auch auf ihren Versammlungen blieb das Zukunftsziel des «vereinigten Vaterlandes» ein Dauerthema. 1838 folgte der «Verein Deutscher Philologen und Schulmänner», dem sich zahlreiche Gymnasiallehrer anschlossen, so dass auf den Jahrestagungen eine meinungsbildende, durch gemeinsame nationalpolitische Vorstellungen verbundene Gruppe von erheblichem Einfluss regelmäßig zusammenkam.

Fraglos noch mehr Aufsehen unter den Zeitgenossen erregten aber die erst 1846 einsetzenden Kongresse der «Germanisten», worunter man damals all jene Wissenschaftler verstand, die sich mit deutschem Recht, deutscher Geschichte, deutscher Sprache und Literatur beschäftigten. Allen Aspekten der deutschen Kultur wollten sich die «Germanisten» widmen, zugleich aber auch ein dezidiert nationalpolitisches Engagement pflegen. Deshalb wurden die Römisch-Rechtler und Romanistikprofessoren, kurz: die «Romanisten», rigoros ausgeschlossen. Auf ihren Tagungen diskutierten die «Germanisten» mit beträchtlicher öffentlicher Resonanz nicht nur ihre wissenschaftlichen Probleme, sondern auch die anstehenden nationalpolitischen Aufgaben.

Überdies wurde das wachsende nationale Engagement gerade in den 1840er Jahren durch eine Reihe von mehrtägigen, überregionalen großen Festen mit abertausenden von Besuchern aus allen deutschen Staaten unterstützt. 1840 traf man sich zum Gutenberg-Fest. 1843 wurde der Vertrag von Verdun vor 1000 Jahren als Grundstein der ostfränkischen Reichsbildung gefeiert. 1842 zog die Gründung des «Gustav-Adolph-Vereins» die Aufmerksamkeit des protestantischen Deutschland auf sich. 1845 folgte das erste deutsche Schriftstellertreffen in Leipzig. Seit 1825 traf sich der «Börsenverein deutscher Buchhändler», der seine Aufmerksamkeit auf den gesamten deutschsprachigen Absatzmarkt richtete. Auch die früheren Wirtschaftsverbände griffen auf Vorstellungen von «Nationalökonomie» und «nationaler Arbeit» zurück, als sie den Markt gegen Konkurrenz schützen oder freihändlerisch öffnen wollten. Und nicht zuletzt: 1847 kam es zur Bildung des «Vereins deutscher Eisenbahnverwaltungen», der die Koordination des rapide anwachsenden Eisenbahnverkehrs übernahm, daher auch erstmals im Januar 1848 die «Berliner Normalzeit» für das gesamte außerösterreichische Deutschland einführte. Von allen möglichen Seiten trugen mithin organisierte gesellschaftliche Interessen dazu bei, die nationale Frage wach zu halten.

Wie in einem Knotenpunkt liefen die nationalen Strömungen während der Revolution von 1848/49 zusammen. Ausgelöst durch die Initialzündung der neuen französischen Revolution, die Pauperismuskrise des deutschen Vormärz, den Einbruch der industriellen Konjunktur, die Enttäuschung über die ausbleibende preußische Verfassungspolitik und das Erlahmen der Reformbeamtenschaft ballte sich im März/April 1848 eine Aufbruchstimmung zusammen, in der auch der Ruf nach einem liberalen deutschen Nationalstaat immer lauter erscholl. Binnen kurzem bildeten sich in der Nationalfrage zwei große Lager heraus. Auf der einen Seite standen die Großdeutschen, die Österreich als im Kern deutschen Staat unbedingt mit einbeziehen wollten. Ihnen gegenüber standen die Kleindeutschen, die auf die Führungsrolle der preußischen Hegemonialmacht und das Schwergewicht des protestantischen Nord- und Mitteldeutschland setzten.

Während die Nationalversammlung, entgegen der Legende von der zeitvergeudenden «Schwatzbude», in einem beispiellosen Arbeitstempo an ihre Probleme heranging, stellte sich alsbald heraus, dass für beide Grundsatzpositionen kein Kompromiss akzeptabel war. Zwar setzte sich schließlich die preußische Fraktion durch, doch König Friedrich Wilhelm IV. lehnte die Würde eines künftigen Ersatzkaisers als Staatsoberhaupt ab, und unmittelbar danach hatten sich die Kräfte der konservativen Gegenrevolution auch schon wieder durchgesetzt.

Es ist eine irreführende, wenn auch oft wiederholte Auffassung, dass das Werk der Frankfurter Nationalversammlung hauptsächlich an der nationalpolitischen Kontroverse zwischen Groß- und Kleindeutschen gescheitert sei. Dieser Streit war nur einer unter vielen. Tatsächlich scheiterte die Nationalversammlung, zumal ihr nur wenige Monate lang ein «window of opportunities» offenstand, an der Überlastung mit einer Vielzahl von gleichzeitig auftretenden und zu lösenden Modernisierungsaufgaben. Da sollte ein liberaler Verfassungsstaat, ein großzügiges Wahlrecht, eine moderne marktwirtschaftliche Verfassung, ein zeitadäquates Recht, eine verständige

Außenpolitik und noch vieles mehr geschaffen werden – und für all das reichten Kraft und Zeit nicht aus.

Die nationalpolitische Kontroverse mit ihrer leicht begreifbaren Polarisierung der öffentlichen Meinung beschäftigte aber Parlament und Öffentlichkeit gleichermaßen. In den Debatten mahnten die Nationalstaatsbefürworter die Realisierung ihres Programms stürmisch an, die Konservativen widersprachen ebenso entschieden. Dabei traten nicht nur die Vorzüge eines liberalen Nationalismus, sondern auch seine von der Opposition perhorreszierten Gefahren zu Tage. Zum Beispiel die feindselige Arroganz, mit der die nationalen Selbständigkeitsbestrebungen der Polen und Tschechen, der deutschen Kultur angeblich vollständig unterlegene «Völkertrümmer» (Friedrich Engels), abgeschmettert und der deutschnationale Interessenegoismus auch in den gemischtnationalen Siedlungsgebieten Osteuropas durchgesetzt werden sollte. Erneut erwies sich, dass auch der liberal gefärbte Nationalismus aus der Frühzeit keineswegs frei von Xenophobie und Hass auf fremdnationale Opposition war.

Die Niederlage der Revolution führte dazu, dass Aberhunderte der aktivsten Nationalstaatsverfechter ins Exil gingen, die Mehrheit nach Nordamerika, wo sie – wie etwa Carl Schurz, Friedrich Kapp, Friedrich Hecker – nicht selten zu Amt und Würden aufstiegen. Die Flucht schien geboten zu sein, da erneut, wie seit 1815/18, eine Verfolgungswelle einsetzte, die sich an Härte durchaus mit dem ersten Repressionsschub dreißig Jahre zuvor vergleichen ließ. Dennoch gelang es der neuen Restaurationsphase nur für eine erstaunlich kurze Zeit, den Nationalismus aus dem öffentlichen Leben fernzuhalten. Denn das Vorbild vollendeter westlicher Nationalstaaten blieb ja vor aller Augen bestehen. Außerdem handelte es sich bei dem deutschen Nationalismus um eine junge, schwungvolle, nur zeitweilig zu bremsende Bewegung. Zu Recht insistierte ein Vertreter der literarischen Strömung des «Jungen Deutschland», der Schriftsteller Heinrich Laube, der den Übergang vom Intellektuellennationalismus zum Massennationalismus selber soeben miterlebt hatte, dass es in die Irre führe, wenn der «deutsche Patriotismus und das Verlangen nach einem einigen Deutschland weit … in die Geschichte» zurückverlegt würden: «Diese Gesinnung und dieses Bestreben sind modern.» Einige Jahre nach der Revolution mangelte es dem deutschen Nationalismus nur an institutioneller Unterstützung, an freieren politischen Verhältnissen, an einer Dynamisierung durch den Treibsatz bewegender Ereignisse. In dieser Hinsicht gewann die italienische Nationalstaatseinigung eine wichtige Funktion.

Die italienische Agitationszentrale der «Società Nazionale» von 1856 wirkte als unmittelbares Vorbild für die Gründung des «Deutschen Nationalvereins» im Herbst 1859. Er ging aus dem Zusammenschluss liberaler und demokratischer Politiker hervor, die einen deutschen Nationalstaat unter preußischer Führung, also die Ausführung des kleindeutschen Programms, forderten. Der «Nationalverein», der die Einigung des «Vaterlandes» und die Unterstützung für die «nationale Partei» forderte, verkörperte eine lockere Allianz aus Honoratiorenverband und demokratischer Massenbewegung. Zahlreiche Mitglieder der anschwellenden liberalen und demokratischen Opposition gegen den Deutschen Bund übten in seinen Reihen die Zusammenarbeit mit nationalpolitischen Zielen ein. Diese Kooperation erstreckte sich auch auf andere Vereinigungen: Der «Kongress Deutscher Volkswirte» von 1858, der «Deutsche Handelstag» von 1861 und der «Deutsche Abgeordnetentag» von 1862 – sie alle waren mit dem «Nationalverein» eng verbündet. Dabei entstand zwischen den Führungsgremien ein außerordentlich enges Netzwerk, so dass eine rund achtzigköpfige liberaldemokratische Funktionselite den maßgeblichen Einfluss gewann. Ihr Ziel war ein nationaler Bundesstaat mit einheitlicher Führungsspitze und einem gewählten Nationalparlament. Erst wegen der Ereignisse von 1866/67 brach diese Elitenallianz, die auf die öffentliche Meinung nachhaltig eingewirkt hatte, auseinander.

Währenddessen strahlte der italienische Einigungsprozess – in unmittelbarer Nähe und vor aller Augen – auf die deutsche Öffentlichkeit und Nationalbewegung aus. Durch den französisch-italienischen Krieg von 1859 gegen Österreich gewann das Königreich Piemont–Sardinien unter Cavours geschickter Leitung einen Großteil Oberitaliens: Dadurch etablierte es sich als Motor und Kernstaat der nationalen Einigung Italiens. Dieser italienische Staatsbildungs- und Nationalisierungsprozess stärkte die Zuversicht auch der deutschen Nationalpartei. Der Publizist Ludwig August v. Rochau, Erfinder des Modeworts «Realpolitik», verfocht in den Publikationen des «Nationalvereins» und in anderen Presseorganen seine Überzeugung: «Ideen haben immer gerade soviel Macht, als ihnen Menschen leihen», dozierte er. «Daher ist eine Idee, welche, gleichviel ob richtig oder unrichtig, ein ganzes Volk oder Zeitalter erfüllt, die realste aller politischen Mächte.» Dass auch der deutsche Nationalismus zu einer solchen Bewegungsidee aufgestiegen sei, war Rochaus und seiner Leser feste Überzeugung.

Dieser Konsens wurde erneut auf großen öffentlichen Festen bekundet und verstärkt. So wurden etwa die Schillerfeste von 1859 zu machtvollen Kundgebungen. Das Schützen- und Turnerfest von 1860, das Sängerfest von 1861, vollends dann das Kölner Dombaufest von 1863 – sie alle feierten nicht nur demonstrativ die deutsche Nationalkultur, sondern überwiegend unterstützten sie auch das nationalpolitische Ziel einer Einigung unter preußischer Führung.

Gleichzeitig trat seit den 1850er Jahren eine neue Spielart des Intellektuellennationalismus zu Tage, als prominenten preußisch-protestantischen Historikern, der sogenannten «borussischen Schule», die Erfindung einer Tradition gelang. Ihr zufolge besaß Preußen die historische Mission, so lautete ihr hundertfach wiederholtes geschichtstheologisches Argument, dem deutschen Volk den nationalen Einheitsstaat zu schenken. Diese Aufgabe versuchten die Droysen und Sybel, die Mommsen und Treitschke mit ihren Anhängern in wissenschaftlichen Arbeiten, auf deren Qualität ihr Renommee beruhte, nachzuweisen. Vor allem aber scheuten sie sich nicht, die Gelehrtenstube im akademischen Elfenbeinturm zu verlassen, um in allen Zeitschriften und Zeitungen, die sich ihnen öffneten, auf zahllosen Tagungen und Konferenzen ihre Auffassung immer wieder als historische Notwendigkeit zu verfechten. Da in dieser Zeit die Geschichte die «Grundwissenschaft» des deutschen Bildungsbürgertums verkörperte, kann der Einfluss dieser Meinungsmacher kaum überschätzt werden. Sie bestimmten das intellektuelle Klima. Und das um so eindeutiger, als die österreichisch-katholische Seite damals keine Gelehrten von vergleichbarem Rang besaß, so dass die relativ kleine, doch strategisch günstig postierte borussische Elite einen erstaunlichen Multiplikatoreffekt erreichte.

Ihr Netzwerk enger beruflicher und persönlicher Beziehungen fungierte als effiziente «Pressure Group», die mit intellektueller Passion und politischem Engagement ihrem Leitstern folgte.

Dennoch war es nicht die liberale Nationalbewegung, nicht die Führungselite der Verbände, nicht die borussische Schule, die einen deutschen Nationalstaat herbeiführten, sondern die großpreußische Kriegspolitik Bismarcks. Mit diesem Politiker trat eine politische Potenz sui generis auf die historische Bühne. 1848/49 ein leidenschaftlicher Revolutionsgegner und Verächter des «Nationalitätsprinzips», sollte der Hochkonservative seit 1862 als preußischer Ministerpräsident das alte Regime im Verfassungskonflikt vor dem Anprall der neuen Zeit retten. Zu welcher unbefangenen Analyse Bismarck sich im Stande zeigte, war jedoch bereits 1858 deutlich geworden, als er einem Kontrahenten aus 48er Tagen, dem inzwischen zum Eisenbahnunternehmer aufgestiegenen Liberalen Victor von Unruh, mit der für ihn öfters typischen verblüffenden Offenheit gestand, dass sich große Politik nur mehr in Zusammenarbeit mit der Nationalbewegung betreiben lasse!

Davon war zunächst nicht die Rede, aber schon der Krieg gegen Dänemark im Jahre 1864 zog das große Lager der Schleswig-Holstein-Freunde auf seine Seite. Und der Sieg im «deutschen Bürgerkrieg», wie die Zeitgenossen die Auseinandersetzung mit Österreich um die Hegemonie in Mitteleuropa nannten, schien zu bestätigen, dass mit dem preußisch dominierten Norddeutschen Bund der Kern für einen kleindeutsch-protestantischen Nationalstaat entstand. Da kurz darauf der Sieg von 1870/71 im Krieg gegen Frankreich folgte, hat eine einflussreiche Geschichtsschreibung die Einbahnstraße einer nationalpolitischen Erfolgsgeschichte vorgezeichnet, mit Bismarck gewissermaßen als Exekutor der Nationalbewegung und ihrer Pläne.

Bismarck ging es aber an erster Stelle nicht um die Verwirklichung nationaler Hoffnungen, sondern um preußische Machtexpansion auf Kosten des traditionellen Rivalen. Und zum zweiten hing die Entscheidung von der Kontingenz des Schlachtglücks ab. Als sich die beiden Kontrahenten in der Entscheidungsschlacht von Königgrätz gegenüberstanden, hatte Moltke als Generalstabschef zwar eine nahezu perfekte Planung zustande gebracht, die erstmals auf der schnellen Truppenbewegung mit der Eisenbahn beruhte. Doch die Schlacht neigte sich zu Gunsten der Österreicher, da die dritte preußische Heeresgruppe wegen technischer Schwierigkeiten stundenlang nicht auftauchte. Wäre deshalb die Entscheidung gefallen, wären alle kleindeutsch-großpreußischen Pläne im Wind zerstoben. Bismarck hätte, wie er unkte, sofort sein Amt verloren, Österreich hätte die mitteleuropäischen Verhältnisse gemäß seiner Interessenlage als multinationaler Staatsverband neu geordnet, mit Sicherheit aber keinen deutschen Nationalstaat auf seine Bahn gesetzt!

Doch die Heeresgruppe tauchte noch soeben rechtzeitig auf. Die österreichische Armeeführung resignierte. Ihr Rückzug bedeutete Preußens Sieg. Die Bahn für die Gründung des Norddeutschen Bundes war frei. Als es Bismarck dann noch gelang, mit Hilfe eines seit drei Jahren im geheimen eingefädelten Manövers Paris mit einer Hohenzollernkandidatur in Madrid so unter Druck zu setzen, dass Napoleon III. den Krieg erklärte, vollendete der Sieg im Krieg von 1870/71 nicht nur die preußisch-deutsche Hegemonie in Europa, sondern auch das Ende eines nationalen Integrationskriegs. Hatten 1866 nicht wenige deutsche Staaten noch auf der Seite Österreichs gekämpft, schweißte sie jetzt der militärische Triumph zusammen. War es 1866 für die erdrückende Mehrheit der Deutschsprechenden in Europa noch eine Selbstverständlichkeit gewesen, dass die Österreicher in ihren Kernlanden und in Böhmen zu den Deutschen gehörten, mit denen sie eine achthundertjährige Geschichte verband, stieß sie jetzt Preußen aus ihr hinaus. 1871 entstand das Kaiserreich auf einer großpreußisch-kleindeutschen Basis, welche die besiegten Österreicher ausschloss, doch von der liberalen Nationalbewegung als der ersehnte deutsche Nationalstaat begrüßt wurde.

Nun hatte es vor der Zeremonie in Versailles im Januar 1871 durchaus Entwicklungstendenzen gegeben, die auf eine künftige kleindeutsche Herrschaftseinheit hinwiesen. Da arbeitete die preußische Politik unentwegt an der Expansion. Der von Berlin gelenkte Zollverein zog, während Österreich ausgeschlossen blieb, die ökonomischen Verbindungen enger. Die jungen Industrierreviere und Eisenbahnlinien vertieften die Umrisse eines kleindeutschen Marktes. Der Kulturnationalismus stützte sich auf eine blühende Literatur in hochdeutscher Sprache, reformierte Universitäten und Gymnasien, Aberhunderte von Buchhandlungen (während das österreichische Dutzend Buchgeschäfte noch der Zensur unterlag). Das alles konnte schon als kontinuierlicher Entwicklungsprozess gedeutet werden, wie es jetzt die borussische Schule mit triumphierendem Ton unternahm.

Dennoch bleibt richtig, dass die Nationsbildung im kleindeutschen Reich erst seit 1871 eine neue entscheidende Stufe erreichte. Während der Reichstagsdebatten der 70er Jahre sprachen die Abgeordneten noch ganz selbstverständlich von «Waldeck, meine Nation», «Hessen, meine Nation». Jedes Individuum lebte mit mehreren, mit multiplen Identitäten in seiner Brust: Der Münchner Handwerksgeselle war Katholik, Städter, Kolping-Sohn, Bayer, Deutscher zur selben Zeit. Je nach den lebensgeschichtlichen Umständen fiel er auf die eine oder andere Identität zurück und handelte ihr entsprechend. Dass aber jeder Angehörige des Kaiserreichs eine reichsdeutsche Identität gewann, die möglichst den Primat besitzen sollte, wurde zur Aufgabe einer umfassenden Nationalisierungspolitik. In den Volksschulen und Gymnasien wurden die Lehrbücher umgeschrieben. An den Universitäten wurde, wie der Historiker Jacob Burckhardt in Basel spottete, die deutsche Geschichte «schwarz-weiß-rot» ausgemalt. Im Militär wurde der Nationalismus Gegenstand des Unterrichts. Die Millionen Mitglieder der Kriegervereine kultivierten nationale Erinnerungen. In der öffentlichen Meinung galt ungeachtet aller innenpolitischen Konflikte mit Sozialdemokraten und Katholiken der junge Nationalstaat als Erfüllung der deutschen Geschichte. Folgerichtig wurde die deutsche Sprache als Schul- und Geschäfts-, Kirchen- und Amtssprache verbindlich gemacht; ihr hatten sich auch die drei Millionen preußischen Polen, die französischsprechenden Elsass-Lothringer und die dänischsprechenden Nordschleswiger zu bedienen.

Kurzum, von vielen Seiten unterstützt lief ein gewaltiger Sozialisationsprozess ab, der aus ostpreußischen Bauern, bayerischen Forstarbeitern, hanseatischen Schauerleuten und rheinischen Intellektuellen allmählich Schritt für Schritt eine ziemlich homogene Nation machte. In den Reichstagsdebatten seit den 1890er Jahren dachte dann kein Abgeordneter mehr daran, «Waldeck, meine

Nation» zu beschwören. In der politischen Semantik tauchte der Nationsbegriff zwar in Überfülle auf, doch gemeint war nur mehr die neue Reichsnation von 1871.

In dieser Formationsperiode des Reichsnationalismus wirkten auch noch andere Einflüsse auf ihn ein. Zum einen war da die konfliktreiche internationale Situation, denn das neue Deutschland musste sich erst im Staatensystem arrangieren, die Nachbarmächte mussten sich mit der über Nacht aufgetauchten Hegemonialmacht abfinden. Die latente Bedrohung durch Konflikte vertiefte den Nationalismus mit seinem Stolz auf das endlich vollendete Werk. Zum Zweiten ging von innenpolitischen Kontroversen eine nationalisierende Wirkung aus. Bismarck führte unter dem Stichwort des Kampfes gegen die «Reichsfeinde» gewissermaßen noch zwei innere Einigungskriege: einmal gegen den politischen Katholizismus, dem Aversion gegen das Reich, Österreichfreundlichkeit und Bindung an die katholische Habsburgerdynastie, in schriller illiberaler Tonlage auch Hörigkeit gegenüber dem Vatikan vorgeworfen wurde. Für die protestantische Zweidrittelmehrheit unter der Reichsbevölkerung gewann die Nation noch mehr die Züge eines evangelischen Verbandes – eines «protestantischen Reiches deutscher Nation».

Zum Zweiten unterstützte die Regierung Bismarck einen leidenschaftlichen Kampf gegen die Sozialdemokratie als Feind der bürgerlichen Gesellschaftsordnung, vor allem aber auch als Verteidiger einer Loyalitätsbindung, die dem internationalen Proletariat, nicht aber der sakrosankten eigenen Nation galt. Obwohl der antikatholische «Kulturkampf» und die Verfolgung der Sozialdemokratie schließlich durch Kompromisse entschärft wurden, gewann doch der reichsdeutsche Nationalismus in dieser Gründungsphase der 1870er/80er Jahre, als in einem neuen Staatswesen die Weichen in vielfacher Hinsicht, auch für die politische Mentalität, neu gestellt wurden, eine doktrinär antikatholische und zugleich antisozialdemokratische Komponente, die dem Ziel der nationalen Einheit krass widersprach. Bismarck selber hat die fatalen Nachteile seiner inneren Kampfpolitik in Kauf genommen, da er die Verankerung von «Reichstreue» für wichtiger hielt.

Schließlich bahnte sich in den Jahren bis 1890 ein genereller Wandel im deutschen Nationalismus an. Trotz aller fremdenfeindlichen Äußerungen und Erbfeind-Rhetorik war doch der deutsche Nationalismus bis 1871 überwiegend liberal geprägt. Für die Zeitgenossen war er ein Teil jener großen liberalen Bewegung, der angeblich auch in Deutschland die Zukunft gehörte. Im neuen Reich veränderte sich sein Charakter, der zunehmend durch konservative, arrogante, expansionistische Elemente bestimmt wurde. Dem lag der Stolz auf das Erreichte, der Glaube an die Überlegenheit des deutschen Wegs in die Moderne, das Kraftgefühl einer demographisch und ökonomisch aufstrebenden Nation zu Grunde. Man muss sich aber auch vergegenwärtigen, dass nach einer gut zwanzigjährigen Hochkonjunktur diese Formationsperiode des klein- und reichsdeutschen Nationalismus bis 1890 durch schwere Wachstumsstörungen, daher auch durch gravierende soziale und politische Belastungsproben gekennzeichnet war. Weit mehr als die Hälfte von Bismarcks Reichskanzlerzeit lag im Schatten heftiger industrieller Depressionen! In dieser Zeit wurde der Nationalismus auch zum Kompensationsmittel, das über die Widrigkeiten des Alltagslebens hinweghalf: Die kraftvolle neue Nation werde sich über die Misere hinwegsetzen, ja ihre historische Mission durch eine neuartige «Weltpolitik» bekräftigen.

Das war der Nährboden, auf dem sich ein radikalisierter Nationalismus entfalten konnte, wie ihn die Alldeutschen und die nationalen Interessenverbünde verfochten. An der in den frühen 1860er Jahren geborenen Generation Max Webers kann man ablesen, wie sich das nationale Großklima über dem Kaiserreich veränderte. Eine überlegene Alternative zum extrem selbstbewussten, zusehends expansionsfreudigen Nationalstaat war damals für sie nicht zu erkennen. Denn bis in den politischen Katholizismus hinein, der das Image der «Reichsfeinde» so schnell wie möglich vergessen machen wollte, bis in das Lager der Sozialdemokratie hinein, die den hämischen Vorwurf der «vaterlandslosen Gesellen» durch ihr Verhalten dementieren wollten, blieb – wie der Blick auf die westliche Welt zeigte – der deutsche Nationalstaat, inzwischen in der politischen Mentalität fest verankert, das «Non-plus-ultra» eines modernen Herrschaftsverbandes.

9. Schon wieder Nationalismus?

Nichts führt tiefer in die Irre als der Glaube, dass die Nationen und ihr Nationalismus uralte Phänomene seien, die sich – keimartig in den Völkern angelegt – allmählich entfaltet hätten und schließlich zu voller Blüte gelangt seien. So wird diese Entwicklung gewöhnlich in biologistischer Sprache verstanden. Tatsächlich aber handelt es sich um junge Erscheinungen der politischen Neuzeit, meist nicht mehr als 250 Jahre alt. Jahrhundertelang war der Loyalitätspol der Menschen in allen Kulturkreisen der Familienclan, die Dynastie, das städtische Gemeinwesen, die Region oder auch die Konfession. Und erst als in den klassischen Revolutionen der Moderne, der Englischen, Amerikanischen, Französischen Revolution, die überlieferten Strukturen zerbrachen, auch die alten Weltbilder unglaubwürdig wurden, gab das neuartige Ideensystem des Nationalismus auf diese existentiellen Herausforderungen eine Antwort. Er erfand die Nation, erhob sie zum Träger der Souveränität und zur Legitimationsbasis politischer Herrschaft. Die Vergangenheit wurde zur nationalen Vorgeschichte uminterpretiert. Mit dem Rückgriff auf den Ideenhaushalt der jüdisch-christlichen Tradition wurde jede Nation zum «auserwählten Volk» mit einer historischen Mission. Da die drei Revolutionsländer politisch wie ökonomisch die bewunderten Pioniere der neuen Zeit waren, wirkte sich ihr Vorbild unverzüglich aus. Auch auf das deutschsprachige Mitteleuropa, wo eine kleine Gemeinde von Intellektuellen die neue Säkularreligion des Nationalismus übernahm und wirkungsvoll verfocht.

Nation und Nationalismus traten seit dem ausgehenden 18. Jahrhundert ihren Siegeszug an, denn sie galten als einzig angemessene Reaktion auf die heftigen Krisen der Modernisierung. Hundert Jahre später verstanden sich die Staaten durchweg als Nationalstaaten, und im 20. Jahrhundert hielt diese Entwicklung weiter an. In dieser Phase stellte sich freilich auch unübersehbar heraus, dass der Nationalismus mit seinen beiden großen Versprechen gescheitert war. Im Inneren hatte er die Gleichheit aller Nationsgenossen versprochen – tatsächlich aber herrschten überall Exklusion und Diskriminierung. Der Staatenwelt hatte er die friedliche Koexistenz der Nationen versprochen – tatsächlich überboten aber die neuen Nationalkriege ihre Vorgänger an Gewalt und Zerstörungskraft. Kein Wunder mithin, dass in Deutschland nach zwei verlorenen totalen Kriegen der Vulkan des Nationalismus erlosch. Nicht einmal nach der großen Wende von 1989/90 tauchte er als Macht des politischen Lebens wieder auf. Wie in anderen europäischen Ländern, auch in den USA, hielt sich zwar ein oft naiver Nationalismus, der sich durch den Sieg in zwei Weltkriegen bestätigt fand. Doch im Allgemeinen hatte es mit den Exzessen des radikalen Nationalismus ein Ende, zumal die Geschichte die Verheißung des Nationalismus nachdrücklich dementiert hatte und die europäische Integration alte Spaltungen überwand.

Ein pressierendes Problem blieb jedoch bestehen. In Zeiten einer tiefen Krise gewinnt der Nationalismus noch immer an Mobilisierungskraft, da er die Integration einer verunsicherten Gesellschaft und die Legitimation des politischen Systems in Aussicht stellt, freilich auch schwer kontrollierbare Folgen auslöst. So taucht etwa besonders prononciert in Polen, aber auch in den baltischen Ländern, in Ungarn und der Tschechischen Republik unter dem Druck jener Modernisierungszwänge, die mit dem EU-Beitritt verbunden sind, ein gefährlicher Nationalismus erneut auf. Die Balkankriege der neunziger Jahre haben eine förmliche Explosion der Nationalismen in dieser Region ausgelöst. Keiner wird glauben, dass in Serbien und im Kosovo, in Mazedonien und Kroatien diese Renaissance des Nationalismus schon endgültig vorüber ist. Außerhalb Europas bietet der giftige türkische Nationalismus ein prägnantes Beispiel dafür, wie ein Land in seiner tiefen Transformationskrise den Nationalismus als Integrationsideologie schürt und von Staats wegen unterstützt. Im Vergleich damit verkörpert der Nationalismus in England, wo er eine tausendjährige Inselexistenz als Basis besitzt, ganz so eine gezähmte Variante wie der französische, auf Revolutionserfolg und Kulturleistung beruhende Nationalismus.

Aus der Vogelperspektive betrachtet sind die Organisationsprinzipien des Nationalstaats, der Nation und des Nationalismus durch ein Debakel nach dem anderen zutiefst in Frage gestellt worden, haben sie doch zu mörderischer Exklusion, zu Bürgerkrieg und Staatenkrieg geführt. Längst ist auch eine überlegene Programmatik erkennbar. Der moderne Verfassungs-, Rechts- und Sozialstaat integriert seine Bürger unter zivilen Bedingungen; er schafft Vertrauen auf die Funktionstüchtigkeit des gesellschaftlichen und politischen Systems; er bietet demokratischer Herrschaft eine verlässliche Legitimationsbasis. Auch und gerade inmitten schwieriger Modernisierungskrisen müsste die politische Anstrengung ganz und gar darauf gerichtet sein, diese Trias von Verfassungs-, Rechts- und Sozialstaat zu stärken, anstatt auf das anachronistische Repertoire des Nationalismus mit all seinen verhängnisvollen Konsequenzen zurückzugreifen.

10. Der Puritanismus als Weltbildspender des amerikanischen Nationalismus

Wendet man sich auf der Suche nach seinen prägenden Elementen der Genese des amerikanischen Nationalismus zu, können die von Dieter Langewiesche unlängst entwickelten drei Idealtypen des europäischen Nationalismus die heuristische Ausgangsposition bilden. Denn Langewiesche hat in lockerer, aber produktiv weiterführender Anlehnung an Theodor Schieders Typenlehre drei idealtypische Varianten der europäischen Nationalismen unterschieden. An erster Stelle nennt er den transformierenden Nationalismus, der einen längst bestehenden Herrschaftsverband, in dem die Fürstenmacht ihre Binnenkonkurrenten bereits unterworfen hatte, nationalisiert, während die früher durchgesetzte Staatsbildung als zuverlässiger Sockel der Nationsbildung dient. An zweiter Stelle folgt der unifizierende Nationalismus, der disparate Territorien unter Berufung auf vermeintlich nationale Gemeinsamkeiten und aus der Vergangenheit fortlebende Traditionen gewöhnlich durch einen nationalen Integrationskrieg zu einem Nationalstaat zusammenfügt. Und drittens gibt es den sezessionistischen Nationalismus, der aus einem multinationalen Staat ausbricht, um einen eigenen, autonomen Nationalstaat zu begründen. Mit Hilfe dieses knappen idealtypischen Schemas kann man in der Tat die europäischen Nationalismen sortieren, um dann außer den Unterschieden auch ihre Gemeinsamkeiten herauszuarbeiten.¹

Im Hinblick auf die Vereinigten Staaten ist jedoch, das stellt sich alsbald heraus, eine Trennschärfe versprechende Übernahme dieser Typenlehre nicht ohne weiteres möglich.

1. Der amerikanische Nationalstaat, der im Unabhängigkeitskrieg während der Revolutionsära zwischen 1776 und 1783 entstand, beruhte zum einen auf der föderativen Union der dreizehn Küstenkolonien, die sich zu den Vereinigten Staaten von Amerika zusammenschlossen. In ihnen blieb dieser föderative Charakter (im Grunde bis heute) erhalten, wurde mithin nicht durch einen zentralistischen Nationalstaat verdrängt, der sich während der Transformationsprozesse in Europa gegenüber den überkommenen älteren Herrschaftsverbänden gewöhnlich durchgesetzt hat. Zum anderen wurden aber die auf ihre Eigenständigkeit pochenden Mitgliedstaaten der Union trotzdem kräftigen transformierenden Einflüssen ausgesetzt, die, kurz gesagt, die übergreifende Einheit der «First New Nation» gegenüber den heterogenen Kolonialtraditionen zusehends aufwerteten, zumal die seither unter dem ingeniösen Regelungsmechanismus der «Northwest Ordinance» hinzukommenden nahezu vierzig neuen Bundesstaaten ohne diese Traditionen direkt in die Union hineinwuchsen. Zu diesen Transformationseinflüssen gehörte von Anfang an in vorderster Linie auch der gemeinamerikanische Nationalismus.

2. Dieser Nationalismus besaß auch unifizierende Züge insofern, als er dazu beitrug, die englischen Kolonien aus dem Verband des britischen Imperiums in einem ersten kolonialen Unabhängigkeitskrieg gegen die Metropole herauszusprengen und zu einer neuartigen, föderativ organisierten Großrepublik zusammenzufügen, die sowohl auf der innovativen Grundlage der Volkssouveränität, als aber auch auf der Politischen Kultur und weithin dem Recht des wichtigsten ehemaligen Mutterlandes beruhte. Diese Staats- und zugleich Nationsbildung entsprach nicht den europäischen Unifizierungsprozessen, da sich der amerikanische Nationalismus auf die glorreiche Vergangenheit inzwischen getrennter, soeben aber wiedervereinigter Territorien nicht berufen

konnte. Auf dem transatlantischen Kontinent sollte vielmehr unter Missachtung der indigenen Bevölkerung eine «neue Nation» (wie die Zeitgenossen selber sagten) geschaffen werden, die freilich ihre tiefsten Wurzeln in der englischen Vergangenheit besaß. Dieser Vorgang war der Gründungsvätergeneration so bewusst, dass sogar das Staatssiegel in Anlehnung an Vergils Aeneis die Union als «Novus Ordo Seclorum» rühmte.

3. Sezessionistische Züge besaß die Nationalstaatsgründung nicht nur in den Augen des politischen Establishments in England oder der nordamerikanischen Loyalisten, die trotz aller Konflikte mit der Londoner Zentrale im britischen Empire verbleiben wollten. Vielmehr war sich auch die revolutionäre Unabhängigkeitsbewegung in den Küstenkolonien ihres sezessionistischen Charakters bewusst. Doch im Gegensatz zu den Trägerschichten des europäischen Sezessionsnationalismus kämpfte sie nicht primär um die Sezession, um endlich einer autonomen Nation das Gehäuse eines eigenen Staates zu verschaffen. Vielmehr wollte sie politische Unabhängigkeit, demokratische Selbstverwaltung, Expansionsfreiheit für das von den Gründungsvätern unisono anvisierte eigene «American Empire». Die Rechtfertigung dieser Ziele wurde auch vom amerikanischen Nationalismus geliefert. Aber das Projekt der Verselbstständigung der amerikanischen Nation in ihrem eigenen Nationalstaat stand nicht an vorderster Stelle des revolutionären Prioritätenkatalogs.

Der amerikanische Nationalismus und seine Nationsbildung fügen sich daher nicht passgerecht in die Typologie für die europäischen Nationalismen ein. Vielmehr besaß der amerikanische Nationalismus gleichzeitig Züge des transformierenden wie des unifizierenden und des sezessionistischen Nationalismus, ohne doch jeweils in diesen Idealtypen voll aufzugehen, geschweige denn, es zu gestatten, ihn einer einzigen Typenklasse umstandslos zuzuordnen. In allen drei Dimensionen spielte jedoch das spezifische Weltbild des amerikanischen Nationalismus eine eminent folgenreiche Rolle, die von der Glaubenslehre des neuenglischen Puritanismus geprägt worden ist.

Nun ist der Puritanismus als schlechthin unübersehbare Macht des öffentlichen wie des privaten Lebens von der amerikanischen

Historiographie zu keiner Zeit unterschätzt worden. Doch er ist bisher noch zu selten als eine entscheidende Triebkraft auch des amerikanischen Nationalismus gedeutet, geschweige denn nüchtern analysiert und dann als solche anerkannt worden. Dieses Defizit ist erklärungsbedürftig.

Es hängt zum einen mit der tief verankerten semantischen Sperre zusammen, die in den Vereinigten Staaten bis heute den Begriff des Nationalismus bei seiner Anwendung auf das eigene Land blockiert. Die gängige Begrifflichkeit, auch in der Fachliteratur, zieht noch immer die rundum positiv besetzte Kategorie eines gewöhnlich veredelten Patriotismus vor, der nicht selten als die weit überlegene Variante einer Integrations- und Mobilisierungsideologie mit dem angeblich andersartigen europäischen Nationalismus kontrastiert wird. Häufig wird auch unter Nationalismus, wie im älteren deutschen Sprachgebrauch, nur die radikalisierte, daher pejorativ gemeinte Spielart des Nationalgefühls verstanden. Im amerikanischen Patriotismusbegriff schwingt noch etwas von dem traditionellen Überlegenheitsgefühl gegenüber der «Alten Welt» mit, das nur die Unterschiede zu seinen Gunsten betont, aber die strukturellen Gemeinsamkeiten des europäischen und des amerikanischen Nationalismus verdrängt.

Zum anderen teilt die amerikanische Geschichtswissenschaft jene auffällige Zurückhaltung gegenüber dem Phänomen des Nationalismus, die auch die Geschichtsschreibung aller europäischen Länder im Grunde bis zum Beginn der 1980er Jahre, als eine fulminante Forschungsexpansion einsetzte, charakterisiert hat. Angefangen mit den großen Nationalhistorikern aller westlichen Länder im 19. Jahrhundert bis hin zu den Historikergenerationen, die sich nach dem Ersten Weltkrieg und dem Zweiten Weltkrieg mit dem Nationalismus ihrer Länder beschäftigt haben, galten der Nationalismus und der von ihm geschaffene Nationalstaat weithin als unreflektierte Selbstverständlichkeit, so dass ihre Entstehung und die Gründe ihrer Durchsetzungsfähigkeit nur extrem selten mit der Distanz der kühlen Analyse untersucht wurden. Deshalb gibt es bis heute über den amerikanischen Nationalismus eine genauso geringe Anzahl von erhellenden Studien wie über die europäischen Nationalismen.[2]

Inzwischen hat die neue Nationalismusforschung klargestellt, dass gemäß Ernst Gellners Maxime der Nationalismus sich seine Nation schafft (nicht, wie lange unterstellt, die Nation ihren Nationalismus), und deshalb wird die zuerst nur «gedachte Ordnung» des nationalistischen Ideensystems, sein Weltbild, zu einem vorrangigen Forschungsobjekt. Angesichts dieser Sachlage lautet die These, dass es geboten ist, das bis in unsere unmittelbare Gegenwart hineinwirkende geistige Großklima des Puritanismus als Prägekraft des amerikanischen Nationalismus und seines innersten Weltbildes anzuerkennen – und seine fatalen Elemente im Lichte der historischen Folgen zu kritisieren.

Diese Formulierung setzt voraus, dass vom Puritanismus als radikalisierter calvinistischer Spielart des Protestantismus in den neuenglischen Küstenkolonien des 17. und 18. Jahrhunderts nachweisbare und folgenreiche aktuelle Einflüsse, aber auch bis in unsere Gegenwart reichende Fernwirkungen ausgegangen sind.

Damit wird unvermeidbar ein methodisches Problem aufgeworfen, das Max Weber als die Frage nach der überzeugenden «Zurechenbarkeit» von Phänomenen einer untersuchten Gegenwart zu Ursachenkomplexen in einer weit, vielleicht Jahrhunderte oder sogar Jahrtausende zurückliegenden Vergangenheit als Erster für die Erkenntnistheorie der Historiker erörtert hat.[3] Auch bei dem Urteil über die nationalpolitische Wirkung des Puritanismus geht es um immerhin dreieinhalb Jahrhunderte, in denen er seinen Einfluss behalten hat; bei seinem hier auch zur Debatte stehenden zentralen Glaubenselementen sogar um die Überbrückung von mehr als zweieinhalb Jahrtausenden seit der hohen Zeit des Alten Testaments.

Der Gang der Argumentation, die nur eine Skizze bieten kann, sieht daher so aus:

1. Zuerst geht es um den Transfer des Puritanismus aus dem England des 17. Jahrhunderts nach Nordamerika, seine Intensivierung im «Neuen Israel», den Inhalt seiner Doktrin und die Macht seiner Glaubenslehre in Neuengland.
2. Ihre Ausbreitung und Überlebensfähigkeit hing mit der Stellung dieser Region als langjährigem geistigen Zentrum des Landes zusammen. Zahlreiche einflussreiche Theologen und Schriftsteller,

Historiker und Journalisten stammten aus ihm, die wiederum das gemeinamerikanische Publikum über die Sonderstellung seiner Nation im puritanischen Sinn belehrten.

Die Expansion spezifisch puritanischer Glaubenselemente über die ganze Nation hinweg hing in einem fundamentalen Sinn bildungs- und sozialgeschichtlich mit der rapiden Ausbreitung des Bildungssystems, der erfolgreichen Bekämpfung des Analphabetentums (die Amerika neben Schottland und den protestantischen deutschen Staaten an erster Stelle sah), der rapiden Ausbreitung einer Printmedien-Öffentlichkeit und ganz konkret mit der frühzeitigen Aufwertung des Lehrerberufs zusammen. Denn lange Zeit kam die Mehrheit der Lehrer und Lehrerinnen aus den Neuenglandstaaten; sie brachten aus ihrer Heimat als geistiges Gepäck die puritanischen Grundüberzeugungen an die Schulen im ganzen Land mit, die auch in einer allmählich säkularisierten Variante deutlich erkennbar blieben.

3. Die Erfolgsgeschichte der Vereinigten Staaten hat, so schien es der Mehrheit der Amerikaner, über mehr als zweihundert Jahre hinweg, den Kern des puritanischen Weltbildes bestätigt und in einer Art von Feed-back-Effekt immer wieder aktualisiert. Das lässt sich insbesondere an der offiziellen Rhetorik in Krisenzeiten ablesen. Auch wenn die direkte religiöse Rückbindung inzwischen oft fehlen mag, hat doch die politische Sprache Kernelemente der puritanischen Doktrin weiterhin gespeichert. Das puritanische Weltbild hat währenddessen in hervorragendem Maße als politische Legitimationszufuhr gewirkt, deren Motivationskraft von der Wucht und Überzeugungskraft einer tiefreligiösen Glaubenslehre zehrte. Dieses Weltbild fundierte auch den universellen Missionsauftrag, erst recht die Expansion des informellen «American Empire».

Die unter König Heinrich VIII. aus profanen Gründen initiierte Reformation in England hatte zu einer von Rom unabhängigen, eigenständigen anglikanischen Hochkirche geführt, die freilich wesentliche Elemente der katholischen Kirche in Organisation und Ritus beibehielt. In der Theologie, bald auch in der Praxis der Gemeinden setzte sich jedoch zusehends der Calvinismus als die protestantische Reformvariante der zweiten Generation durch. Es gehörte zu den Eigenarten auch des englischen und schottischen Calvinismus, dass er sich ungleich intensiver als das Luthertum auf die Welt des Alten statt des Neuen Testamentes bezog. Infolgedessen schlug in England der altisraelische Erwähltheitsglaube mit seiner Zentraldoktrin vom «Auserwählten Volk», das als einziges von Jaweh durch seinen Bund, seinen heiligen «Covenant», mit ihm ausgezeichnet, in das Gelobte Land eingewiesen und mit einem messianischen Ideal ausgestattet worden war, tiefe Wurzeln.[4] Er fungierte als Fundamentalmythos, der auch für das «Nation Building» die Energien zu bündeln vermochte. Der Inselstaat mit seinem einheitlichen Recht, seiner einheitlichen Verwaltung und seinen Kriegserfolgen, die alle bereits ein eigenes Selbstbewusstsein förderten, begünstigte die Vorstellung von einem «Neuen Israel», das sich im ständigen Kampf gegen die spanische Hegemonialmacht der Gegenreformation bewährte, wie das der Untergang der spanischen Armada 1588, ebenso Symbol der Auszeichnung wie die elisabethanische Kulturblüte seit der zweiten Hälfte des 17. Jahrhunderts, bewiesen hatte.

Als die Könige aus strategischen Gründen Katholikinnen zur Königin wählten oder vorsahen, sie auch in Zukunft dazu zu erheben, sogar eine Allianz mit Spanien ins Auge fassten, verschärften sich die Spannungen zwischen dem Hof und der Speerspitze der Calvinisten in der Gestalt der Puritaner. Sie hatten seit den 1620er Jahren die Geschichte Englands eschatologisch gedeutet, seit den 1640er Jahren in ihrem Chiliasmus sogar den Beginn einer tausendjährigen Herrschaft Christi beschworen, in welche die Engländer, denen Gott sich zuerst offenbart habe, kraft ihrer messianischen Aufgabe die Welt führen sollen, auch wenn der Papst als Antichrist ihnen mit seiner spanischen Vormacht vorerst noch entgegenstand. Schließlich kam es zum «kritischen Moment» (P. Bourdieu), als der Bürgerkrieg, die Puritanische Revolution der 1640er Jahre, ausbrach, während in Kontinentaleuropa der Dreißigjährige Krieg abzuebben begann.

Wegen dieser Spannungen hatten sich bereits seit den 1620er Jahren die ersten Puritaner auf den Weg nach Nordamerika begeben, wo 1620 die «Mayflower» eintraf, und seit 1628 der Kern eines «New England» um die «Massachusetts Bay Colony» entstand. Dort lasse sich, schien es ihnen, die zuverlässige Basis für ihr Riesenprojekt der Verwirklichung eines «Neuen Eden» finden.

Auf den großen öffentlichen Diskussionsveranstaltungen, auf denen die bibelfesten, redegewandten Puritaner über ihre Revolutionsziele stritten, etwa während der berühmten Putney Debates (1647), rückte die Zielutopie des neuen «Auserwählten Volkes», dem in England eine gloriose Zukunft als neuisraelitische «Nation» (wie die Zeitgenossen sagten) bevorstehe, in den Mittelpunkt. Diese Nation wurde nicht als ethnischer Herrschaftsverband, sonder als religiöse Genossenschaft definiert, so dass ihre kollektive Identität auf der gemeinsamen Basis eines spezifisch calvinistischen Protestantismus beruhte, welche die Katholiken mit Notwendigkeit als gleichberechtigte Nationsmitglieder ausschloss.

Gleichzeitig wurde aus der Gleichheit der Seelen vor Gott, die bisher nur von katholischen Außenseitern verfochtene Forderung abgeleitet, dass ihr auch die Gleichheit aller Menschen im diesseitigen Leben entsprechen müsse. In dieser Säkularisierung der transzendentalen Gleichheit steckte ein eminent folgenreiches demokratietheoretisches Postulat, das die Zwillingsexistenz von nationaler und demokratischer Genossenschaft unterstrich. Es sollte sich in der Folge für die westliche Demokratieentwicklung als weitaus konsequenzenreicher erweisen als alle Demokratieelemente in der antiken oder aufklärerischen Philosophie, da es auf das Gemeingut und die Überzeugungskraft des jedermann vertrauten christlichen Gedankenhaushalts zurückgriff.[5]

Nachdem das Zwischenspiel des Cromwellschen Protektorats – der Diktator verstand sich selber als Haupt der «puritanischen Nation» – und damit auch die heilsgeschichtliche Sendung des Puritanismus in England vorerst gescheitert waren, setzte mit der Restauration des Königtums eine harte Verfolgung der exponierten Puritaner ein. Vor ihr wichen sie, wie schon zuvor, in das calvinistische Holland aus, das sein Toleranzprinzip erst recht auf die verfolgten Glaubensgenossen ausdehnte, dann aber in rasch wachsendem Maße in das transatlantische Neuengland, wo sich die Siedler mit dem hochgemuten Selbstbewusstsein ihres geschichtstheologischen Auftrags an den Aufbau der neuen «weißen Stadt auf dem Berge» machten, wie die alte Metapher für Jerusalem jetzt übernommen wurde.[6]

In den kleinen neuenglischen Gemeinwesen herrschte die unerschütterliche Grundüberzeugung, dass Gott nach dem Misserfolg in England seinem «Auserwählten Volk» jetzt einen ganzen Kontinent als «Gottes amerikanisches Israel» eröffne. Wie der erste Gouverneur der «Massachusetts Bay Colony», John Winthrop, dieser «protoamerikanische Moses», den Konsens über den Aufbau seiner neuartigen Gesellschaft ausdrückte: «Wir werden wie die Stadt auf dem Berge» dastehen, «die Augen aller Völker ruhen auf uns». Cotton Mather, Sohn einer bedeutenden Geistlichenfamilie, urteilte zustimmend, dass Winthrop in der Tat «die öffentlichen Angelegenheiten unseres «amerikanischen Jerusalems» leite. Unter den zahlreichen Verfechtern der strengen puritanischen Theologie ragte Jonathan Edwards hervor, Initiator auch der ersten großen Erweckungsbewegung zwischen 1720 und 1740, dessen dominierender Status und Einfluss in der neuenglischen Theokratie am ehesten mit der Rolle Friedrich Schleiermachers im deutschen Protestantismus des 19. Jahrhunderts verglichen werden kann. Immer wieder hat Edwards die Leitidee vom «Auserwählten Volk» der amerikanischen Puritaner, die Gott «für die Verwirklichung seines besten Planes bestimmt» habe, seinen Zuhörern und Lesern geradezu eingehämmert, nicht ohne mit demselben rhetorischen Nachdruck die messianische Aufgabe der neuenglischen Gemeinwesen hervorzuheben: Denn «die göttliche Vorsehung hat Amerika dazu bestimmt, der glorreiche Erneuerer der ganzen Welt zu sein». Von typischem Sendungsbewusstsein getragen, fiel 1661 auch die Predigt des puritanischen Geistlichen William Stoughton im Herzen von Massachusetts aus: «Wir wissen, dass das Versprechen des Herrgotts …. Neuengland auserwählt und über alle Nationen der Welt gesetzt hat … Er hat von Neuengland gesagt: Ihr seid gewiss mein Volk.» Dieses puritanische Selbstbewusstsein war zudem eschatologisch aufgeladen. Der Kampf gegen das Böse, den man soeben in England verloren hatte, jetzt aber in Neuengland gegen die indigene Bevölkerung, diese «Kinder des Satans», und die dort konkurrierenden europäischen Mächte bis zum endgültigen Erfolg weiterführen wollte, verstand sich nicht nur als genuin missionarische Aufgabe, sondern besaß auch von vornherein Züge eines endzeitlichen Armageddon zwischen Licht und Finsternis. Dieser Charakter des entscheidenden Endkampfes tauchte zeitweilig in der Indianerpolitik, in der Verteidigung einer autonomen, von europäischem Einfluss freien «Westlichen Hemisphäre», erst recht im Kampf gegen die Inkarnation des Bösen wie Hitler oder gegen die kommunistischen Diktaturen des Schreckens auf. Die apokalyptische Aufladung der puritanisch geprägten Mentalität verstärkte bis in das 20. Jahrhundert hinein das dichotomische Weltbild des amerikanischen Nationalismus.

In Abertausenden von Predigten der Geistlichen und von Laien als Gemeindeältesten wurde dieses puritanische Weltbild in einem unnachgiebigen Sozialisationsprozess in den Köpfen der Neuengländer tief verankert, wo der Erwähltheitsglaube ein stolzes, oft arrogantes Selbstbewusstsein schuf. Ihnen erschien das Experimentierfeld des riesigen Westens als mythologisiertes, wieder geschenktes Paradies, in dem die Unberührtheit des Bodens die artifizielle Jungfräulichkeit der Gesinnung zu erhalten erleichterte.

Hundert Jahre nach der puritanischen Besiedlung Neuenglands wurde dieses Weltbild nicht nur in den Gemeinden geglaubt, sondern auch an den einflussreichen Theologischen Colleges gelehrt, wo der Nachwuchs an Geistlichen ausgebildet wurde. 1775 betonte etwa Samuel Langdon, der Präsident von Harvard College (das seit 1636 bestand), dass die «Zivilgesellschaft Israels zweifellos das exzellente allgemeine Vorbild» für die Amerikaner bilde. Und Präsident Ezra Stiles vom Yale College (das 1701 gegründet worden war), pries 1783 «Gottes amerikanisches Israel». Der Herrgott wolle daher auch «sein amerikanisches Israel weit über alle anderen Nationen erheben, die er sonst noch geschaffen hat». In diesem Sinn galten ihm die Vereinigten Staaten als wahrer Messias, als «das große Missionarsland», das die Welt nach seinem Vorbild umzugestalten und zu leiten berufen sei. Innerhalb von gut hundert Jahren hatte die puritanische Glaubenslehre ihrem Weltbild mit einer außerordentlich hohen Durchsetzungsfähigkeit eine weitreichende Verbindlichkeit verschafft. Ihm konnten sich die schottisch-irischen Presbyterianer im inneren Siedlungsgebiet der Alleghanies ganz so anschließen wie die ehemals holländischen Reformierten in New

York und New Jersey, während die katholische Minderheit in Maryland keine effektive Gegenmacht aufbieten konnte.[7]

Man muss sich hier ins Gedächtnis rufen, dass sich der Überlegenheitsglaube der puritanischen Neuengländer mit der Praxis basisdemokratischer Selbstverwaltung im überschaubaren Gemeinwesen verband – ein Egalitarismus, der durch die Revolutionsära und die Verfassung ganz so unterstützt wurde wie durch die konstitutionelle Verankerung genuin liberaler Freiheitsrechte. Von Anfang an besaß das puritanische Weltbild aber auch eine kontinentale, ja globale Dimension. Groß geworden im merkantilistischen englischen Weltreich hielt es den Aufbau eines «amerikanischen Imperiums» für eine geradezu von Gott verheißene Zukunft. Spätestens seit der Mitte des 18. Jahrhunderts machte das Schlagwort vom «Rising American Empire» die Runde. Der Generation der Gründungsväter, der Washington, Jefferson, Madison, Franklin, Hamilton, galt es als selbstverständlicher Auftrag, das «New Empire» zu errichten, nachdem sie alle den anfeuernden Sieg Englands über Frankreich im ersten Weltkrieg von 1756 bis 1773 um den Besitz Nordamerikas und Indiens miterlebt hatten. Wie sie glaubte 1776 auch William H. Drayton, der Oberste Richter von South Carolina: «Der Allmächtige ... hat die gegenwärtige Generation auserwählt, das amerikanische Imperium zu errichten, das durch Gottes Gnade .... das ruhmvollste von allen» sein werde.

Darüber hinaus galt es, die Welt nach amerikanischem Vorbild umzugestalten, wobei die neue Republik allen Völkern als «Leuchtturm» dienen sollte. Der puritanische «Covenant» der «Heiligen» wurde zum weltlichen Bund künftiger mustergültiger Republiken umgedeutet. Hier entstand ein Scharnier, welches das calvinistische Prädestinationsbewusstsein mit einem allmählich säkularisierten Messianismus verschmolz. Diese politische Aufgabe müssten Amerikaner, schärfte Theodor Parker seinen Landsleuten ganz auf dieser Linie ein, «als Instrumente Gottes» ausführen. Eine solche welthistorische Mission des expandierenden «Neuen Israel» ließ sich fugenlos aus dem Selbstverständnis des «Auserwählten Volkes» in der transatlantischen Welt herleiten.

Vorbehaltlos stimmten die amerikanischen Meinungsmacher daher auch der Prognose von Bischof Berkeley zu, der bereits 1736 erklärt hatte: «Westward the Course of Empire Takes Its Way.» Damit griffen sie bewusst auf die seit der Antike anhaltende Diskussion über ein providenzielles Bewegungsgesetz zurück, wonach der Sitz der Weltreiche kontinuierlich von Osten nach Westen wandere. Die Gründungsväter haben immer wieder diesem Rhythmus seine Endstation in Amerika zugewiesen. Und Jedidiah Morse führte in seiner berühmten «American Geography» von 1792 diese Vorstellung geradezu als eine Selbstverständlichkeit ein: Das «American Empire» werde die «letzte Station», zugleich aber das «größte Imperium werden, das je bestanden hat», eben die «Königin der Weltreiche». Dieses imperiale Sendungsbewusstsein ging bereits im 18. Jahrhundert mit dem puritanischen Erwähltheitsglauben eine folgenreiche Amalgamation ein, wurde doch den politischen und ökonomischen Expansionsinteressen, die sich mit der Vision eines amerikanischen Imperiums verbanden, die enorme Schubkraft einer religiösen Glaubenslehre zugeführt.[8]

Die Vereinigten Staaten haben sich in den gut sechzig Jahren zwischen ihrer völkerrechtlichen Anerkennung als souveräner Staat und dem Krieg gegen Mexiko, der das Nachbarland die Hälfte seines ursprünglichen Besitzes kostete, einen Großteil des nordamerikanischen Kontinents einverleibt. Nur das ursprünglich als «14. Kolonie» begehrte Kanada blieb weiterhin ein Teil des britischen Empire, bis es 1867 faktisch in die Unabhängigkeit entlassen wurde. Im selben Jahr kamen das Russland abgekaufte Alaska, im Gefolge des Spanisch-Amerikanischen Krieges von 1898 noch die Hawaii-Inseln als «non-contiguous»-Besitzungen der USA hinzu, die freilich beide erst ein halbes Jahrhundert später als gleichberechtigte Bundesstaaten in die Union aufgenommen wurden.

In dieser entscheidenden Spanne von zwei Generationen, von 1773 bis 1847, ist Neuengland mit seinem Zentrum in Boston das unbestrittene intellektuelle Herzland der Union geblieben. Von dort kamen die einflussreichsten Schriftsteller und Theologen, die Journalisten und Universitätsprofessoren, die dem Land seine Zeitgeschichte im Lichte der vertrauten Kategorien aus dem Gedankenhaushalt der Puritaner deuteten.

Sie alle trugen dazu bei, das puritanische Weltbild über tausende von Kilometern hinweg im ganzen Land zu verbreiten. Und als kurz vor der Annexion riesiger mexikanischer Gebiete der Begriff der «Manifest Destiny» in der politischen Öffentlichkeit Furore machte, um die amerikanische Expansion als «offensichtlichen Auftrag der göttlichen Vorsehung» zu legitimieren, knüpfte diese ungemein populäre Formel unmittelbar an das puritanische Erbe an. Inneramerikanischer Widerstand gegen die gewaltsam angeeignete Beute aus dem Krieg gegen Mexiko ist nicht aufgekommen, war doch jetzt die lückenlose Besitzergreifung des «Neuen Edens» bis hin zur kalifornischen Westküste endlich gelungen. Das «Amerikanische Israel» schien seine endgültige, seine kontinentale Gestalt gefunden zu haben.

Einer der bedeutendsten amerikanischen Schriftsteller jener Jahrzehnte, Hermann Melville, hat 1850 das Hochgefühl der Meinungsmacher in einer Formulierung ausgedrückt, die genauso gut 1650 oder 1750 hätte gewählt werden können. «Wir Amerikaner sind ... das auserwählte Volk», versicherte Melville in seinem Roman «White Jacket», «das Israel unserer Gegenwart». «Der Herrgott hat uns für große Taten vorgesehen, der Rest der anderen Nationen muss sich bald als Nachhut hinter uns befinden».[9]

In zwei parallel verlaufenden Ausbreitungsprozessen ist seit dem ausgehenden 18. Jahrhundert das amerikanische Bildungssystem der Elementarschulen, der Highschools, der Colleges und schließlich der Universitäten ganz so zügig ausgebaut worden wie die Öffentlichkeit der Printmedien. Im Siegeszug der Bildungsinstitutionen hat sich zum einen der Impuls des Aufklärungsdenkens, das im Land der «angewandten Aufklärung» (R. Dahrendorf) weithin geteilt wurde, ausgedrückt. Zum anderen aber hat sich auch der seit der Reformation übermächtige Imperativ, die Heilige Schrift selber lesen zu müssen, durchgesetzt. In einem Land mit zunächst wenigen Bibliotheken und Buchhandlungen gewannen die Tagespresse und ein differenziertes Zeitschriftenwesen einen vergleichsweise ungewöhnlichen Einfluss. Im Bildungswesen und in der Journalistik gab es zwar keine absolute Dominanz, wohl aber ein eindeutiges numerisches Übergewicht von Persönlichkeiten aus den Neuenglandstaaten. Von dort brachten die Lehrer und Presseleute das vertraute geistige Gepäck der puritanischen Glaubenslehre mit in ihre Berufswelt, wo immer auch ihr Wirkungsort lag.

Als besonders folgenreich erwies sich in dieser Hinsicht die frühzeitige Feminisierung des Lehrerberufs, denn für zahlreiche junge Frauen aus Neuengland, die in tief religiös geprägten Familien mit hoher Schriftkultur groß geworden waren, übte die selbständige Lehrtätigkeit eine hohe Attraktion aus. Auch auf diese Weise machte sich eine Art von Sickereffekt zugunsten der Ausbreitung des puritanischen Weltbildes geltend, die keineswegs allein von der dafür oft angeführten Vermehrung calvinistischer Gemeinden abhing. Die Aufsplitterung der religiösen Landschaft in zahlreiche protestantische Kirchen und Sekten stand dem offenbar nicht entgegen, da sich die entscheidenden, holzschnittartig vereinfachten puritanischen Elemente mit allen möglichen Denominationen vereinbaren ließen. Nicht zuletzt haben dann die großen Erweckungsbewegungen, die wie ein Steppenfeuer das Land überzogen, den puritanischen Erwähltheitsglauben mehrfach bestätigt.

«Über den Ländern bilden sich» in ihren prägenden Gründungszeiten, hat Eugen Rosenstock-Huessy in seiner innovativen Analyse «Die Europäischen Revolutionen und der Charakter der Nationen» befunden, «geistige Klimate aus, die über den Gebieten ein für alle mal stehen bleiben». In den Vereinigten Staaten hat die Erfolgsgeschichte der ersten zweihundert Jahre nach der Gründung maßgeblich dazu beigetragen, in diesem Sinne die Attraktivität des puritanischen Weltbildes nicht nur als Deutung der jeweiligen Zeitgeschichte, sondern auch als Handlungsanleitung und als Legitimationsquelle zu erhalten.[10]

Damit soll natürlich nicht bestritten werden, dass der Aufbau einer kontinentalen Großrepublik auf der neuartigen Legitimationsbasis der Volkssouveränität, die Funktionstüchtigkeit der Verfassung und ihrer politischen Institutionen, das hohe Maß an demokratischer Selbstverwaltung, das fabulöse Wirtschaftswachstum, die Erfolgsserie beim Ausbau des «American Empire» ebenfalls das nationale Selbstbewusstsein einer Sonderstellung unter den Staaten der Welt gestärkt, insofern den amerikanischen Nationalismus vielseitig mitgeprägt haben. Doch in der politischen Semantik blieb die puritanische Terminologie gespeichert vorhanden, und sie erwies sich, da sie in massiven Sozialisationsprozessen verinnerlicht worden war, als jederzeit abrufbar.

Im Unabhängigkeitskrieg gewann das «Neue Israel» seinen autonomen Staat. Im Bürgerkrieg zweifelte der Norden nicht daran, dass ihm der Sieg über die Sklavenhaltergesellschaft der «Konföderation» vorherbestimmt sei. Während des Imperialismus der 1880/90er Jahre verfolgte das «Amerikanische Israel» seine Missionsaufgabe durch direkte Intervention. Im Ersten Weltkrieg kämpfte Amerika einen «gerechten Krieg» gegen die Inkarnation des Autoritären, um, wie Präsident Wilson es ausdrückte, «die Welt für die Demokratie sicher zu machen». Im Zweiten Weltkrieg trat das Land aus demselben Grund gegen die Verkörperung des Bösen an, dessen Niederlage den Weg für die friedlichen «Vereinten Nationen» freimachen sollte, denn in diesem Projekt sah das Land erneut die Verwirklichung seiner seit alters her bestehenden missionarischen Aufgabe. Unter der Konstellation des Kalten Krieges mit der Sowjetunion wurden der Korea- und der Vietnamkrieg ausgefochten, in dem es außer dem machtpolitischen Eindämmungskalkül auch um die Überlegenheit des «American Way of Life» ging. Und in den beiden Irak-Kriegen trat neben den interessenpolitischen Konflikten erneut die vielbeschworene Aufgabe in den Vordergrund der Kriegsrhetorik, im Sinne der historischen Mission Amerikas der Demokratisierung des Nahen Ostens den Weg zu bahnen.

Wie ein roter Faden zieht sich durch die Rechtfertigungssprache all dieser Kriege die Berufung auf die welthistorische Aufgabe der Vereinigten Staaten, als «Amerikanisches Israel» der Erde nicht nur als Vorbild zu dienen, sondern die Herrschaft des Bösen gleich welcher Couleur aktiv zu bekämpfen. Die mit theologischen Metaphern durchsetzte Sprache neigt weiterhin dazu, wie es der manichäischen Dichotomisierung durch die Puritaner seit jeher entsprach, mit Schwarz-Weiß-Begriffen zu operieren, die gerechte Sache Amerikas mit dem abgrundtief Bösen zu konfrontieren. Schon deshalb fällt jeder Interessenkompromiss so schwer, dominiert so lange die Forderung nach der «bedingungslosen Übergabe». Anders gesagt: Löschte man aus den zahlreichen öffentlichen Äußerungen über die Berechtigung amerikanischer Kriegsteilnahme das puritanische Erbe, entfiel ein Gutteil jener legitimatorischen Elemente, auf welche die amerikanische Politik, genauso wie der amerikanische Nationalismus, bis heute nicht verzichten kann.

Ein vergleichender Überblick über die Konstruktionsteile der europäischen und amerikanischen Nationalismen ergibt, dass die alttestamentliche Vorstellung vom «Auserwählten Volk» überall Eingang gefunden und die eigene Nation als Gottes Instrument überhöht hat. Insofern fügt sich das puritanische Weltbild Amerikas in einen allgemeineren Zusammenhang, hat dort aber eine besondere Intensität entfaltet. Wenn in der gegenwärtigen Nationalismusforschung häufig die Auffassung vertreten wird, der Nationalismus habe sich in einer verhängnisvollen Steigerung allmählich bis hin zu einer «Politischen Religion» mit absolutem Loyalitätsanspruch gesteigert, bedarf dieses genetische Argument offenbar der Korrektur.[11] Wie die Akzeptanz der puritanischen Lehre, aber auch die Genese zahlreicher anderer Nationalismen demonstriert, ist der Nationalismus von Anfang an ein Weltbild gewesen, das in direkter Anleihe auf genuin religiösen Überlieferungen aufgebaut worden ist, wie sie die alttestamentarische Doktrin vom «Auserwählten Volk» im Gelobten Land in einem ausgezeichneten Maße verkörpert. So gesehen ist der westliche Nationalismus seit jeher mit dem Anspruch aufgetreten, das Weltbild einer neuen Religion zu verkörpern, die allerdings weithin auf traditionellen Elementen der jüdisch-christlichen Tradition beruhte. Wenn er sich mancherorts sogar als überlegener Konkurrent der christlichen Lehre entpuppte, hing das offensichtlich mit seiner religiösen Aufladung seit seiner Entstehungszeit zusammen.[12]

11. Ein aufgeklärter Patriotismus?

Die deutsche Identität und die Frage, ob wir eine deutsche Leitkultur brauchen, lösten in jüngster Zeit intensive Debatten aus. Leider kommt es in der Auseinandersetzung darüber manchmal zur Vermischung der Begriffe Nationalismus und Patriotismus. Dabei muss man beide scharf auseinanderhalten: Im Gegensatz zum Patriotismus ist der Nationalismus eine gefährliche Vorstellung, die abgewirtschaftet hat.

In der Vorstellung, die wir uns vom Nationalismus machen, hat es in den letzten zwanzig Jahren einen Paradigmenwechsel gegeben.

Die ältere Lehre beruhte darauf, dass seit der Völkerwanderung keimartig die Entwicklung zur Nation angelegt gewesen sei, sich allmählich entfaltet habe und im Nationalstaat zu voller Blüte gekommen sei. Bis in die 1980er Jahre hinein herrschte diese Denkfigur vor. Dem lag ein fast schon Marxsches Verständnis zu Grunde: Die Nation als Basis treibe allmählich ein Ideensystem als Überbau hervor, das Nationalbewusstsein oder, in der Sprache der internationalen Geschichts- und Sozialwissenschaft heute, den Nationalismus.

Die neue Debatte seit den frühen achtziger Jahren wendet sich von dieser biologistischen Evolutionslehre scharf ab und betont, dass es sich im Nationalismus und bei der Nation um Phänomene der Neuzeit handelt, die höchstens 300 Jahre alt sind. Nachdem es jahrtausendelang Loyalitätsbindungen an den Familienclan, die Polis, den örtlichen Adligen oder die Heimatstadt gegeben hat, kommt es zu einer plötzlichen Änderung: Der Nationalismus entwickelt sich als Antwort auf eine Umbruchsituation, die Herrschaftssysteme erschüttert und Weltbilder erodieren lässt.

In der Puritanischen Revolution wird erstmals die Vorstellung eines neuen auserwählten Volkes mit der britischen Insel als gelobtem Land und mit einer historischen Mission formuliert, der Welt als Vorbild zu dienen. In den transatlantischen Kolonien wird dieses Gedankengut, das die ausgewanderten Puritaner mitgebracht haben, zu einem verbindlichen Konsens. Das gelobte Land ist der neue Kontinent, die Eingeborenen sind die Kinder des Satans, die man vernichten darf. Die vereinigten Kolonien verstehen sich als «the first new nation». Und dieses puritanische Commonwealth formuliert für sich eine weltgeschichtliche Mission. Dort entsteht ein geistiges Klima, dessen Auswirkungen man heute noch in den Reden des jüngeren Bush verfolgen kann.

In Deutschland erleben wir als politische Erschütterung den Verfall der rund 1700 Herrschaftsgebiete unter dem Andrang Napoleons. Auch wirtschaftlich verändert sich Grundlegendes. In dieser Situation greift eine Gruppe von Intellektuellen die neue säkulare Religion auf und verkündet sie den Deutschsprachigen. Diese frühe Nationalgemeinde besteht aus nicht mehr als 1000 bis 1200 Intellektuellen. Nachdem die Adligen die Gefahr für ihre Privilegien erkannt haben, kommt es zu einer Repressionsphase; nach der gescheiterten Revolution von 1848 folgt eine zweite Welle der Unterdrückung. Das italienische Beispiel der nationalen Einigung zeigt aber, dass ein Erfolg möglich ist, und inspiriert die deutsche Nationalbewegung aufs Neue.

Bismarck hat die Nationalliberalen von 1848 gehasst, aber er sagt schon 1858: «Preußische Politik kann man nur noch mit Hilfe der nationalen Bewegung machen.» Erst nach dem Sieg über Frankreich 1871 beginnt in meinen Augen der wirkliche Prozess der Bildung einer kleindeutschen Reichsnation. Man kann ihn juristisch, administrativ und in der Indoktrination bis hin zu den Lehrplänen der Schulen verfolgen.

Im Ersten Weltkrieg wird er enorm beschleunigt. Der Schock der Niederlage von 1918, die als Knechtung erlebte Erfahrung des Versailler Vertrages laden den Nationalismus in einer traumatischen und ressentimentgeladenen Form auf. Am Ende der Weimarer Republik kann Hitler den radikalen Nationalismus mobilisieren und Millionen von Wählern gewinnen. Auch später bedient er immer wieder aufs Neue dieses tief gekränkte Nationalgefühl. Das Fatale am Nationalsozialismus ist, dass er den kulturellen Auserwähltheitsglauben des deutschen Bildungsbürgertums unterwandert mit der Vorstellung der auserwählten Rasse.

1945 war die totale Niederlage nicht zu leugnen, und damit war der deutsche Nationalismus an sein historisches Ende gekommen. Nur am Narrensaum der deutschen Politik gab es danach noch Versuche, das zu leugnen. Aber im Grunde genommen hat der Nationalismus seine legitimierende und integrierende Kraft verloren. Keine politische Weichenstellung in der Bundesrepublik ist unter alten nationalpolitischen Gesichtspunkten erfolgt. Das große Erfolgserlebnis der politischen Kultur der Bundesrepublik ist, dass sie auch in der außergewöhnlichen Phase der Wiedervereinigung und danach ohne die Mobilisierung von Nationalismus ausgekommen ist.

Man kann am deutschen Beispiel lernen, dass der Nationalismus auf dreifache Weise gescheitert ist. Er hat die ursprüngliche Verheißung, die Nationsgenossen zusammenzuführen, dementiert durch ständige Exklusionen von ungewollten Bevölkerungsteilen. Das zweite Versprechen, die friedliche Koexistenz der Nationalstaaten, wurde durch blutige Nationalkriege widerlegt. Und er hat den Anspruch auf Exportfähigkeit verloren, denn in Asien und Afrika z. B. erweist sich der «Transfer-Nationalismus» als Fehlschlag.

Die Deutschen sollten die Überwindung des Nationalismus als Gewinn betrachten, nichts spricht dafür, freiwillig die Rückkehr zu versuchen. Auch der sehr schmerzliche Prozess, sich über sechzig Jahre hinweg der nationalsozialistischen Vergangenheit zu stellen, ist nicht etwa eine Schwächung. Ich halte das für einen Erfolg, der mit zum Identitätsbewusstsein der Deutschen gehören sollte.

Patriotismus ist etwas völlig anderes als Nationalismus. Er scheint mir die natürliche Reaktion auf Umwelt, Heimat, Region, in der man groß wird, zu sein. Das hat nichts mit dem Anspruch des Nationalismus zu tun. Patriotismus wurde in Deutschland zunächst im Zeitalter der Aufklärung aufgegriffen und umgesetzt, etwa in den «Patriotischen Gesellschaften» von Hamburg oder Lüneburg. Es waren in der Regel Bildungsbürger, die ihre unmittelbare Umgebung, ihre Heimatstadt fördern wollten. Da wurde Geld gesammelt, sozialpolitische Aktivitäten fanden statt, Zeitungen wurden abonniert. Sich für seine Umgebung, seine Mitmenschen einzusetzen, war die ursprüngliche Vorstellung von Patriotismus, die Kant und andere geteilt haben.

Und selbstverständlich kann man in der Bundesrepublik von Patriotismus sprechen und sich darauf beziehen. Im Gegensatz zur Erfindung der Nation, die kein naturwüchsiges Produkt ist, sondern nach einer berühmten Formulierung durch den Nationalismus erst geschaffen wird, ist der Patriotismus etwas, was man in der Familie, in der Schule, in der ganzen frühen Sozialisation aufnimmt. Damit identifiziert man sich schon durch das Medium der Sprache. Im Hinblick auf das Großwerden in einem solchen Gefühl sehe ich überhaupt keinen Unterschied zwischen der Bundesrepublik und den anderen westeuropäischen Ländern. Dieser Begriff ist auch nicht so belastet wie der Nationalismus mit seinen Auserwähltheitsvorstellungen und der Exklusion derer, die man nicht gerne in der Nation hat. Ein Plädoyer für einen aufgeklärten Patriotismus ist vertretenswert.

Kommen wir noch einmal zurück auf unser Identitätsbewusstsein. Bei der Debatte über die eigene Identität hat sich herausgeschält, dass wir in der Regel mehrere Identitäten haben. Nehmen wir als Beispiel einen Kölner Handwerksmeister von 1914: Er ist Rheinländer, Katholik, Kolpingsohn, fühlt sich als Rheinpreuße, ist durch die Zeit im Kaiserreich auch deutschnational und glaubt, man müsse gegen den russischen Überfall das Vaterland verteidigen. In seinem Inneren hat er mehrere Identitäten.

Heute besteht der Unterschied zur damaligen Situation darin, dass die nationale Komponente der Identität verdrängt und ganz weit zurückgetreten ist. An ihre Stelle ist eben ein aufgeklärter Patriotismus getreten. Ich glaube auch, dass zu ihm ein Gefühl von europäischer Identität gehört, das in großen Teilen schon existiert.

Wenn man mit Studenten aus Polen, den baltischen Ländern oder Süditalien diskutiert, gibt es eine Summe von Gemeinsamkeiten, auf die man sich schnell einigen kann. Die gibt es, weil wir einem Kulturkreis angehören, in dem bestimmte vereinheitlichende Wirkungen gegeben sind. Dazu zählt auch das Christentum. Auf Grund unserer historischen Prägung gibt es eine Summe von Gemeinsamkeiten, die ein jetzt schon in den EU-Ländern weit verbreitetes europäisches Identitätsgefühl begründen, als Teil unserer multiplen Identität. Dieses Gefühl ist ausbaufähig. Die Tatsache, dass viele Menschen in den Referenden zum EU-Vertrag mit Nein gestimmt haben, spricht nicht dagegen. Im Kern waren dies Stimmen gegen eine überzogene Expansion der EU, die mit dem Beitritt der Türkei noch vorangetrieben würde.

Die Deutschen haben nach dem Kollaps von 1945 auf die Europapolitik gesetzt, nirgendwo sind die Menschen so europabegeistert gewesen wie hierzulande, weil hier ein Vakuum entstanden war. Diese anfängliche Begeisterung hat nachgelassen, was auch ein Generationenphänomen ist. Aber es gibt längst eine dem Nationalismus überlegene Programmatik: Die Funktionsfähigkeit des Verfassungsstaats, die Bewahrung des Rechtsstaats und auch der Sozialstaat, selbst wenn er jetzt umgebaut werden muss, bestimmen die Identität der Bürger im Alltag, nicht aber die Erinnerung an nationale Größe und Vergangenheit. Präsent bei uns ist auch, was wir als europäisches Unikat genießen, ein System aus Werten, Verhaltensweisen, Vorstellungen, Konventionen. Nicht zuletzt ist den Deutschen der Abschied vom Nationalismus durch einen außerordentlich erfolgreichen Föderalismus erleichtert worden. Es gibt also starke bindende und integrierende Kräfte, die ein selbstbewusstes Identitätsgefühl ohne Rückgriff auf den Nationalismus ermöglichen.

Dies zu vertreten und es auch den nach Deutschland kommenden Migranten zu vermitteln, ist für ein großes Einwanderungsland wie die Bundesrepublik völlig legitim. Man findet keinen Amerikaner, der bereit wäre, gegenüber den Millionen von Latinos darauf zu verzichten, dass amerikanische Verfassungspolitik und das kulturelle Erbe von Shakespeare bis Updike Teil der eigenen Leitkultur sind. Von den «Neuen» erwartet man, dass sie diese absorbieren. Das amerikanische Gemeinwesen ist bisher damit auch ganz erfolgreich gewesen. Dasselbe findet man in anderen Nationen. Insofern fand ich die Forderung von Friedrich Merz nach einer deutschen Leitkultur banal. Aber sie kommt natürlich unter Beschuss, wenn ein Hegemonieanspruch darin stecken sollte.

Nun ist der mit dem eigentlichen Ziel nicht verbunden. Es geht um Integration. Die hat in Deutschland auf verblüffend erfolgreiche Weise stattgefunden: Zwischen 1945 und 2000 kamen 14 Millionen deutscher Flüchtlinge und Vertriebene in diesen schmalen Landstreifen der alten Bundesrepublik. Nur zwei Jahrzehnte vorher hat Hans Grimm noch den Roman «Volk ohne Raum» geschrieben! Seit den 60er Jahren kamen sieben Millionen Ausländer. Auch die wurden, obwohl sie nicht den sprachlichen und kulturellen Hintergrund hatten, den die Vertriebenen mitbrachten, im Grunde genommen oft genug erstaunlich gut integriert.

Heute aber müssen wir uns neuen Problemen stellen und verhindern, dass es in städtischen Problemvierteln zu einer Subkultur kommt. Es gibt auch ein Versagen des Einwanderungslandes, das nicht rechtzeitig gesehen hat: Wir importieren nicht einfach nur Arbeitskräfte. Wenn wir uns nicht mit kostspieligen Programmen um Integration bemühen, kann ein Subproletariat entstehen, das sich in die deutsche Gesellschaft nicht mehr eingliedern will. Der frühzeitige Spracherwerb, der jetzt in einigen Bundesländern gefördert und verlangt wird, ist der erste Schritt. Man muss den Menschen darüber hinaus klar machen, dass ein Land wie die Bundesrepublik nicht auf eine leitende Kultur verzichten kann.

Die kann und darf man nicht auf den Verfassungspatriotismus reduzieren. Es geht um mehr: um die Stellung von Mann und Frau, die Vertrautheit mit dem kulturellen Erbe. Dazu muss man stehen und dafür kämpfen, sich aber nicht beleidigt zurückziehen, wenn Gegenwind kommt. Es gibt ein schönes Wort von Max Weber – eigentlich stammt es von Hegel – «Es werden große Dinge nur geschaffen, wenn sie mit Leidenschaft betrieben werden.»[1]

12. Hitler als historische Figur

Ohne Hitler wäre der Nationalsozialismus aller Wahrscheinlichkeit nach eine autoritär-nationalistische Partei mit diffusen Zielen geblieben, wie es sie vielerorts gab. Allein dank dieser Gestalt konnte er zu einer der verhängnisvollsten Destruktivkräfte des 20. Jahrhunderts aufsteigen. Erst Hitler hat die aberwitzige Konzentration der Zerstörungsimpulse zu bewerkstelligen vermocht, getragen freilich von einer Jahr für Jahr anhaltenden, atemberaubenden Resonanz, Zustimmungs- und Gehorsamsbereitschaft in der deutschen Gesellschaft. In der Erfassung der Wechselwirkung zwischen diesem welthistorischen Individuum und seiner Gesellschaft liegt daher der Schlüssel zu einer rationalen Analyse des Nationalsozialismus und der Bedeutung Hitlers.

Dieser bestürzenden Wechselwirkung wird man mit den allermeisten Versuchen, Hitler als historische Figur zu erfassen, nicht von ferne gerecht. So hat man etwa Hitler aus Pflicht als politischen Großkriminellen charakterisiert, da er der Initiator und Exekutor eines Menschheitsverbrechens war. Ein derartiges Urteil ist zweifellos berechtigt, voller moralischer Empörung auch leicht zu fällen. Doch es verstellt, weil es so plakativ und unstrittig zugleich ist, den Weg zu einer überzeugenden Erklärung von Hitlers Aufstieg und seiner zerstörerischen Macht.

Ebenso hat der Anlauf, Hegels oder Jacob Burckhardts positives Urteil über die große historische Persönlichkeit in das absolut Negative zu wenden, indem Hitler als Inkarnation schlechthin aller bösartigen Tendenzen des Zeitalters hingestellt wird, nicht weitergeführt. Denn die Dämonisierung dieser Unheilsfigur war in der

Regel mit dem Verzicht auf eine befriedigende Erklärung ihrer phänomenalen Aufstiegsgeschichte und diktatorialen Sonderstellung verbunden.

Genauso wenig wird dem Verständnis dieser Figur weitergeholfen, wenn man Hitler als Einbruch des aus Österreich in die angeblich heile deutsche Welt importierten Bösen katexochen stilisiert. Selbst der nüchterne preußische Historiker Otto Hintze, der bedeutendste deutsche Geschichtswissenschaftler in der ersten Hälfte des 20. Jahrhunderts, rätselte gequält daran herum, dass Hitler «eigentlich gar nicht zu unserer Rasse zähle». «Da ist etwas ganz Fremdes an ihm, etwas wie eine ausgestorbene Urrasse, die völlig amoralisch noch geartet ist».

Keineswegs überzeugender ist die Deutung, Hitler und seine Bewegung als entartetes Produkt der modernen Massendemokratie zu verstehen oder in ihm nur die Revolte gegen den Ausgang des verlorenen Ersten Weltkrieges zu sehen. Ein historisch ahnungsloses Phantasiegespinst hat der amerikanische Politologe Daniel Goldhagen in die Welt gesetzt, als er die Hauptantriebskraft des Nationalsozialismus in seinem «eliminatorischen Antisemitismus» entdeckte, der angeblich seit Jahrhunderten in der deutschen Politischen Kultur und in tief verankerten Traditionen gespeichert gewesen sei und nur darauf gewartet habe, dass ihm der Nationalsozialismus die Schleusentore öffnete. Kein einziger sachkundiger Historiker aus gleich welchem Land ist ihm darin gefolgt. Schneller ist in der Geschichtswissenschaft noch nie die für kurze Zeit schillernde Seifenblase einer unfundierten These geplatzt.

Der zentralen Wechselwirkung zwischen Hitler und der deutschen Gesellschaft wird man auch nicht gerecht, wenn man einen naiven intentionalistischen «Hitlerismus» einem strengen strukturanalytischen «Funktionalismus» gegenüberstellt, der den Nationalsozialismus vorrangig aus gesellschaftlichen Konstellationen zu erklären versucht, deren Zwänge Hitler geradezu als «schwachen Diktator» erscheinen lassen.

Zwei zeitweilig geradezu populäre allgemeine Erklärungsversuche sind ebenfalls gescheitert. Die Faschismustheorie hat zwar in der kommunistischen Publizistik und Historiographie, dann dank der 68er-Bewegung die Verbreitung zu einer dogmatischen Interpretationsformel erlebt. Sie ist jedoch im Hinblick auf den Nationalsozialismus und Hitler theoretisch wie empirisch in einer Sackgasse gelandet, aus der sie auch Ernst Noltes Verteidigung nicht hat herausführen können, da sie entscheidende Probleme des historischen Prozesses, wie er in Deutschland bis 1945 verlaufen ist, nicht angemessen zu erfassen, geschweige denn realitätsadäquat zu erklären vermag. Hitler erscheint oft als Büttel der mächtigsten Fraktion der kapitalistischen Gesellschaft, des elitär abgehobenen Monopol- und Finanzkapitals, während seine Persönlichkeit völlig zurücktritt.

Nicht minder umstritten ist die Totalitarismustheorie, die auf die tendenzielle Gleichartigkeit faschistischer und kommunistischer Systeme zielt. Sie besitzt aber zum einen keinen Erklärungswert für die Phase des nationalsozialistischen Aufstiegs, geschweige denn Hitlers, und für die Regimephase erweist sie sich zum anderen als nur begrenzt nützlich. Denn ihre konzeptionelle Starrheit wird der Extrempolitik des NS-Regimes, die etwa im Holocaust und dem Slawenmord zu Tage trat, ebenso wenig gerecht wie seinen internen Wandlungsvorgängen. Die theoretisch und methodisch überzeugendste Lösung des schwierigen Problems, die Wechselwirkung zwischen Hitler und der deutschen Gesellschaft zu erfassen, bietet Max Webers herrschaftssoziologisches Konzept der charismatischen Herrschaft. Es erweist sich als hilfreicher Idealtypus zur Anleitung der Interpretation, wenn es um Hitlers Aufstieg, den Charakter der nationalsozialistischen Massenbewegung, die Natur des NS-Regimes mit seiner Mischung aus führerstaatlicher Monokratie und polykratischen Herrschaftszentren, nicht zuletzt um die Ermöglichung des Vernichtungskrieges bis hin zum Holocaust geht. Die abgehobene Sonderstellung des deutschen Diktators beruhte nicht nur auf seinem Personalcharisma, das ihm als politisches Talent zu eigen war, sondern auch und vor allem auf dem zugeschriebenen Charisma des Wundertäters, des Erlösers, des «zweiten Bismarcks», das ihm aus breiten Segmenten der deutschen Gesellschaft erwartungsvoll angetragen wurde, als sich ihre Hoffnung zur Überwindung der existentiellen Krise zwischen 1918 und 1932 auf einen nationalen Messias und politischen Heiland als Retter aus aller Not richtete. Primär geht es darum, den

Entwicklungsgang und die politischen Fähigkeiten Hitlers zuerst einmal verständlich zu machen, ihn in die Rahmenbedingungen seiner Zeit einzuordnen, aber auch sein persönliches Talent als charismatischer Politiker hervorzuheben. Denn gerade diese Begabung wird von der geläufigen Kritik durchweg unterschätzt, so dass sie sich der Basis von Hitlers Erfolg und Machtposition nicht einmal nähern, geschweige denn sie überzeugend erfassen kann.

Die Herkunft von Webers Charismabegriff aus der zeitgenössischen religionswissenschaftlichen Debatte braucht hier nicht erneut erörtert zu werden. Weber hat jedenfalls dieses Konzept säkularisiert und generalisiert, so dass er ihm in seiner universalhistorischen Typologie der Herrschaftsformen und ihrer Legitimierung einen zentralen Ort zuweisen konnte. Der Charismaträger zeichnet sich bei ihm durch eine als «außeralltäglich geltende Qualität» seines Talents aus, sei es nun religiöser oder politischer, rhetorischer oder militärischer Natur; er gilt als «Träger» geradezu «übernatürlich ... gedachter Gaben» und wird deshalb als «Führer gewertet». Die von ihm ausgeübte Herrschaft beruht auf der bedingungslosen Folgebereitschaft als Konsequenz einer hochgradig «affektuellen Hingabe» an diese auf Grund ihrer Eigenschaften und Leistungen faszinierende Führerpersönlichkeit, die jedem routinierten Rollengeflecht und Normengefüge entrückt ist.

Weber hat in dem Charismatiker sogar die einzige andere «große revolutionäre Macht» außer der Wucht eines fundamentalen technologischen Durchbruchs gesehen, da er die Übermacht traditionalistischer Erstarrung oder bürokratischer Verkrustung aufbrechen und zu einer innovatorischen Bewegungskraft aufsteigen könne. Daher vermöge der Charismatiker im Grenzfall einen evolutionären Sprung herbeizuführen, den historischen Prozess auf ein neues Gleis zu lenken. Nach ihm geht dann die Geschichte seines Wirkungskreises anders weiter, als sie zuvor verlaufen ist.

Wenn man das idealtypische Konstrukt der charismatischen Herrschaft der Analyse zu Grunde legte, kann man von Anfang an gar nicht entschieden genug klarstellen, dass das Ziel keineswegs die in eigenwilliger Terminologie vorgetragene Charakterisierung eines historisch einflussreichen Individuums ist. Vielmehr kann diese Denkfigur am treffendsten mit der Ellipse mit ihren zwei Brennpunkten verglichen werden. Der Charismatiker und seine Gesellschaft, die nach ihm verlangt, ihn trägt, ihn mit ihrer Loyalität bestätigt, stehen – wie immer wieder mit Nachdruck unterstrichen werden muss – in einer unauflöslichen Wechselwirkung. Weder kann der Charismatiker ohne seinen gesellschaftlichen Kontext realistisch beurteilt werden, noch kann das Verhalten der Gesellschaft ohne die Existenz und Einwirkung des Charismatikers angemessen verstanden werden. Mit unmissverständlicher Eindeutigkeit hat daher schon Weber darauf insistiert, dass die charismatische Herrschaft eine «soziale Dauerbeziehung», keineswegs jedoch eine abgehobene Despotie verkörpere. Ein Vorzug des Konzepts, der kaum hoch genug veranschlagt werden kann, besteht mithin darin, dass es von vornherein verspricht, Persönlichkeit und Gesellschaftskonstellation analytisch zu vermitteln, anstatt sie in schlichter Polarisierung einander gegenüberzustellen.

Geht man von diesem herrschaftssoziologischen Deutungsangebot aus, um Hitlers Führerherrschaft erst über die Partei und dann über den Staat zu erfassen, muss man ein gutes halbes Dutzend von Dimensionen im Auge behalten.

1. Die unabdingbare Voraussetzung für den Aufstieg des Charismatikers ist immer eine existenzielle Krise, die alle herkömmlichen Vorstellungen übertrifft. Durch diese «total erschütterte Spannungsbalance seines gesellschaftlichen Feldes hochgetragen» (N. Elias) verspricht der Charismatiker, durch sein außergewöhnliches Handeln, durch «Wunder» im biblischen Sinn, die Situation zu bewältigen. Gelingt ihm tatsächlich die Krisenentschärfung, geht daraus eine objektive, dank seiner persönlichen Bewährung auch eine subjektive Legitimierung des Charismas hervor. «Die Schöpfung einer charismatischen Herrschaft» ist daher «stets das Kind ungewöhnlicher Situationen», sie entspringt einer «aus dem Außerordentlichen geborenen Erwägung».

Aus einem weithin anomisch wirkenden Desintegrationsprozess erwächst daher ein hochspezifisches «Autoritäts- und Abhängigkeitsverhältnis sui generis». Diese charismatische Autorität ist nun keineswegs ein «Zustand amorpher Strukturlosigkeit», die einem einzelnen zeitweilig ungeahnte Handlungschancen eröffnet, sondern «eine ausgeprägte soziale Strukturform mit persönlichen Organen und einem der Mission des Charismatikers angepassten Apparat von Leistungen und Sachgütern». Charismatische Herrschaft ist legitime Herrschaft, nicht etwa nackte Diktatur insofern, als die Gefolgschaft des Machthabers an sein Talent und das Werk, das er zu tun verspricht und tut, inbrünstig glaubt.

Im Kern geht es dem Charismatiker immer um die Lösung überalltäglicher Aufgaben. Der Bewährungszwang ist aber auch seine prinzipielle Handlungsbegrenzung. Wegen dieses Nexus, der zwischen seiner Sonderstellung und der Krisenbewältigung besteht, taucht aber, sobald das Charisma auf längere Zeit nicht mehr durch die Meisterung realer, pressierender Krisen bestätigt wird, die Versuchung zur Erzeugung artifizieller Krisen auf, um das Charisma erneut unter Beweis stellen zu können.

2. Auf der einen Seite muss die gesellschaftliche Disposition für das Verlangen nach einem Charismatiker vorhanden sein, auf der anderen Seite muss er durch seine Leistungen und Fähigkeiten bedingungsloses Vertrauen, ja fanatische Hingabe erst erzeugen. Hat er sich diese Basis verschafft, kann der charismatische Virtuose seine Macht ohne Geltungsschranken und ohne Einschränkung seiner Handlungskompetenz gemäß der biblischen Maxime «Es steht geschrieben, ich aber sage Euch» ausüben. Da er für seine «personifizierte Eigenlegitimation absolute Geltung» beansprucht, kann keine fremde Macht die «charismatisch begründete Souveränität» in Grenzen verweisen. Auf Grund seines Definitionsmonopols, das ihm die verbindliche Wirklichkeitswahrnehmung und die Methoden zur Problemmeisterung festzulegen gestattet, und auf Grund seiner «überrechtlichen Dezisionsmacht» gewinnt er eine letztinstanzliche Entscheidungsgewalt, die es ihm ermöglicht, in dezisionistischem Stil und zutiefst arbiträr gesellschaftliche Normen und Traditionen, konventionelle Umgangsformen und rationale Begründungszwänge außer Kraft zu setzen.

Je mehr er institutionelle Normen aufzuheben vermag, desto intensiver ist die Beziehung zu seiner Anhängerschaft charismatisch geprägt. Der Charakter der Normenverdrängung gibt daher über den Wertehimmel genauer Aufschluss, dem der charismatische Verband folgt. Dabei gehört «die unerschütterliche Überzeugung von der eigenen Gabe, immer die richtigen und erfolgversprechenden Entscheidungen zu treffen, auf andere zu übertragen, zu jenen Bindemitteln, die über alle Rivalitäten und Interessenkonflikte hinweg Einheitlichkeit und Zusammenhalt» stiften. Dieses Talent und diese Überzeugung bilden die eigentliche Substanz des Glaubens an sein Charisma. Dank ihrer kann er seine Anhänger zu einer dynamischen Vorwärtspolitik «bei gleichzeitiger Verdeckung des Risikos und oft schwindelerregenden Aufstiegs» motivieren.

3. Der Geltungsbereich des Charismas erstreckt sich zunächst, ehe es in der Moderne im Rahmen charismatischer Herrschaft den gesamten Staatsverband zu umfassen beansprucht, auf die «charismatische Gemeinschaft der gläubigen Anhänger, die aus Not, Begeisterung, Hoffnung zu einer fanatischen Gefolgschaft mit hoher Emotionalisierung der Handlungsorientierung verschmelzen». Ihr typisches Kennzeichen ist eine auch seit dem frühen Nationalsozialismus vielfach bezeugte «Gesinnungsrevolution», eine psychische Erweckungserfahrung im Sinne der «Metanoia» (der singulären Sinnesänderung in der alt- und neutestamentlichen Tradition). Sie vermag unter dem Einfluss des Charismatikers die überkommene Normenwelt und den bisher verbindlichen Wertekodex aufzuheben, ehe sie durch den neuen Wertekanon des Charismatikers ersetzt werden. Sie ist im Stande, die «zentrale Gesinnungsrichtung» zu verändern und eine «völlige Neuorientierung ... zur Welt überhaupt heraufzuführen». Nicht zuletzt schlägt sie sich auch in einer rational nicht leicht erklärbaren Gehorsamsbereitschaft gegenüber dem neuen Messias als höchste Autorität nieder.

4. Wie alle Herrschaftsverbände bedarf auch die charismatische Herrschaft, zumal der «kontinuierliche Bestand der tatsächlichen Fügsamkeit der Beherrschten» eine ihrer entscheidenden Aufgaben ist, eines Verwaltungsstabes, der aber nicht im Sinn der modernen Bürokratie durch eine straffe Organisation, durch ein kodifiziertes Regelwerk, formal institutionalisierte Konfliktlösungen, formalisierte Entscheidungsprozesse und Aktenführung

charakterisiert ist. Vielmehr bleibt der Charismatiker stets der Herr der Personalpolitik. Deshalb ernennt er auf Grund seines persönlichen Vertrauens, nicht aber einer sachlichen Qualifizierung, alle seine Unterführer, die eine Art von charismatischer Aristokratie verkörpern, doch in ein persönliches Unterwerfungsverhältnis eingebunden werden. Immer bleiben «seine persönliche Ausstrahlung und Macht», seine «individuelle Überlegenheit und deren Einsatz», eine «unentbehrliche Bedingung für das Funktionieren seines Apparates».

Die charismatische Gefolgschaft wird freilich wegen dieser Abhängigkeit von den Gnaden- und Gunstbeweisen ihres Anführers einer fluiden Positionsdynamik unterworfen. Der Zugang zum Machthaber erweist sich auch deshalb als entscheidender «Torhüter-Mechanismus». Da es keine führerunabhängige Kontroll- und Deutungsinstanz, geschweige denn eine normativ verbindlich abstrakte Rechtsordnung mehr gibt, behält die charismatische Gemeinschaft eine «personenvermittelte», da auf persönlicher Loyalität bauende «im Kern okkasionelle Binnenstruktur». Ein solcher Verband verkörpert zahlreiche Widersprüche, denn er ist paradoxerweise gleichzeitig «rigide und lose, autoritär und anarchisch, einheitlich und fragmentiert, zentralisiert und unkoordiniert, personalistisch und indifferent gegenuber institutionalisierten Rationalisierungsansprüchen».

Die charismatisch qualifizierten Stäbe, die zur Durchsetzung des absolute Geltung beanspruchenden Führerwillens und zur «Erzeugung der Unterwerfung» allmählich entstehen, erliegen einem Trend zur Patrimonialisierung insofern, als sie allein zu ausführenden Organen des charismatischen Machthabers werden – strukturell ähnlich den Fürstendienern im «Ganzen Haus» der mittelalterlich-frühneuzeitlichen Monarchen. Gelingt es dann dem Charismatiker, in den Besitz der Staatsgewalt zu kommen, entsteht deshalb ein dauerhaftes Problem, weil die charismatischen und die konventionellen bürokratischen Stäbe eine Doppelhierarchie mit einer spezifischen Konfliktdynamik ausbilden. Im Nationalsozialismus wird das der «Doppelstaat» (E. Fraenkel) sein, mit seiner spannungsreichen Koexistenz von maßnahmeorientierten Parteiorganisationen und kommissarischen Sonder-

behörden einerseits, von normenverpflichteter, gesetzesbasierter staatlicher Verwaltungsbürokratie andererseits.
5. Eine essentielle Voraussetzung für den Aufstieg und die Herrschaft eines charismatischen Machtträgers ist außer der Fundamentalkrise ein soziokultureller Traditionsbestand oder eine politische Kultur, die das Wirken des «großen Mannes» in der Geschichte derartig privilegiert, dass eine hochrangige Option zu Gunsten der «historisch objektiv möglichen» (M. Weber) charismatischen Herrschaft in ihr gespeichert ist. Dazu genügt nicht die Verehrung eines bedeutenden Monarchen wie Friedrich des Großen oder die Erfolgsgeschichte einer Dynastie. Vielmehr muss es tiefer verankerte spezifische Dispositionen geben, wie sie sich auch in Deutschland formiert hatten.

Zur Epoche der «Defensiven Modernisierung» der deutschen Staaten nach 1800 gehörte auch die Bewunderung der Leistungen Napoleons, und mancher Wortführer der frühnationalen Bewegung erhoffte sich einen «deutschen Napoleon», einen «deutschen Heiland», wie Jahn und Arndt ihn nannten, der den Deutschen ihren Nationalstaat schenken werde. Bismarcks Reichsgründungspolitik hat solche Hoffnungen erfüllt, und die ein Vierteljahrhundert lang während charismatische Herrschaft des ersten Kanzlers hat in einer entscheidenden Formierungsphase des jungen Staates, als viele Weichen für die Entwicklung seiner Politischen Kultur gestellt wurden, einen tiefen Einfluss auf die politische Mentalität und Phantasie, auf das Verständnis und den Erwartungshorizont erfolgreicher Politik ausgeübt. Da das «persönliche Regiment» Wilhelms II. scheiterte, konnte er das Vakuum nach 1890 nicht füllen. Die Gloriole, die Hindenburg und Ludendorff zwischen 1914 und 1918 umgab, verblasste, als sich die Niederlage als unabwendbar herausstellte. Doch das «Ersatzkaisertum» Hindenburgs als Präsident der Republik zehrte wiederum von dem zugeschriebenen Charisma, das der ehemalige Feldmarschall trotz des verlorenen Krieges genoss. Insofern bildete er als charismatisch überhöhte Figur ein Bindeglied zwischen Bismarck und Hitler.

In der Weimarer Republik diffundierte jedoch die Erwartung eines aktionsfähigen, nicht nur repräsentierenden Charismatikers in alle sozialen Klassen und Milieus, wobei sie die Gestalt eines wahren Erlösungsglaubens annahm. Ein an die Jahrtausende alte Vorläufertradition anschließender, leidenschaftlich bewegter Diskurs beschwor unentwegt die Befreierfigur eines politischen Messias, der die Demütigung und Wirrsal der Nachkriegszeit überwinden, als ein «zweiter Bismarck» – so der ständige Topos – die Nation in eine helle Zukunft führen werde. Indem er auf die alttestamentliche und exiljüdische Messiastradition, die im okzidentalen kollektiven Gedächtnis präsent war, zurückgriff, hat sich dieser Diskurs im deutschen Sprachraum mit dem Bismarck-Mythos aufgeladen, ehe er in den 1920/30er Jahren eine unerhörte Wirkung gewann.

Insbesondere die akademischen Meinungsführer des Landes überboten sich kraft ihres angemaßten Prophetentums mit einer solchen Diagnose. Der Philosoph Max Scheler fand «eine beispiellose Sehnsucht nach Führung allüberall lebendig», während der evangelische Theologe Paul Wernle die große «Sehnsucht der Zeit ... nach Propheten gehen» sah. An der Spitze der von ihm verklärten Sozialorganisationen des «Bundes» musste nach dem Urteil des Philosophen Hermann Schmalenbach ein charismatischer Führer stehen, denn ein solcher Verband verlange nach «einem Gott, einem Heros, einem Meister».

Die bismarckgläubigen Historiker verlegten sich darauf, diese Erwartung zu präzisieren. Arnold Oskar Meyer wünschte sich einen «wahrhaft gottgegebenen Führer» vom Format eines Bismarcks. Dessen Biograph Erich Marcks erwartete Hilfe nur dann, wenn «solch ein Führer (wie Bismarck) wiederkehrt». Johannes Haller wusste, dass ein neuer Führer wie Bismarck, «den die Nation als ihren Erlöser erkannt hat», «mit der Wunderkraft des Genius» alle Leiden der Zeit heilen werde. Und in der Sprache des Alten Testaments glaubte der Münchner Historiker Karl Alexander v. Müller, der als erster auf einem Schulungskurs in Hitler das rhetorische «Wunderkind» entdeckt hatte, dass «wir ... schreien wie der Hirsch nach Wasser in unserer Not nach einem, der uns führen soll». Allein die Erinnerung an Bismarck nähre die «Hoffnung, dass er eines Tages in unserem Volk von neuem erstehe». Es gehörte doch zum «Erbe der Bismarckzeit», konstatierte er vierzig Jahre später im Rückblick auf die erste Nachkriegszeit, nachdem er im «Dritten Reich» eine denkbar unrühmliche Rolle gespielt hat, dass «vielleicht die meisten Deutschen das Heil von einem großen Einzelnen erwarteten». Die geradezu «hysterische Sehnsucht nach dem starken Mann», sie beobachtete im Januar 1930 auf der linken Seite des politischen Spektrums auch Julius Leber, ein scharfsichtiger Nachwuchspolitiker der SPD, an großen «Schichten des deutschen Volkes» mit resignativer Empörung.

Das Raunen der Germanisten verriet dieselbe Verachtung gegenüber der Leistungsfähigkeit politischer Institutionen, erst recht jenen der Republik. Gustav Roethe wünschte sich den rettenden Genius «als den großen Einzelnen, die echte Geburt deutscher Sehnsucht». An die Barbarossa-Legende anknüpfend, weissagte Hans Naumann: «Es schläft einer irgendwo, der Held und Retter unseres Landes.» Ähnlich sagte der protestantische Theologe Otto Procksch, wie das auch seine völkischen Ideen aufgeschlossenen Fachgenossen Friedrich Gogarten und Paul Althaus taten, siegessicher voraus, «dass der Held kommt, er komme als Prophet oder als König». Die Wortführer elitärer Intellektuellenzirkel wie Stefan George und Friedrich Gundolf kultivierten auf ihre Weise den Heroen- und Führerkult, der auch in der bündischen Jugendbewegung grassierte. Der Verleger Peter Suhrkamp klagte deren «Bereitschaft für jeden, der sie kommandieren will», mit bitterer Kritik an.

Einer der einflussreichsten Soziologen der 1920er Jahre, Othmar Spann, rief nach einem Führer «als Erlöser der Zeit von finsteren Gewalten», dem freilich sein Volk mit einem unbedingten «Gefolgschaftswillen» begegnen müsse. Oswald Spengler, populärer Prophet des untergehenden Abendlandes, traute nur dem plebiszitären Führertum eines neuen «Cäsarismus» die Realisierung des Volksgedankens zu. Auch Hans Zehrer verlangte das «scharfe, aber gerechte Kommandowort eines gerechten aber politischen Propheten, dann werde sich die Nation formieren und … marschieren». «Des Führers Weg muss richtig sein, weil es der Weg der Nation ist.» Kein Wunder, dass Heinrich Claß, der langjährige Vorsitzende des «Alldeutschen Verbandes», den «neuen Bismarck» als «Diktator» kommen sah, «ersehnt von allen Guten im Volk», die «nach so langer führerloser Zeit auf den Führer warten».

Angesichts dieses Konsenses der rechten Intelligenz, aus deren Meinungsspektrum hier nur wenige Stimmen aus einer Unzahl tendenziell gleichlautender Äußerungen herausgegriffen worden sind, kann es nicht überraschen, dass unter den neuen Rechtsradikalen der NSDAP diese Messiassehnsucht genauso wucherte. «Deutschland sehnt sich nach dem Einen», glaubte Goebbels 1924, «wie die Erde im Sommer nach Regen ... Herr, zeige dem deutschen Volk ein Wunder! ... Bismarck, sta up». Und dann, 1925 nach der Lektüre von Hitlers «Mein Kampf»: «Wer ist dieser Mann? Halb Plebejer, halb Gott? Tatsächlich der Christus oder nur der Johannes?» Dieser chiliastischen Nostalgie korrespondierte der «fanatisch-religiöse Einschlag» der «seltsam aufgewühlten Glaubenskraft», die dem marxistischen Philosophen Ernst Bloch damals an den Anhängern des neuen Rechtsradikalismus auffiel.

6. Idealtypisch wird die ökonomische Basis charismatischer Herrschaft nicht aus dem regelmäßig fließenden öffentlichen Finanzaufkommen des modernen Steuerstaats gebildet. Überhaupt ist sie durch eine eigenartige «Wirtschaftsenthobenheit» und indifferente Haltung gegenüber jedem rationalen Wirtschaftshandeln, deshalb aber auch durch eine spezifische Labilität und Krisenanfälligkeit gekennzeichnet. Vielmehr spielt der Sondergewinn aus Raubzügen oder Spenden eine Schlüsselrolle. Für das Hitler-Regime sind die staatlichen Einkünfte selbstverständlich unverzichtbar gewesen. Doch hat etwa die Beschlagnahmung fremden Eigentums und die Erpressung der deutschen Juden einen Milliardengewinn erbracht, noch ehe die gewaltige Beute aus der Annexion Österreichs und der Tschechoslowakei, erst recht aus den Kriegszügen diese Summe bei weitem übertraf, so dass sie zu einer systemstabilisierenden Externalisierung der Belastungen erheblich beitrug.

7. Das Charisma ist sowohl ein hochpersönliches Talent als auch ein Produkt überzeugender Zuschreibung, mithin, vom päpstlichen Amtscharisma abgesehen, nicht übertragbar. Wenn seine

Aura verschwindet, wird auch der Charismatiker zu einem ordinären politischen Akteur degradiert. Die Macht politischer Verbände trägt, gleich wie sie verfasst sind, eine spezifische Dynamik in sich, und zur charismatischen Herrschaft gehört der bedrohliche Veralltäglichungssog, zumal das charismageleitete Verhalten der Gefolgschaft streng situationsgebunden vom Erfolg oder Scheitern abhängig bleibt. Sobald sich das Charisma nicht mehr an echten oder künstlich erzeugten Krisen überzeugend bewähren kann, drängt mit der Erosion seiner Geltungskraft unabwendbar die Nachfolgefrage auf die Tagesordnung. Die Kräfte der Entpersönlichung und Versachlichung, die Macht der Alltagsroutine zerstören den Nimbus des Charismaträgers. Traditionale oder rationale Herrschaftsformen siegen am Ende doch wiederum, immer freilich um den Preis, welcher der einst ihrem charismatischen Machthaber enthusiastisch zustimmenden Gesellschaft aufgebürdet wird. Im Falle Adolf Hitlers erreichte er aberwitzige Dimensionen.

8. Hitler als Galionsfigur charismatischer Herrschaft – das scheint zunächst gravierende Probleme aufzuwerfen. Im Prinzip lenken sie vor allem auf den wichtigen Unterschied zwischen Eigen- und Zuschreibungscharisma hin. An Napoleon und Bismarck ist das Eigencharisma ihres Talents frühzeitig erkannt, dann relativ schnell durch erstaunliche Erfolge gefestigt worden. Hitler dagegen, der sich jahrelang in Wien und München als Asozialer herumgetrieben hatte und seither, um das mindeste zu sagen, als Mensch eine denkbar blasse Figur geblieben ist, da die Politik wortwörtlich sämtliche anderen Dimensionen verschlang, gelangte auch im Weltkrieg nicht über den untersten Rang eines Gefreiten hinaus. Die extrem hohen Offiziersverluste in den Angriffswellen des deutschen Heeres während der Anfangsmonate des Krieges konnten nie wieder wettgemacht werden, lösten aber eine endlose Suche nach Führungsnachwuchs aus. Dennoch ist kein einziger Vorgesetzter Hitlers während der vier langen Kriegsjahre auf den Gedanken gekommen, den fraglos tapferen Gefreiten, der das Eiserne Kreuz Erster Klasse – eine Seltenheit auf seiner Rangstufe – erhielt, für einen Unteroffizierslehrgang vorzuschlagen. Als ebenso anonymer V-Mann bestand er in

München die ersten wirren Nachkriegsmonate. Nichts deutete zu diesem Zeitpunkt auf eine außergewöhnliche Begabung, gleich für welche Tätigkeit des immerhin dreißigjährigen Mannes hin.

Dann jedoch trat Schritt für Schritt Hitlers Eigencharisma, sein genuin politisches Talent zu Tage. Dieses Talent ist vom zugeschriebenen Charisma streng zu unterscheiden, das einem vielversprechenden Individuum von stetig anwachsenden Segmenten seiner Gesellschaft zuerkannt wird. Es führt in eine Sackgasse, wenn man den Status des etablierten Charismatikers völlig auf die Zuschreibung durch eine autoritätssüchtige Gesellschaft zurückführt. Vielmehr ist es, wenn man das Konzept der charismatischen Herrschaft in der Interpretation produktiv anwenden will, unerlässlich, das Eigencharisma, das persönliche Talent des derart ausgezeichneten Individuums, anzuerkennen und nach seinen spezifischen herausragenden Eigenschaften zu suchen. Mit einer naiven Wiederbelebung des romantischen Geniekults hat diese Entscheidung nichts zu tun, auch wenn es manchem schwer fallen mag, einer so düsteren Figur wie Hitler ein solches Personalcharisma zuzubilligen. Trotzdem muss Hitlers Eigencharisma genauso nüchtern charakterisiert werden wie die gesellschaftliche Disposition, einem «zweiten Bismarck» erneut Charisma zuzuschreiben.

13. Reichsführer-SS – Himmler als Schlüsselfigur des «Dritten Reiches»

Am Ende war er der zweitmächtigste Mann des «Dritten Reiches»: Reichsführer der SS und der Waffen-SS mit ihren mehr als einer Million Soldaten, Chef der Deutschen Polizei und des gesamten Lagersystems, Spitzenfigur einer gigantischen Umsiedlungs- und Germanisierungspolitik, Exekutor eines gnadenlosen Terrorsystems auf dem «Inneren Kriegsschauplatz» und bei der Partisanenbekämpfung, endlich sogar Herr des Ersatzheeres der Wehrmacht und der Heeresrüstung, Reichsinnenminister und, makabrer Höhepunkt, Organisator des gesamteuropäischen Judenmords. Wie konnte Heinrich Himmler, den Hitler 1943 Goebbels gegenüber als eine «ganz überragende Persönlichkeit unseres Regimes» lobte, diese «nahezu totale Personalisierung politischer Macht» auf dem Weg zu seiner Zielutopie eines rassereinen «Großgermanischen Reiches» mit «Lebensraum» bis hin zum Ural erreichen?

Im charismatischen Herrschaftssystem Hitlers waren die entscheidenden Machtapparate strikt an den «Führer» gebunden, konnten aber bei der Ausführung ihrer Aufgaben extrem große Handlungsspielräume nutzen. Himmler, dessen geradezu devote Hitlerloyalität bis zur vorletzten Stunde als unerschütterlich galt, berief sich bei seiner Kompetenzenexpansion stets auf die Zauberformel, den «erklärten Willen des Führers» auszuführen. Dabei reagierte er zum einen auf die Dynamik des NS-Systems, trieb sie aber zum anderen selber dank seiner Machtfülle und oft unterschätzten Wirkungserfolge auch selber bis hin zum Holocaust voran. Der beispiellosen Machtakkumulation in einem Apparat, den Himmler streng monokratisch leitete, stand der Eindruck zahlreicher Zeitgenossen gegenüber, dass er als Persönlichkeit unansehnlich, ja geradezu banal wirkte, emotional gehemmt und bindungsgestört – das exakte Gegenteil eines Individuums mit charismatischer Ausstrahlung verkörpernd.

Über diese im Grunde rätselhafte Figur gab es bisher merkwürdigerweise nur einige ältere, von der Forschung längst überholte Studien. Jetzt hat ihr Peter Longerich, einer der profiliertesten deutschen Zeithistoriker, eine empirisch gesättigte, umfangreiche (immerhin 960 Seiten zählende) Analyse gewidmet, die Biographie und Strukturgeschichte zu verbinden anstrebt.[1] Warum ein derart breit ausgewiesener Spitzenwissenschaftler eine Professur an der Universität London statt einen Lehrstuhl in der Bundesrepublik inne hat, gehört zu den unerforschlichen Geheimnissen des deutschen akademischen Betriebs. Jedenfalls ist ihm nach zehnjähriger Vorbereitungszeit und nach seiner imponierenden Gesamtdarstellung der nationalsozialistischen Judenverfolgung («Politik der Vernichtung», 1998) erneut eine Synthese gelungen, die aus dem inzwischen zugänglichen riesigen Quellenmaterial in den Archiven aller Herren Länder und aus der Literatur der gesamten internationalen Forschung alles zusammenfügt, was heute für eine Studie über Himmler greifbar ist, die Befunde aber zugleich einer stringenten Interpretation unterwirft.

Himmler, 1900 geboren, wuchs als kränkelnder Musterschüler in der streng katholischen Familie eines bayrischen Gymnasialdirektors auf. Dort genoss er eine typisch bildungsbürgerliche Jugend ohne jede erkennbare Sonderbedingung, die Aggressivität und Grausamkeit hätte fördern können. Freilich litt er unter seinen Schwächen, blieb verklemmt, in starrer Abhängigkeit von den Eltern befangen, stets bemüht um rigorose Selbstkontrolle. Er gehörte wie viele Nationalsozialisten zur sog. «Kriegsjugendgeneration», die in verblendeter Sehnsucht nach 1914 in den Kampf ziehen wollte, aber nicht zum Einsatz kam.

Bis zum Fahnenjunker schaffte es Himmler noch, gelangte aber nicht mehr an die Front, was er als schweren Makel, als versagte Lebenschance empfand. Sein Leitbild blieb seither die soldatische Existenz als Offizier. Nach der Entlassung aus dem Heer stieß er zum Freikorps Oberland, nahm aber wiederum nicht an der Niederschlagung der Münchner Republik teil. Enttäuscht absolvierte er ein viersemestriges Landwirtschaftsstudium, das er als diplomierter Agrarökonom abschloß. In dieser Zeit gehörte er einer schlagenden Verbindung an, praktizierte noch aktiv seinen katholischen Glauben, wendete sich auch nicht gegen jüdische Studenten, blieb schuchtern, um Verhaltenskontrolle bis hin zu einem gequalten Zölibat bemüht – mit 27 Jahren schlief er zum ersten Mal mit einer Frau, die er unverzüglich heiratete.

Himmlers politische Radikalisierung fällt offensichtlich erst in die Phase zwischen 1922 und 1924. Jetzt bildete sich sein «völkisches Weltbild» mit dem typischen Antisemitismus, Extremnationalismus und Rassismus heraus, ergänzt durch seine germanophile, im «Artamanen-Bund» geförderte Schwärmerei – eine bizarre Fusion von «politischer Utopie, romantischer Traumwelt und Religionsersatz». Er engagierte sich als Agitator für die junge NSDAP und stand 1923 nach dem gescheiterten Putsch Hitlers, dieses «wahrhaft großen Mannes», ohne die Alternative eines bürgerlichen Berufs vor dem Bankrott. Dennoch blieb er, so fiel seine Entscheidung für die Rolle des politischen Aktivisten aus, bei den Rechtsradikalen, wurde 1925 NSDAP-Mitglied, folgte seinem Durchhaltewillen, auch seinem Illusionismus und seiner Selbststilisierung als soldatischer Kämpfer. Einige Jahre förderte Gregor Strasser, einer der prominenten Köpfe des Rechtstotalitarismus, den ehrgeizigen jungen Mann.

Ein «Erweckungserlebnis» mit Hitler, wie es Goebbels 1926 erfuhr, blieb aus. Aber als der strebsame Parteifunktionär als Strassers Stellvertreter und Propagandaleiter in die Münchener Parteizentrale ging, belohnte Hitler 1927 sein lebhaftes Engagement mit der Position des Stellvertretenden Anführers der «Schutzstaffel», der Saalschutz- und Leibwache. Anfang 1929 wurde er sogar zum «Reichsführer-SS» an der Spitze dieser paramilitärischen Formation befördert, die er alsbald als elitäre, rassische Avantgarde der «Hitler-Bewegung», scharf abgegrenzt von den SA-Rabauken, ausbaute. Der Sprung auf diese Spitzenstellung mit 29 Jahren erweist sich im Rückblick als entscheidende Weichenstellung für Himmlers atemberaubende Karriere. Leider sind Hitlers explizite Motive für diese auffällige Förderung nicht genau bekannt.

Seither entpuppte sich Himmler als Paladin mit ausgeprägtem Organisationstalent, mit einem kompromisslos monokratischen Führungsstil, dazu mit der Fähigkeit, vorteilhafte Netzwerke aufzubauen, und unleugbarer Geschicklichkeit in der «Menschenführung», wie es im NS-Jargon hieß. Auch wenn Himmler diese plötzlich zutage tretende Begabung nur für das abgrundtief Böse nutzte, muss man ihre erstaunlichen Auswirkungen sowohl beim Aufbau eines riesigen Machtapparats als auch bei der Ausführung zahlreicher mörderischer Aktionen zuerst einmal nüchtern anerkennen. In hoher Geschwindigkeit baute Himmler zunächst die SS von einer 200, maximal 400 Mann zählenden Einheit bis 1933 zu einem Korps mit 50 000 Mitgliedern aus. Vor allem aber öffnete sich von dieser neuen Position aus die Chance, längst gehegte Ambitionen zu verwirklichen: die politische Religion seiner Weltanschauung, die Befreiung vom Christentum, die Sprengung konventioneller moralischer Bindungen durchzusetzen, die SS als «Sippenorden» zur Parteielite zu erheben, «Lebensraum» im Osten zu erobern, die germanische Welt in einem nordischen, rassereinen Riesenreich wiederzubeleben, «Untermenschen» wie die Juden und Slawen gnadenlos «auszumerzen». Das unverändert Erschreckende dieser

Programmatik bleibt, wie weit Himmler bei dem Anlauf, seine Utopie mit Hunderttausenden von Helfern zu verwirklichen, innerhalb weniger Jahre gekommen ist. Dabei nutzte er, wie gesagt, dynamisierte Entwicklungsprozesse, die der Nationalsozialismus vorantrieb, durchaus geschickt aus, verwirklichte aber auch Schritt für Schritt die eigenen Zielvorgaben.

Während der Röhm-Krise von 1934 als absolut loyaler Exekutor bei der Ermordung der SA-Spitze bewährt, gewann Himmler die Belohnung der Immediatstellung direkt unter Hitler, damit endlich die von der SA abgelöste organisatorische Eigenständigkeit der SS, die 1934 schon 200 000 Männer und 342 000 fördernde Mitglieder zählte. 1936 brachte er es auch bis zum Chef der gesamten deutschen Polizei, deren Gliederungen – einschließlich der wesentlich von Best aufgebauten Gestapo und des von Heydrich geschaffenen Sicherheitsdienstes – er mit der SS zu einem «Staatsschutzkorps» mit der Aufgabe der Generalprävention und totalen Gegnerausschaltung zusammenführen wollte. Zugleich förderte er den systematischen Ausbau des KZ-Systems und der schwer bewaffneten SS-Verbände, die bis 1939 schon 40 000 künftige Waffen-SS-Soldaten zählten. Stützen konnte er sich auf seine rechte Hand, Reinhard Heydrich, als Organisator nicht zuletzt des Massenmordes die Inkarnation der Unmenschlichkeit.

Der Zweite Weltkrieg eröffnete für einen NS-Fanatiker wie Himmler «unerhörte Chancen». An der Spitze der SS und Waffen-SS, als Herr der Konzentrationslager, als informeller Chef der im September 1939 gegründeten Terrorzentrale des Reichssicherheitshauptamtes, als «Reichskommissar für die Festigung Deutschen Volkstums», Betreiber der eingeleiteten «völkischen Neuordnung» und «ethnischen Flurbereinigung» besaß er alle Machtinstrumente zur Verwirklichung jener Ziele, die das Hitler-Regime und Himmler selber erreichen wollten. Dabei trat die erbarmungslose Verfolgung aller Regimegegner, alsbald der Völkermord in Gestalt des Holocaust und der Slawenausrottung in den Vordergrund. Der in Polen bereits erprobte «rassistische Vernichtungskrieg» wurde in großem Stil auf die Sowjetunion übertragen, wo Himmlers Einsatzgruppen und SS-Verbände ihren Millionenmord ausführten.

Als einer der besten Kenner des Holocaust betont Longerich erneut, dass sich nach allen möglichen Plänen, die Juden z. B. in einem ostpolnischen «Reichsghetto» zusammenzuführen oder nach Madagaskar zu verschiffen, die flächendeckende, europaweit ausgeführte nackte Vernichtungspolitik ohne einen expliziten Hitler-Befehl seit Anfang 1941 bis zum Frühjahr 1942 allmählich durchsetzte. Die Mordpraxis resultierte aus stimulierenden «Vorgaben von oben», die aus einer radikal antisemitischen «Weltanschauung» und Hitlers Unterstützung der jeweils radikalsten Maßnahmen stammten, und aus «Initiativen von unten», die von SS-Schergen und anderen deutschen Instanzen ausgingen. Der Massenmord an den Juden aus dem gesamten besetzten Europa blieb für Himmler freilich nur die notwendige Vorstufe für die «judenfreie» rassistische Neuordnung des Ostens bis zum Ural, wobei für die «Flurbereinigung» im neuen Osten des «Großgermanischen Reiches» gemäß Himmlers «Generalsiedlungsplan» der Tod von mehr als 30 Millionen Russen einkalkuliert wurde.

So fürchterlich sich auch Himmlers «Leistungsbilanz» ausnimmt, scheiterte er seit 1943 doch letztlich allenthalben. Den Judenmord musste er nach sechs Millionen Toten ganz so abbrechen wie seine Umsiedlungspolitik, die Waffen-SS versagte ganz so wie Himmler selber in seiner kurzlebigen Funktion als Chef der «Heeresgruppe Weichsel». Trotzdem hielt er dem Regime bis zum Mai 1945 im Inneren den Rücken frei, trotzdem gehörte er mit Goebbels, Bormann und Speer bis zuletzt zu den unnachgiebigen Verfechtern des totalen Krieges.

Seine kläglichen Versuche, mit den Alliierten in allerletzter Stunde zu verhandeln, verrieten die aberwitzige Realitätsblindheit, ausgerechnet er könne als «ehrlicher Vermittler» akzeptiert werden. Als Hitler von diesem ganz unerwarteten «Verrat» erfuhr, verstieß er am 29. April unmittelbar vor seinem Selbstmord in einem Wutanfall Himmler aus allen Ämtern und aus der Partei, ächtete ihn in seinem Politischen Testament. Unter einem kümmerlichen Inkognito als Feldwebel abgetaucht, geriet Himmler in Norddeutschland in englische Gefangenschaft, in der er, als seine Identität zutage getreten war, mit einer Zyankalikapsel am 23. Mai seinem Leben ein Ende setzte.

Himmler war zu diesem Zeitpunkt nur 44 Jahre alt, hatte aber in den vergangenen 15 Jahren eine faszinierende Karriere durchlaufen. Seine eigentliche Stärke lag in der Fähigkeit, urteilt Longerich, Ideologie und Machtpolitik, die Gunst der Umstände nutzend und seinem grenzenlosen Ehrgeiz folgend, während einer beispiellosen Machtakkumulation zu verbinden, die ihn in der NS-Hierarchie unmittelbar hinter Hitler führte. Ohne ihn wäre, das wird man ohne unangemessene Personalisierung und trotz aller strukturgeschichtlich begünstigenden Bedingungen sagen können, der Komplex seiner Herrschafts- und Terrororganisationen ebenso wenig zustande gekommen wie der Holocaust in seiner realhistorischen Form. Und selbst der Judenmord sollte ja nur eine der Voraussetzungen für die blutige «Neuordnung» Europas unter der Hegemonie des anvisierten «Großgermanischen Reiches» bis zum Ural bilden. Diese unleugbare Spitzenrolle Himmlers und das Ausmaß seiner «Erfolge» während der Realisierung seiner Zielutopie machen ihn zu einer noch immer furchterregenden Schlüsselfigur des «Dritten Reiches», die unmittelbar neben dem charismatischen «Führer» als Vollstrecker seines Willens steht.

14. Gab es von 1914 bis 1945 einen «europäischen Bürgerkrieg»?

Der Begriff des «europäischen Bürgerkriegs» ist von zeitgenössischen Kommentatoren seit dem Beginn des Ersten Weltkriegs, insbesondere dann in der Zwischenkriegszeit von 1918 bis 1939 verwendet worden. Der Maler Franz Marc etwa benutzte ihn bereits 1915 vor Verdun, gefolgt von Ernst Jünger, Karl Löwith und anderen, die dem Großen Krieg, den Revolutionen und Konflikten seither den Sinn eines engen historischen Zusammenhangs abgewinnen wollten. Dafür schien ihnen die bitterste Form der Gewaltausübung in der Gestalt des Bürgerkriegs als Synthesekonzept am ehesten geeignet zu sein. Der Berliner Historiker Ernst Nolte hat dann 1987 einem seiner umstrittensten Bücher den Titel «Der Europäische Bürgerkrieg» gegeben, zielte aber im Grunde auf das geschichtsphilosophisch überhöhte Duell zwischen Bolschewismus und Nationalsozialismus, wobei die russischen Kommunisten (und ihre Gesinnungsgenossen in anderen Ländern) als Initiatoren totalitärer Verderbnis, das «Dritte Reich» als Verkörperung krass geratener Reaktion stilisiert wurde. Gegen diese «zweifelhafte Weise» der Begriffsverengung wendet sich jetzt Enzo Traverso, ein italienischer Altlinker, inzwischen Politikwissenschaftler an einer französischen Universität, vor allem aber breit ausgewiesener Kenner jener Epoche, die wir zunehmend als den «Zweiten Dreißigjährigen Krieg» von 1914 bis 1945 bezeichnen.[1] Ihm geht es nicht um das Konstrukt des Nolteschen Säkularkonflikts, vielmehr um die gemeineuropäische Kultivierung und Praktizierung von kriegerischer Gewalt. Den Aufstieg des Gewaltkults verfolgt er nicht nur an den beiden Weltkriegen mit ihrer explosiven Gewaltsteigerung, sondern auch an der Literatur und den Künsten bis hin zum Film. Auf diese Weise präsentiert er ein durch seine Sachkunde oft überzeugendes, rundum deprimierendes Panorama des Umgangs mit Gewalt, deren Exzesse genauso analysiert werden wie ihre Funktion als «Geburtshelferin» der Geschichte.

Die streng analytisch, keineswegs narrativ angelegte Darstellung zerfällt in zwei Blöcke, deren Teile ihnen nicht immer stringent zugeordnet worden sind. Im ersten großen Kapitel geht es um die «Schritte zur Tat», worunter Traverso etwa «heiße» und «kalte» Formen der Gewalt, Diktaturen, Krieg gegen Zivilisten und Gericht über den Feind versteht. Im zweiten Kapitel beschreibt er sogenannte «Kriegskulturen», zu denen er Konfliktexplosionen, nationalistische Fieberanfälle, den Nexus von Gewalt und Angst, ethische Dilemmata, aber auch Widersprüche des Antifaschismus, des Stalinismus, der Reaktion auf den Holocaust rechnet. Das wird häufig überzeugend entwickelt, auf eine eindrucksvolle Kenntnis der Forschung gestützt, wobei dem deutschen Leser die hierzulande oft vernachlässigte französische und italienische Literatur nahegebracht wird.

Doch mit der Erklärung seines Hauptphänomens tut sich der Autor zu oft schwer. Kann man überhaupt die Abfolge von Kriegen und Revolutionen, die von Europa über Amerika, Russland und China bis Ostasien reichten, mithin einen globalgeschichtlichen Analyseansatz verlangen, noch immer in den engen Rahmen eines «europäischen Bürgerkriegs» spannen? Hat den Politikwissenschaftler Traverso die lebhafte Historikerdebatte über transnationale Probleme und Globalisierungsgeschichte nicht rechtzeitig erreicht? Darf man überhaupt bei dem neuen Dreißigjährigen Krieg von einem Zyklus sprechen, weil sich an dessen Ende der Erste Weltkrieg mit einem Zweiten Weltkrieg gewissermaßen zu wiederholen scheint, doch mit dem Vernichtungskrieg im Osten und mit dem Holocaust über die Greuel des ersten großen Krieges weit hinausgeht? Statt von einem Zyklus zu sprechen, wie das bei wirtschaftlichen Konjunkturverläufen angebracht ist, wird doch der innere Zusammenhang vom Begriff des zweiten Dreißigjährigen Krieges überzeugender erfasst.

Kurzum: Die Russische Revolution und die siebzigjährige Herrschaft der Bolschewisten sind, streng genommen, keine europäischen Phänomene, die zweimal kriegsentscheidende Intervention der Vereinigten Staaten greift von der Peripherie her in das europäische Staatensystem ein, der japanische Imperialismus und die chinesische Revolution, die in den Zusammenhang der Epoche unbedingt hineingehören, liegen weitab von Europa. All diese geschichtsmächtigen Phänomene fügen sich nicht in die Konzeption eines europäischen Bürgerkriegs. Bei zentralen Problemen der Erklärung der Gewaltsteigerung kommt die fundamentale Prägung durch den Ersten Weltkrieg, den Sozialdarwinismus in seiner Hitlerschen Variante, die Brutalisierung der bolschewistischen Herrschaftspraxis und so weiter, viel zu kurz.

Ein kompetenter Lektor hätte überdies wegen ärgerlicher Fehler mehrfach entschieden eingreifen müssen. Zum Beispiel kann Preußen nicht mit dem «Pangermanismus» gleichgesetzt werden; die Hunderttausende von Freikorpskämpfern sind nicht durch das Versprechen von Siedlungsland im Baltikum angelockt worden, und Max Weber hat den Charismabegriff nicht aus seiner angeblich vorhandenen Bonapartismuslehre abgeleitet.

III.

15. Literarische Erzählung oder kritische Analyse? Ein Duell in der gegenwärtigen Geschichtswissenschaft

Seit dem Ende der 1970er Jahre läuft eine lebhafte Grundsatzkontroverse über die Vorrangigkeit der Erzählung beim Schreiben der Geschichte, denn sie soll generell an die Stelle des angeblich anachronistischen analytischen Verfahrens treten. Diese neue Strömung stammt aus dem Widerstand gegen die Quantifizierungswut von Neuzeithistorikern aus der französischen «Annales»-Schule und aus dem Kreis der amerikanischen «Cliometriker», überhaupt gegen die Bevorzugung statistischer Verfahren wie z. B. in der Historischen Demographie und Wirtschaftsgeschichte. Sie richtet sich aber auch gegen eine Sozial- und Wirtschaftsgeschichte, welche die Geschichtsmächtigkeit von Strukturen und Prozessen anstelle von individuellen Akteuren in den Mittelpunkt stellt, zum Teil auch gegen einen starren Marxismus mit seinen dogmatischen Denkfiguren, wie er z. B. längere Zeit in Frankreich, England und Italien erheblichen historiographischen Einfluss besaß.

Der Tenor der Kritik läuft, kurz gesagt, darauf hinaus, dass diese Ansätze das Lebensschicksal der Individuen verfehlen, kulturellen Prägekräften nicht gerecht werden, auch die Vormacht der Sprache fatal unterschätzen. Denn für nicht wenige Adepten der neuen Strömung war, pointiert gesagt, die Welt ein einziger Text, der sprachanalytisch entziffert werden müsse. Dieser Kritik entsprang die Forderung, sich von den bisherigen Ideenspendern in der Soziologie und Ökonomie, der Demographie und Statistik, erst recht von der marxistischen Theorie vollständig abzuwenden, dagegen hinzuwenden zur deskriptiven Erzählung individueller Lebensschicksale. An die Stelle der Frage nach dem «Warum» sollte die Frage nach dem «Wie» treten: an die Stelle mithin der Suche nach Erklärung die möglichst genaue Beschreibung. Da sich in dieser Debatte Repräsentanten denkbar unterschiedlicher Konzeptionen von Geschichtswissenschaft gegenüberstanden, wurde die Polemik mit großer Heftigkeit ausgetragen. Auf der einen Seite standen die Vertreter einer dogmatischen, oft mit missionarischem Eifer vorgetragenen Lehre von der Sprachgewalt und Kultur. Auf der anderen Seite sammelten sich die Anhänger eines selbstbewussten Rationalismus, der seine Kontrahenten nicht selten mit arrogant wirkender Sicherheit in die Schranken wies.

Diese Kritik wurde durch Entwicklungen außerhalb der eigentlichen Geschichtswissenschaft maßgeblich unterstützt.

1. Die sog. «Linguistische Wende», die von der sprachanalytischen Philosophie inauguriert wurde, ging von der absoluten Vormacht der Sprache aus. Die Welt sei, hieß es, nur geronnener Text, der dechiffriert werden müsse. Diese Anschauung machte vor allem an den amerikanischen Universitäten Furore, da dort eine starke positivistische Tradition aufgebrochen wurde. Der «Linguistic Turn» breitete sich daher vor allem dort aus und griff dann, zumal nicht wenige Anstöße aus Frankreich stammten, mit dem Anspruch einer allein selig machenden Lehre, zumindest eines entscheidenden theoretischen Wendepunkts, auf Europa über.

2. Hinzu kam der Einfluss der Literaturwissenschaft und der auf sie zurückgreifenden Köpfe, wie etwa Hayden Whites, welche die Geschichtswissenschaft als eine literarische Gattung unter anderen im Grunde der Literatur zuordneten, ihr damit aber einen genuin wissenschaftlichen Charakter absprachen.

3. Schließlich stieg auch der Einfluss der Kulturanthropologie, die den Einfluss der Sozialwissenschaften zu verdrängen begann, da sie sich angeblich «weicher» und verständnisvoller um das Lebensschicksal von Individuen und ihr kulturelles Ambiente kümmerte. Der Zauberformel von Clifford Geertz, des prominenten amerikanischen Kulturanthropologen, die «Thick Description» zu kultivieren, könne man, hieß es, am ehesten mit literarischer Erzählkunst gerecht werden (sofern man sie denn beherrschte).

Die Kontroverse, die seit den späten 70er Jahren zwischen den Protagonisten der kulturgeschichtlich orientierten Narrativität und den Verfechtern einer analytisch orientierten Geschichtswissenschaft entstand, war aber keineswegs so brandneu, wie mancher glauben machen wollte. Vielmehr lohnt es sich, sie zu historisieren, denn sie setzte im Grunde eine langjährige Debatte, die bereits um 1900 einen auch jetzt nur selten übertroffenen Höhepunkt mit der Debatte der Max Weber, Ernst Troeltsch, Georg Simmel u. a. erreicht hatte, unter veränderten Auspizien fort.

In Deutschland hatte etwa Leopold v. Ranke, ein Jahrhundert lang der nicht in Frage gestellte Guru der deutschen Geschichtsschreibung, an die Tradition angeknüpft, dass die Geschichtsschreibung zu den «Artes liberales», zu den liberalen Künsten, im Grunde zur Rhetorik gehöre. Allerdings sollte sie sich durch intensive empirische Quellenstudien wissenschaftlich fundieren, vor allem von der spekulativen Philosophie – gemeint war damals der übermächtige Hegel – und von der Aufklärungshistorie der Göttinger Schule, welche die Vergangenheit am Maßstab der aufgeklärten Vernunft zu messen bestrebt war, klar unterscheiden. Da Ranke selber durchaus eine schriftstellerische Fähigkeit besaß, gelang es ihm, Geschichte als Erzählung auf wissenschaftlich-empirischer Basis zu präsentieren, mithin als Zweig der Literatur erscheinen zu lassen. Abends las man sich in bildungsbürgerlichen Familien aus Rankes Werken vor, die zur literarischen Gattung gerechnet wurden.

Auch Wilhelm v. Humboldt verlangte in seinem berühmten Essay über die «Aufgabe des Geschichtsschreibers», dass der Historiker ein kritisches Quellenstudium, wie es von den großen Philologen seit dem 18. Jahrhundert entwickelt worden war, mit künstlerischer Darstellung verbinden müsse, um seine Leser zu erreichen, sie für die Erzählung gefangen zu nehmen.

Der klügste theoretische Kopf der deutschen Geschichtswissenschaft im 19. Jahrhundert, Johann Gustav Droysen, hat die Fusion in seiner «Historik» verteidigt, als er etwa die Überlegenheit des hermeneutischen Verfahrens gegen den Szientismus des positivistischen englischen Historikers Thomas Buckle verteidigte. Hermeneutik – das wurde der Kunstbegriff, der die Verstehenslehre des Historismus meinte. Diese Lehre ging aus der philologischen Feinarbeit von Gelehrten, der Seelenerforschung des Pietismus und aus der Abwehr des Anspruchs der Aufklärung hervor, alles am Maßstab einer einzigen, streng rational verstandenen Vernunft messen zu können. Politisch war die Hermeneutik daher ein antiaufklärerischer Protest, der das historisch Gewachsene durch Verstehen vor der vermeintlichen Nivellierung durch das Vernunftdenken retten wollte, wie es in den Augen seiner Verfechter insbesondere von der Französischen Revolution vertreten wurde. Friedrich Meinecke hat den Historismus eine «geistige Revolution» der deutschen Wissenschaftswelt genannt, doch ideenpolitisch war er eine antirevolutionäre Bewegung, die durch das Verstehen die Vergangenheit auch aufwerten wollte. Um Wirkung zu erzielen, galt eine literarische Form als angemessen.

Dagegen behauptete der Positivismus, ob nun englischer oder vor allem französischer Herkunft, die Geschichtsschreibung könne und müsse zu einer Wissenschaft vom Typus der Naturwissenschaften werden und in ihrem Sinn allgemeine Gesetzmäßigkeiten des gesellschaftlichen Lebens herausarbeiten. Dieser Ansatz sträubte sich, in Literatur übersetzt zu werden, er verlangte vielmehr analytische Verfahren.

Dagegen wehrte sich auch der einflussreiche deutsche Geschichtsphilosoph Wilhelm Dilthey, als er die Geschichtswissenschaft den von ihm erfundenen «Geisteswissenschaften» zuwies, die mit Hilfe des hermeneutischen Verfahrens die Bedeutung menschlicher Handlungen zu verstehen suchten. Für Dilthey glich die Vergangenheit einem riesigen Text aus Spuren und Zeichen, die vom Historiker entziffert werden mussten, ehe er in kunstvolle Literatur übersetzt wurde. Versuchte sich aber Dilthey selber als praktizierender Historiker, etwa an einer Deutung des preußischen «Allgemeinen Landrechts», operierte er freilich nicht als Literat, sondern als analytischer Historiker im üblichen Universitätsdeutsch.

Die rasch voranschreitende Professionalisierung der Historiker in Europa und Nordamerika führte dazu, dass sie sich in eigenen Universitätsinstituten, mit eigenen Fachzeitschriften und in Gelehrtengesellschaften organisierten. Zusehends schrieben sie primär für ihre urteilsfähigen Zunftgenossen, nicht mehr dagegen für ein allgemeines, vorwiegend bildungsbürgerliches Publikum, das Ranke und Humboldt, Droysen und Dilthey noch vorrangig vor Augen stand, das sie auch gefunden hatten. Die Sprache verwandelte sich in ein spezialisiertes Kommunikationsmittel für den Verkehr zwischen Zunftgenossen; sie verlor zunehmend ihren Charakter als ein allgemeines Medium, in dem die Historiker ihre Ergebnisse dem lesenden Publikum präsentiert hatten.

Währenddessen wuchs zum einen ihre Kritik an der – auch schwer erreichbaren – literarischen Darstellungsform, an einer metaphernreichen Sprache und geschliffenen Rhetorik, da damit die streng wissenschaftliche Kommunikation beschädigt werde. Zum anderen beharrten die Historiker aber durchweg gegenüber dem szientifischen Anspruch der positivistischen Soziologie darauf, dass die Geschichtsschreibung im Idealfall durchaus gelungene Literatur sein müsse. Die Wirklichkeit dementierte diesen Wunsch, denn die Fachsprache wurde immer strenger, sachbezogener, begriffsreicher, damit aber auch abstrakter, hölzerner, trockener, jedenfalls unliterarisch. Das erzeugte ein eigentümliches Spannungsverhältnis zwischen der alltäglichen Praxis der Historikerzunft, die dem damals wirksamen Anspruch auf strenge Wissenschaftlichkeit gar nicht ausweichen konnte, und ihrem proklamierten Wunsch, doch weiterhin als literarische Kunst angesehen zu werden.

Auf diesen Wunsch verzichteten die modernen Sozial- und Wirtschaftswissenschaften seit der zweiten Hälfte des 19. Jahrhunderts ganz und gar. Typisch dafür ist etwa die auf rein begriffliche Klarheit ausgerichtete, menschenfeindliche Prosa Max Webers, der als große Ausnahme für seine «verstehende Soziologie» die Hermeneutik der Geisteswissenschaften für ganz unverzichtbar hielt. Aber krasser als dieser bedeutendste deutsche Sozialwissenschaftler des 19. und 20. Jahrhunderts konnte man das Ideal der literarischen Kunst nicht verletzen.

Die professionelle Fachsprache hat im 20. Jahrhundert ihren Siegeszug mit großen Schritten fortgesetzt, diente sie doch als erlernbare Abkürzung für Eingeweihte. Friedrich Meinecke und Alphons Dopsch, Heinrich Ritter v. Srbik und Otto Hintze, der bedeutendste deutsche Historiker in der ersten Hälfte des 20. Jahrhunderts, schrieben zwar ein klares Deutsch, ohne doch den begehrten literarischen Spitzenrang zu erreichen oder auch nur anzustreben. Außerhalb Deutschlands haben die positivistische Tradition in den Vereinigten Staaten und der Historische Materialismus in Frankreich den szientifischen, unliterarischen Charakter der Geschichtswissenschaft ganz so betont, wie er in der Praxis der allermeisten deutschsprachigen Historiker zu Tage trat.

Nach dem Zweiten Weltkrieg setzte ein neuer antinarrativer Schub ein, da quantifizierende, statistische Verfahren seither zunehmend groß geschrieben wurden, nicht selten den Primat beanspruchten. Dahinter steckte der durchaus positivistische Anspruch, auf diese Weise die begehrten allgemeinen Gesetzmäßigkeiten entdecken, sie endlich auch erklären zu können. Von erzählter Literatur war da nirgendwo mehr die Rede. Schon mit einem klaren, geschmeidigen Englisch oder Deutsch hatten die Quantifizierer zu ringen. Von den englischen Historikern etwa schrieb nur E. P. Thompson ein wahrhaft poetisch schönes Englisch.

Wo und wie trat dieser Anspruch zu Tage?

1. In der außerordentlich einflussreichen Schule um die französische Zeitschrift «Annales», die an der Pariser «École des Hautes Études en Sciences Sociales» von ihrem Papst, Fernand Braudel, mit Hilfe seiner schließlich 600 Mitarbeiter herausgegeben wurde. Mit der Spitze gegen die in der Tat traditionalistisch erstarrte französische Politikgeschichte sollte eine möglichst konsequent quantifizierende, primär wirtschaftsgeschichtlich orientierte Geschichte vor allem der Frühen Neuzeit geschrieben werden; über die ominöse Schwelle von 1789 wagte sich eigentlich keiner hinaus. Zwar öffnete sich die «Annales»-Schule seit den 1960er Jahren immerfort neuen Wissenschaften, sei es der Psychoanalyse oder sei es der Kulturanthropologie, mit einem geradezu unersättlichen Eklektizismus. Aber im Kern pflegte sie doch vor allem eine statistisch betonierte, «kalte» Wirtschaftsgeschichte, deren Grenzen im Laufe der Zeit freilich immer deutlicher zu Tage traten, so dass schließlich der Ruf nach den Akteuren: den erfolgreichen oder scheiternden Individuen, immer lauter wurde.

2. Die Historische Demographie erlebte damals einen ungeahnten Aufschwung und erzielte ihre bahnbrechenden Ergebnisse mit Hilfe aufwendiger statistischer Verfahren. Das trifft sowohl auf die englische Forschungsgruppe um Peter Laslett und Edward Wrigley als auch auf die amerikanischen Experten wie Stephen Thernstrom, John Knodel und Steve Hochstadt zu, in Österreich auf Josef Ehmer. Ohne den Computer hätten sich die Abermil-

lionen von gesammelten Informationen gar nicht bändigen und zu einer Synthese zusammenfassen lassen. Wenn Thernstrom z. B. jene Hunderttausende erfasste, die seit dem späten 19. Jahrhundert alljährlich von Boston aufgesogen und zum großen Teil wieder ausgespieen wurden, ging das nur mit Hilfe streng quantifizierender Verfahren. Auch in der so erfolgreichen Historischen Demographie trat mit einer gewissen Notwendigkeit das Individuum hinter den Zahlenbergen völlig zurück, da es stets um massenhafte Bewegungen ging.

3. In den USA breitete sich seit den späten 50er Jahren die Schule der «Cliometriker», welche die neoklassische ökonomische Theorie, Statistik und Wirtschaftsgeschichte zu verbinden strebten, wie ein Steppenfeuer aus. Dabei wurden mit einem beispiellosen Aufwand Abermillionen von Daten gesammelt, um – oft von kontrafaktischen Fragen angeleitet – Probleme zu klären: Was wäre z. B. aus der Sklavenwirtschaft der Südstaaten ohne den Bürgerkrieg geworden? (Ein lukratives Unternehmen, das keineswegs dem Verfall entgegenging!) Wie hätte sich das amerikanische Verkehrssystem ohne den Eisenbahnbau entwickelt? (Es wären mehr Kanäle und befestigte Straßen gebaut, das Auto früher entwickelt worden.) Viele Ergebnisse blieben strittig. So führte erst das ehrgeizige «Empire-Building» der großen Unternehmer, welche die transkontinentalen Eisenbahnen von der Ost- bis an die Westküste bauten, zu jenen gewaltigen Investitionen, die dafür unabdingbar waren, während man sich das bei einigen Kanälen und Schnellstraßen (durch die Rocky Mountains?) nicht ohne weiteres vorstellen kann. Erneut trat jedenfalls der individuelle Akteur hinter großen Schubkräften zurück. Die Zwangsjacke der neoklassischen Theorie versperrte den Zugang zur sozialen Welt, den Max Webers Sozialökonomik hatte öffnen wollen. Viele Projekte scheiterten oder führten nach einem riesigen Aufwand zu schlechterdings banalen Ergebnissen.

Allmählich provozierte daher auch der Erfolg der «Cliometriker» den Gegenschlag: eine tiefe Enttäuschung, was ihre hochmütigen Ansprüche anging, allerdings auch ein Verkennen der zum Teil respektablen Leistungen. Insofern erweist sich als ein erhebliches Manko, dass die deutschsprachige Wirtschaftsgeschichte jener Jahre nur extrem wenige Beispiele cliometrischer Studien hervorgebracht hat. Fast alle lenken auf den Schülerkreis von Richard Tilly zurück, der, aus dem wissenschaftlich berühmten Tilly-Clan stammend, eins der seltenen Beispiele für einen «Brain-Drain» in umgekehrter Richtung: aus den USA nach Deutschland, verkörpert.

4. Auch in der neuen Sozial- und Wirtschaftsgeschichte drangen quantifizierende Ansätze vor, nicht nur bei den «Cliometrikern» oder in der amerikanischen «New Social History», sondern auch in England und Frankreich, während man in Deutschland, Österreich und der Schweiz von einem vergleichbaren Siegeszug überhaupt nicht sprechen kann. Knappe statistische Tabellen wurden zwar zur Illustration herangezogen, aber die Texte folgten überwiegend dem bewährten hermeneutischen Verfahren. Das kann man etwa an den Studien von Werner Conze und Gerhard A. Ritter, Jürgen Kocka und Klaus Tenfelde ablesen. Nur Hartmut Kaelble betrieb zeitweilig seine streng quantifizierende Mobilitätsforschung, und der bedeutendste österreichische Historiker, Michael Mitterauer, kam bei seinen sozialgeschichtlichen Analysen nicht um das Hilfs- und Beweismittel der quantifizierenden Datenerfassung herum, ergab sich aber mit seinen Mitarbeitern nie dem Irrglauben an die allein selig machende Kraft positivistischer Quantifizierung.

5. Unabhängig von diesem leicht feststellbaren «State of the Art» gab es trotzdem das Schreckgespenst einer angeblich objektivistischen Sozial- und Wirtschaftsgeschichte. Es entsprang weit eher als einem Quantifizierungstrauma der in der Tat entschiedenen Betonung von mächtigen Strukturen und Prozessen, die als restriktive Bedingungen menschlichen Handelns den Vorrang vor den individuellen Akteuren eingeräumt bekamen. Diese Privilegierung fand sich in den meisten Studien etwa zur Klassengeschichte, zur Familiengeschichte, zur Bevölkerungsgeschichte, zur Industrialisierungsgeschichte. Dafür gab es vorzügliche Gründe, da man mächtigen Antriebs- und Beharrungskräften nur so gerecht werden kann.

Mir scheint, dass es aber auch generations- und lebensgeschichtliche Gründe gab, dass sich die Sozial- und Wirtschaftshistoriker nicht zu Anhängern des heraufziehenden Individualisierungs- und Pluralisierungskults mauserten. Diese Gründe lenken auf ihre Erfahrungen in der Kriegs- und Nachkriegszeit hin, als sie die dominante Kraft überindividueller Bedingungen selber erfahren hatten. Das schützte vor einer Überschätzung individueller Akteure, brachte aber auch die Gefahr mit sich, den Handlungsspielraum und die Gestaltungsmöglichkeiten Einzelner drastisch zu unterschätzen.

6. Und schließlich hatte sich in der französischen und italienischen Geschichtsschreibung, zum guten Teil auch in der englischen Sozialgeschichte, ein Marxismus entfaltet, der nicht selten starre Züge gewann, mithin keineswegs immer die erstaunliche Elastizität der Argumente von Eric Hobsbawm und E. P. Thompson besaß. Deshalb wirkte er auf Jüngere zunehmend als starres Prokrustesbett, zumal im Angesicht des totalitären Sowjetmarxismus die politische Anziehungskraft dieser Heilslehre drastisch nachließ. Die Niederschlagung des Ungarn-Aufstands 1956, des Prager Frühlings 1968, der ersten Solidaritäts-Bewegung in Polen führte auch bei den lange Zeit politisch Gläubigen zu einer Entzauberung des verstaatlichten Marxismus. Mit E. P. Thompson traten auch wichtige andere Figuren des britischen Marxismus, namentlich der berühmten «Cambridge Group of Communist Historians», aus der englischen KP aus. Es dauerte nicht lange, bis die unter neomarxistischem Vorzeichen gegründete, zu Recht viel gepriesene Zeitschrift «Past & Present» ihren ursprünglichen Untertitel «A Journal of Scientific History» aufgab, da mit «Scientific» der Wissenschaftsanspruch des Marxismus gemeint war. Bei E. P. Thompson – und nicht nur bei ihm – führte die Abwendung von der politischen Religion seiner Jugend zu einer pointiert kritischen Distanz.

Ähnliche Erosionserscheinungen traten unter den Anhängern des Marxismus in Frankreich auf, wo sich zahlreiche junge Intellektuelle, auch nachmals berühmte Historiker, wegen der Kollaboration des Vichy-Regimes mit dem «Dritten Reich» ursprünglich der KPF angeschlossen hatten. Derselbe Prozess spielte sich auch in Italien ab, als der Mythos und Glanz der kommunistischen «Resistenza» verblassten und der russische Stalinismus zunehmend abschreckend wirkte. Trotz dieser internen Auflösungserscheinungen gehörte es zu den Nachwirkungen der marxistischen Dogmenlehre, dass sie die Aversion gegen diese szientifische Geschichtsschreibung verstärkte.

Die konservative Zunftopposition gebrauchte gern den Vorwurf des Neomarxismus gegen die vordringende Sozialgeschichte, um sie nachhaltig zu diskreditieren. Dabei gab es in der Bundesrepublik nicht einen einzigen marxistischen Historiker, was nicht ausschloss, dass wir in Bielefeld mit unserem Schwerpunkt «Theoriegeleitete Sozialgeschichte», einen Hauch links von der Mitte, als Speerspitze des Kulturbolschewismus galten, obwohl von 24 Hochschullehrern gerade einmal drei einer so milden Reformpartei wie der SPD angehörten.

In Frankreich, England und Italien war der Einfluss des Marxismus bekanntlich ungleich stärker, wirkte aber auch zunehmend einengend. Jedenfalls verstärkte dort die Opposition gegen ihn die aufkommende Ablehnung gegen eine strukturalistische Interpretation in der Geschichtswissenschaft.

Dieses Bündel von Einflussfaktoren erwies sich allmählich als stark genug, um eine prinzipielle, teils durchaus berechtigte, teils maßlos übertriebene Opposition gegen das Denken in mächtigen Strukturen und Prozessen hervorzubringen – eine Strömung, die nun dezidiert auf die Privilegierung individueller Akteure, des individuellen Lebensschicksals, der individuellen Handlungschancen setzte. Anstelle der Soziologie, der Politikwissenschaft, der Ökonomie wurde die Kulturanthropologie als neue Leitwissenschaft eingesetzt, da sie mit «weicheren» Methoden dem Individualisierungswunsch weitaus besser gerecht zu werden schien. Daneben stiegen die Literaturwissenschaft und die Sprachphilosophie zu den neuen Ideen- und Methodenspendern auf. Manche glaubten, das hermeneutische Plädoyer Hans Georg Gadamers und Paul Ricoeurs habe auch die analytisch orientierte Geschichtswissenschaft unterminiert. Aber deren Einfluss hat zum Beispiel die deutsche Sozialgeschichte keineswegs umgepflügt. Denn sie hatte ja nie auf den hermeneutischen Ansatz verzichtet und erkenntnistheoretisch ganz auf der Linie Max Webers und der Neukantianer die historische, nach den Zeitumständen wechselnde Prägung ihrer erkenntnisleitenden Interessen bereitwillig anerkannt und offen dargelegt.

Die neue Kritik griff aber auch auf den linguistischen Sturkturalismus in Frankreich zurück, der sich auf Vorläufer wie Ferdinand de Saussure und die russischen «Formalisten» stützte, um eine kritische Theorie mit dem Ziel zu entwickeln, die Hegemonie der Sozialwissenschaften in der Gelehrtenrepublik der Nachkriegszeit zu beenden. Bei Roland Barthes, dem einflussreichsten Repräsentanten dieses Strukturalismus, sollte die Textkritik die Sozialkritik, wie sie namentlich der Marxismus entwickelt hatte, als Befreiungslehre für die unterdrückten Klassen ersetzen. Nicht nur die Sozialwissenschaften, sondern auch die Geschichtswissenschaft seien mit ihrem – kühn unterstellten – Ziel eines Umbaus der Gesellschaft gescheitert, weil sie naiverweise geglaubt hätten, die «Wirklichkeit» direkt erreichen zu können, obwohl diese doch nur – so die Grundthese – durch die Vermittlung der Sprache überhaupt zugänglich sei. Gegen diesen vermeintlichen «Realismus» setzte Barthes die Überzeugung, dass «einer Tatsache stets nur linguistische Existenz» zukomme. Indem die strukturalistische Kritik die realistischen Vorurteile demaskiere, könne sie gegen die Entfremdung der beherrschenden Klassen ankämpfen.

Die bald darauf hervortretenden poststrukturalistischen Wortführer in Frankreich, Philosophen wie Jacques Derrida und Michel Foucault, sahen eine wesentliche Aufgabe darin, das Wissen zu «dekonstruieren». An die Stelle hermeneutischer Grundbegriffe wie Autor und Intention traten starre Diskursregeln als die geheimen Regenten der Machtausübung. Namentlich Foucault blieb in seinen Denkformen dem attackierten Strukturalismus zutiefst verhaftet. Lyotard fügte dem die Kritik an den «Meistererzählungen» hinzu, wodurch nur noch die Fragmente narrativ geschilderter historischer Abläufe übrig blieben. Der Altertumshistoriker Paul Veyne, ein Freund Foucaults, wollte in der Geschichte nur mehr eine «erzähltechnische Komposition», nur die Kunst sehen, wahre Geschichten zu erzählen. All jene Historiker, die an der Lösung ihrer schwierigen Aufgaben durch eine empirische Wissenschaft wie die Geschichtswissenschaft festhielten, konnte er mit seinen freischwebenden epistemologischen Überlegungen nicht erreichen. Aber auf die neue Kritikströmung gewannen all solche Reflexionen einen maßgebenden Einfluss.

An die Stelle der unersättlichen Neugier, die sich etwa bei den Sozialhistorikern auf alle klugen Köpfe der Soziologie und Ökonomie, der Politikwissenschaft und Demographie gerichtet hatte, um ihre Einsichten und Anregungen aufzugreifen, trat mit dieser neuen Strömung die weitaus engere, oft auch selbstzufriedene Genügsamkeit, sich mit der Kulturanthropologie, Linguistik und Literaturwissenschaft angemessen ausrüsten zu können. Der Protest gegen die vorherrschende strukturalistische Geschichtswissenschaft bündelte sich auch in der Forderung nach einer Rückkehr zur Narrativität. Dahinter steckte das Postulat, zu einer Geschichtsschreibung als Literaturgattung zurückzukehren. Das ist die Konstellation, innerhalb derer sich seit etwa dreißig Jahren die Grundsatzdebatte: das Duell zwischen Narrativisten und Analytikern, bewegt, wenn man es in idealtypischer Zuspitzung so nennen darf. Als Anhänger des agonalen Prinzips sehe ich große Vorzüge darin, diese Debatte als Ergebnis tief reichender Konflikte, nicht aber als Gang der friedlichen Evolution unterschiedlicher Leitvorstellungen von Geschichte anzusehen.

Es geht bei diesem Konflikt nicht nur um die Darstellungsformen und Wissensziele, sondern auch um den Streit darüber, ob die großen «Meistererzählungen», wie man seit Jean François Lyotard ad nauseam wiederholt, die umfassenden, das historische Wissen in einer Synthese bündelnden Leitideen passé seien oder ob man nicht umhin könne, leitende Erkenntnisinteressen wie die westliche Modernisierung, die Staatsbildung, den Aufstieg des Sozialstaats usw. zu verteidigen und unser Wissen dementsprechend zu strukturieren. Ein großartiges Plädoyer für die Leitidee vom Unikat der okzidentalen Modernisierung findet sich jetzt in Michael Mitterauers Buch über die Genese Europas – fraglos eine «Meistererzählung», deren Ziel ich voll teile.

Wie ist der Stand der Kontroverse heute? Welche Studien oder Erfolgsbeweise unterstützen jeweils das eine oder das andere Lager?

Zuerst aus Gründen der Fairness zu der neuen Strömung, die in mancher Hinsicht den Finger auf eine Wunde gelegt hat. Die analytische Sozialgeschichte, ihr bevorzugter Kontrahent, hat auf ihrer Suche nach den «harten» Einflussfaktoren – wie Klassenlagen, Konjunkturzyklen, demographischen Bewegungen – die Welt der «weichen» Faktoren: der Mentalität etwa, der Symbole, der Rituale, der religiösen Weltbilder sträflich vernachlässigt, obwohl den Weberianern unter ihnen die steuernde Rolle der Weltbilder durchaus vertraut war. Hier wurde ein evidenter Nachholbedarf zu stillen versucht, eigentümlicherweise zuerst im Bereich der mittelalterlichen und frühneuzeitlichen Geschichte, wo eine fremdartige Welt auf Verständnis zu warten schien, seltener im Bereich der neuzeitlichen Geschichte.

Diesem Anspruch kam auch die «neue Ideengeschichte» entgegen, die auf einem vertrauten Arbeitsfeld frischen Wind entfachte, wenn etwa John G. A. Pocock die Wanderung des republikanischen Ideensystems von der Antike über die italienischen Stadtstaaten bis zum Beginn der eigentlichen Neuzeit verfolgte. In den Vordergrund rückte auch zeitweilig der Kosmos von Familien, Dörfern, Stadtteilen, in denen die sog. Mikrohistorie das individuelle Lebensschicksal genauer zu erfassen hoffte, während die strukturellen Rahmenbedingungen oft erstaunlich weit zurücktraten.

Durchaus vergleichbare Interessen verfolgte die sog. Historische Anthropologie in England und in der Bundesrepublik, obwohl sich unter ihrem weiten Dach ganz unterschiedliche Strömungen der neuen Kulturgeschichte vereinigten. Auch ihr ging es vorwiegend um kleine menschliche Verbände oder um Individuen, um möglichst anschaulich und genau ihr kulturelles Universum und die «Logik» ihres Verhaltens und Handelns zu erfassen.

Eine eigentümliche Sonderstellung gewann die von Reinhart Koselleck entwickelte Begriffsgeschichte, die in dem monumentalen Lexikon der «Geschichtlichen Grundbegriffe» ihre weit ausgreifenden Ansprüche anmeldete. Zwar wurden die Sozialhistoriker Werner Conze und Otto Brunner als Mitinitiatoren aufgeführt, aber das gesamte intellektuelle Programm und die Mehrheit der grundlegenden Lexikonartikel stammten von Koselleck. Seine Begriffsgeschichte lud zur Anwendung ein, längst ehe sich die kulturalistische Welle auf breiter Front geltend gemacht hatte. Aber zum einen war sie außerordentlich anspruchsvoll, wenn man Kosellecks

Kriterien und seiner Praxis genügen wollte. Zum anderen nutzten sie viele gewissermaßen nur als Sprungbrett, ehe sie zu den eigentlichen Problemen etwa der Adels- oder Bürgertumsforschung vorstießen. Von den Verfechtern der kulturalistischen Wende wurde diese Begriffsgeschichte ganz überwiegend links liegengelassen, so dass sie jetzt wie ein einsames Monument einer vergangenen Anstrengung und doch noch längst nicht in ihrem Potential ausgeschöpft daliegt. So besetzt sie in einer eigentümlichen Isolierung einen Forschungsbezirk, der außerhalb der Bundesrepublik allenfalls John G. A. Pockock und Quentin Skinner interessiert.

Allerdings tauchte auch bald wieder, wie die Kritiker monierten, die Gefahr eines simplen Antiquarismus auf, der sich mit der Deskription eines bunten Ausschnitts aus der Vergangenheit begnügte, sich den schwierigen Problemen der langlebigen Entwicklung nicht mehr stellte, damit auch die grundlegend wichtige erkenntnistheoretische Frage der Zurechenbarkeit bestimmter Phänomene zu vergangenen Konstellationen nicht verfolgte. Folgerichtig gibt es auch noch keine kulturgeschichtliche Synthese, da der Kulturbegriff der neuen Strömung zu amorph geblieben ist, um die im Prinzip unendliche Vielfalt der Vergangenheit unter klaren Gesichtspunkten zu strukturieren. Synthesen aber erwartet das Publikum, erwarten auch die Studenten und Zunftgenossen – und da tut sich bisher eine gähnende Leere auf.

Es gibt auch andere wunderliche Erscheinungen im Lager der neuen Strömung. So hat etwa der französische Sozialtheoretiker Michel Foucault, alles andere als ein praktizierender und überzeugender Historiker, mit seiner düsteren, zutiefst skeptischen, aufklärungsfeindlichen Grundhaltung, seinem pessimistischen Glauben an die überall expandierende «Kerkergesellschaft» einen erstaunlichen Einfluss gewonnen. Er kommt offenbar dem modernitätskritischen Denken einer jüngeren Generation entgegen, die das Bekenntnis zu ihm unüberhörbar proklamiert, aber bisher, soweit ich zu sehen vermag, in keinem einzigen Land einen historischen Text zustande gebracht hat, der die Überlegenheit des Foucaultschen Denkens demonstrieren könnte. Überall beschränkt sich die Foucault-Begeisterung auf deklamatorische Postulate, doch die Anwendung auf lohnende historische Fragen bleibt aus.

Die Diskursgeschichte will zwar oft an ihn anknüpfen, aber die beiden Varianten von Foucaults Diskurslehre zeigen, dass die frühe, von ihm selber alsbald dementierte «archäologische» Variante radikal antihermeneutisch und daher unbrauchbar ist, die zweite, die «genealogische» aber unvergoren an Nietzsche anknüpft und in eine andere Sackgasse führt. Wenn man daher Diskursgeschichte betreiben will, und sie lohnt sich durchaus, muss man den Foucaultschen Irrglauben an die Allmacht der Diskurse aufgeben und zum Pluralismus der historischen Potenzen zurückkehren – und dann kann man auch bei anderen Diskursverfechtern anknüpfen.

Ebenso überholt hat sich die Begeisterung für Hayden Whites Plädoyer, die Geschichtsschreibung der Literatur zuzuschlagen, da sie auch letztlich nur Narrative präsentieren könne. Nun ist nichts gegen den Rückgriff auf Nachbarwissenschaften zu sagen, wenn sie lohnende Impulse versprechen. Das würde wohl jeder Sozial- oder Politikhistoriker bereitwillig sogleich einräumen, da seine eigene Praxis oft durch solche Anleihen bestimmt wird.

Aber unkritisch der Whiteschen Leier zu folgen, ignoriert zumindest dreierlei:

1. seine erstaunliche Unkenntnis der klassischen und modernen Geschichtswissenschaft;
2. die Unfähigkeit, komplizierte Probleme narrativ fassen zu können;
3. die abstruse Whitesche Ablehnung jeder Annäherung an historische Wahrheit, wodurch einem simplen Relativismus in die Hände gespielt wird.

Überall, ob es um die Französische, die Amerikanische, die Englische Revolution, den Nationalsozialismus, den Holocaust geht, haben sich die entscheidenden Probleme nicht als fiktionale Texte fassen lassen. Die Narrativitätsapostel sind rundum gescheitert. Was bleibt dennoch?

Die erneut aufgewertete Kulturgeschichte hat wichtige Fragen aufgegriffen, ein riesiges Feld liegt noch vor ihr. Nachdem die Bedeutung des «Linguistic Turn» und die Narrativitätsforderung zusammengeschrumpft sind, kann sie sich, epistemologisch mit fruchtlosen Problemen weniger belastet, den offenen Fragen zuwenden. Vier von ihnen zumindest bleiben:

1. Ist es nicht aussichtsreicher, den eigenen Autonomie- oder sogar Vorherrschaftsanspruch zurückzustellen und bewusst die Kooperation, sogar die Fusion mit der Sozial-, der Politik-, der Ideengeschichte zu suchen? Überzeugende Beispiele für diese Fusion gibt es bereits (z. B. in Stefan Hoffmanns Freimaurerbuch), sie unterstützen diesen Vorschlag.
2. Und wie will sie die begehrte, die unverzichtbare Synthesefähigkeit gewinnen, wenn sie nicht auf die Zentralkategorie eines amorphen Kulturbegriffs verzichtet und sich bereitwillig weiteren Konzeptionen öffnet. Das könnte zum Beispiel die Webersche Weltbildanalyse sein, die er so meisterhaft in den drei Bänden seiner Religionssoziologie demonstriert hat. Aber dafür müsste sie sich, auf der Linie von Friedrich Jägers Plädoyer, auf den bisher abgelehnten oder ignorierten Weber zuerst einmal einlassen.
3. Drittens schließlich bleibt ganz unbestritten eine Gattung, in der sich die narrative Geschichtsschreibung immer wieder bewährt: Das ist die Biographie. Golo Manns «Wallenstein» und Joachim Fests «Hitler» z. B. leben auch und gerade von ihrem literarischen Glanz als die erzählte Geschichte wichtiger historischer Figuren. Die Voraussetzung war fraglos eine Begabung im Umgang mit der Sprache, die ihresgleichen sucht. Solche Wortfindungskraft, solch ein Stil sind aber nicht Gemeingut aller Historiker, sondern eine Seltenheit. Man lernt freilich auch aus der Biographie Friedrichs des Großen von Johannes Kunisch und aus der Biographie Peters des Großen von Reinhard Wittram, wie man auch ohne dieses Sondertalent glanzvolle Biographien schreiben kann. Von allen Historikern literarische Fähigkeiten zu erwarten, überschätzt ihre große Mehrheit, denn dieses Talent tritt viel zu selten auf. Dennoch können sie gute Historiker sein!
4. In einem weithin vom Positivismus geprägten intellektuellen Gelände hat die leidenschaftliche Debatte um Narrativität, die «linguistische Wende» und die Kulturgeschichte zu einer erkenntnistheoretischen Klärung geführt, die unter anderem eine Anerkennung und Aufwertung der Hermeneutik gebracht hat. Das bleibt ein Verdienst der Diskussionsteilnehmer, da ohne ihren Engagementüberschuss ältere starre Fronten nicht so leicht aufzulösen gewesen wären. In der deutschsprachigen Geschichts-

wissenschaft traf diese Debatte auf die vom Historismus längst durchgesetzte Hermeneutik, die dort, auch unter Sozialhistorikern, fest etabliert war. Deshalb wirkte sich hier der missionarische Eifer der Adepten der neuen Strömung nicht so erfolgreich aus wie z. B. in den Vereinigten Staaten.

Im Rückblick erkennt man, dass die bewährte hermeneutische Tradition und die Aufgeschlossenheit gegenüber dem Theorieangebot wichtiger Nachbarwissenschaften einen Vorsprung verschafft hat, den die narrativ-kulturgeschichtliche Strömung mit ihren konkurrierenden, diffusen epistemologischen Vorstellungen nicht hat einholen können. Da aber nur extrem wenige Historiker das literarische Talent für überzeugend erzählte Geschichte besitzen, da die Mikrogeschichte eines schwäbischen Dorfes oder eines proletarischen Wohnviertels im Ruhrgebiet nur eine kurzatmige Befriedigung verschaffen, bleibt die bisher ungelöste Aufgabe bestehen, die erkenntnisleitenden Interessen und erkenntnistheoretischen Grundlagen der neuen Kulturgeschichte endlich angemessen zu erklären. Angesichts der zahlreichen Modeerscheinungen, die mit der neuen Strömung verbunden waren (und weiterhin sind), können theoriebewusste Historiker diese klärende Reflexion über erkenntnistheoretische Grundsatzfragen in Ruhe abwarten.

Was hat die Gegenseite der analytischen Geschichtswissenschaft ihrem Kontrahenten an Vorzügen voraus?

1. Die analytische Geschichtswissenschaft besitzt in aller Regel klare, explizierte erkenntnisleitende Interessen, die sie den Lesern oder Hörern erläutert, damit aber auch diskussionsfähig macht. Diese Interessen sind nicht nur an den Erfahrungshorizont des Historikers, sondern gewöhnlich auch an Gegenwartskonstellationen in der politischen Öffentlichkeit zurückgebunden. Von ihr wird sie unterstützt, oder sie versucht, diese Öffentlichkeit in ihrem Sinn zu beeinflussen – ganz gleich, ob es um die Habitusbildung durch den Nationalismus, den westfälischen Adel oder die Durchsetzung des Sozialstaats geht.

2. Die analytische Geschichtswissenschaft ist sich der Komplexität historischer Phänomene bewusst. Daher glaubt sie gewöhnlich nicht, auf einer Einbahnstraße ihr Ziel erreichen zu können. Sie mag hier und da die Sozialgeschichte oder die Wirtschaftsge-

schichte, die Politikgeschichte oder die Historische Demographie privilegieren. Aber die lohnenden Beispiele dieser Strömung versuchen standhaft, möglichst vielen Dimensionen der historischen Realität gerecht zu werden, man denke nur an Kosellecks Preußen-Buch oder Kockas Siemens-Studie. Deshalb fällt es Sozialhistorikern auch leichter, die Kritik und die Themen der neuen Kulturgeschichte aufzunehmen und sie nach Möglichkeit in die eigenen Projekte zu integrieren. Es ist eine durchsichtige polemische Legende, namentlich den jüngeren Sozialhistorikern Ignoranz gegenüber Symbolen und Ritualen, religiösen Weltbildern und individuellen Akteuren zu unterstellen. Man blicke nur auf Thomas Mergels exzellente Monographie über das katholische Bürgertum in Köln in den anderthalb Jahrhunderten vor 1914. Umgekehrt tun sich die neuen Kulturhistoriker ungleich schwerer, sich gegenüber Nachbardisziplinen zu öffnen, die ihren Nutzen für Historiker bereits bewiesen haben.

3. Im Allgemeinen, das ist wahr, legen die analytisch vorgehenden Historiker das Schwergewicht auf jene Vielzahl restriktiver Bedingungen, welche den Handlungsspielraum von Klassen und Eliten, aber auch und gerade von individuellen Akteuren festlegen. Hinter dieser Entscheidung steckt eine skeptische Anthropologie, welche den Einfluss von Individuen in der Regel – Volksführer, große Demagogen und Charismatiker bilden die bereitwillig anerkannte Ausnahme – nicht allzu hoch veranschlagt.

Dieser Distanzierung entspricht auch die Zurückhaltung, mit der die meisten Sozialhistoriker der «Oral History» begegnet sind. Abgesehen von den methodischen Problemen, wann man der Erinnerung der Zeitzeugen glauben kann, bleibt eine Grundannahme: die Überschätzung individueller Erfahrungen, weiter bestehen. Für den farbigen Tupfer eines treffenden Zitats mögen sich daher Zeitzeugenberichte eignen, synthesefähige Geschichte kann man auf ihnen nicht aufbauen. Diese Skepsis mag man für diskussionsbedürftig halten. Wahrscheinlich ist sie ja auch, wie gesagt, in erkennbarem Maß generationsabhängig. Aber die Grundannahme bleibt, auf diese Weise dichter an jene vertrackte Erscheinung heranzukommen, die wir abkürzend die historische Wirklichkeit nennen.

4. Historiker haben es ständig mit der «doppelten Konstituierung» von Realität zu tun. Zum einen wird diese durch die subjektive Perzeption der Lebensbedingungen geschaffen, und dieser Wahrnehmung pflegen Menschen in aller Regel mit ihrem Handeln zu folgen. Zum anderen gibt es eine objektivierbare Wirklichkeit, die sich in Konjunkturzyklen, demographischen Bewegungen, Sozialstrukturen, politischen Regimen usw. erfassen lässt. Im Gedanken- und Sprachhaushalt der Individuen, in ihrer Wirklichkeitswahrnehmung braucht sie aber gar nicht vorhanden zu sein, obwohl sie zentrale Handlungs- und Lebensbedingungen festlegt. Mir scheint es ein großer Vorzug der analytischen Geschichtswissenschaft zu sein, dass sie dieser «doppelten Konstituierung» von Wirklichkeit ungleich besser gerecht werden kann als die narrative Erzählung oder die kulturgeschichtliche Monographie, die sich mit dem zweiten Aspekt noch immer sehr schwer tut, wenn sie ihn überhaupt berücksichtigt.[1]

Fraglos ist die analytische Geschichtswissenschaft ein Kind des Rationalismus. Denn sie baut darauf, mit präzisen erkenntnisleitenden Interessen, überzeugender Analyse der restriktiven Bedingungen und der von den Individuen perzipierten Welt in klarer Prosa den Leser oder Hörer zu erreichen. Sie will ihn mit der Kraft ihrer Argumente überzeugen oder zumindest doch seinen Widerspruch präzisieren. Sie baut im Grunde auf einen durch und durch argumentativen Dialog, verlässt sich mithin auf die Überzeugungskraft des rationalen Denkens. Damit sind auch Grenzen vorgegeben, da sie z. B. nicht wie die seltene große literarische Geschichtsschreibung Emotionen mobilisieren kann. Aber wenn man eine Bilanz zieht, sehe ich noch immer keine überzeugendere Alternative. Wenn es sie denn gäbe, würde man mit fliegenden Fahnen zu ihr übergehen. Aber noch ist diese Alternative nicht einmal von Ferne zu erkennen.[1]

16. Was ist und was will Gesellschaftsgeschichte?

Der Begriff der «Gesellschaftsgeschichte» taucht bereits vor der Mitte des 19. Jahrhunderts auf.[1] Der prominente Autor ist Lorenz von Stein, ein Rechtshegelianer, den man als einen frühen Konkurrenten von Marx betrachten kann. Dann wird er aufgegriffen von Werner Sombart, einem bedeutenden Wirtschaftshistoriker, von Heinrich von Srbik, einem österreichischen Historiker, und dann von Karl Bosl in München. Aber gemeint war damit immer Sozialgeschichte. Die beiden Begriffe waren auswechselbar.

Nun gab es – das ist ein internationales Phänomen – eine neue Diskussion auch in der westdeutschen Historiographie über die Sozialgeschichte. Sie setzte in den 60er Jahren an, lief in die 70er und 80er Jahre hinein, und die westdeutsche Geschichtsschreibung partizipierte an einer internationalen Debatte mit ähnlichen Schwerpunkten. Anschließend tauchte ein Problem auf, dem sich die Historiker nun stellen müssen: dass nämlich nach einer Vielzahl von Monographien, Aufsätzen und Rezensionen eine Überflutung einsetzt und auch der interessierte Student als Hörer oder als Leser die Vielzahl der Beiträge eigentlich nicht mehr überschauen kann. Es entsteht eine Art Zugzwang, dem man sich stellen muss: Wie legt man eine Synthese an, um den Forschungsstand so zu präsentieren, dass er glaubwürdig von Lesern gleich welcher Art aufgenommen werden kann?

Der erste Gesichtspunkt von nur zweien, die ich aus diesem Komplex aufgreifen möchte, ist der Gesichtspunkt: Gesellschaftsgeschichte als Synthese. Was kann man darunter verstehen? Einer der berühmten linken englischen Historiker, Eric Hobsbawm, hat Anfang der 70er Jahre einen wichtigen Aufsatz geschrieben, den wir damals alle verschlungen haben: «Von der Sozialgeschichte zur Gesellschaftsgeschichte». Das Problem hieß: Man muss die Flut an Untersuchungen zur Sozialgeschichte mit Hilfe einer Konzeption in einen größeren Zusammenhang einordnen. Das ist etwas ganz anderes, als würde man eine spezifische Monographie schreiben über die soziale Herkunft der SA in Berlin-Charlottenburg oder als würde man sich eine Gesamtdarstellung des Nationalsozialismus zumuten. Die Frage war zunächst, welche Angebote es überhaupt gab und welche es heute gibt, um eine solche umfassende Konzeption zu Grunde zu legen.

Die erste, fast jedem geläufige Konzeption war die der Politikgeschichte, in deren Mittelpunkt die moderne Staatsbildung stand. Das kann man gut verstehen, weil mit den Barockhistorikern, die den Aufstieg des modernen bürokratisierten Flächenstaates vor Augen hatten, an die Stelle des Flickenteppichs von zahlreichen kleinen ständischen, städtischen, patrizischen Herrschaftsverbänden ein großer Staat trat, den Hobbes dann den Leviathan nennen würde, und dass sich dann in diesem Staat eine Sonderform herausbildete, die wir den modernen Nationalstaat nennen. Das zentrale Interesse und die Methoden, die bei der Erfassung damit verbunden wurden, blieben die der Politik- und der Verfassungsgeschichte. Die Untersuchungen waren in dieser Richtung stark präjudiziert, weil man damals über rund 200 Jahre hinweg glaubte, man könne auf diese Weise das faszinierende Produkt der neueren europäischen Geschichte, nämlich den Aufstieg des modernen Staates und seines Apparates, am besten erfassen. Alles, was dann später interessierte, Sozialgeschichte, Wirtschaftsgeschichte, Kulturgeschichte, wurde an den Rand gedrückt, wurde ein peripheres Problem.

Es gibt Ausnahmen. Der in meinen Augen bedeutendste deutsche Historiker in der ersten Hälfte des vergangenen Jahrhunderts, Otto Hintze, war seiner hauptsächlichen Interessenrichtung nach ein solcher Verfassungs- und Staatshistoriker, aber mit einem ganz wachen Gefühl für die unauflösliche Verbindung zwischen dem Aufstieg des modernen Kapitalismus, der diesen Staatsapparat finanzieren half, seiner Bürokratie, seines Finanzwesens, seines Militärapparats und der Organisation des Staates als solcher. Hintze war Schüler von Gustav Schmoller und mit ihm befreundet, sicher dem wichtigsten Ökonomen und Staatswissenschaftler zwischen 1880 und 1917, der ebenfalls darauf insistierte, man müsse auf diesen Nexus von Wirtschaft und Staatsapparat achten. Aber das waren respektierte Außenseiter, die mit dem Mainstream der historischen Zunft wenig zu tun hatten. Wenn man an den Ausbau des Sozialstaates denkt, dann sieht man, wie seit 1949 der Staatsbildungsprozess auch in der Bundesrepublik in einem ständig beschleunigten

Tempo immer mehr Bereiche des gesellschaftlichen individuellen Lebens erfasst hat. Das ist also kein Prozess der Vergangenheit, der nur den modernen Staat hervorgebracht hat, sondern dieser Prozess läuft weiter. Und der schloss gerade das aus, was Hobsbawm in die Formel «von der Sozialgeschichte zur Gesellschaftsgeschichte» gefügt hatte.

Das zweite Angebot war eine im engen Sinne Verfassungsgeschichte, auch die Verfassungsgeschichte des Parteienstaates als eines modernen Staatswesens. Das war noch enger angelegt als diese breite Politikgeschichte des Staatsbildungsprozesses, aber gerade in den 50er und 60er Jahren auf eine merkwürdige Weise aufgewertet worden, weil einer der Kronjuristen des «Dritten Reiches», der unsägliche Ernst-Rudolf Huber, mit seinem Staatsrecht von 1938 die Hitlerdiktatur in den Himmel gejubelt hatte, deshalb zunächst nach 1945 zu Recht keine Professur bekam und in dieser Zeit, gefördert von den üblichen Institutionen, eine sage und schreibe siebenbändige Verfassungsgeschichte schrieb, die uns allen recht begrenzt imponierte, weil zwar die Bände über 1000 Seiten stark und erdrückend informationsreich waren, aber auf einer unverhüllten Verklärung des Obrigkeitsstaates beruhten. Im Grunde genommen war das wilhelminische Reich bei ihm das Non plus ultra, und da er ein Schüler von Carl Schmitt war, den seine Kritiker den «Satan der deutschen Jurisprudenz» genannt haben, verklärte er vieles in den Schmittschen Denkfiguren und gab das immer als den neusten Forschungsstand aus. Aber es hieß damals: So kann man eine moderne Geschichtsschreibung praktizieren, indem man wie die Hubersche Verfassungsgeschichte mit einem weiten Verfassungsbegriff an sie herangeht. Aber Huber besaß trotz aller Gelehrsamkeit nicht den Hauch einer Ahnung von der Sozial-, Wirtschafts- und Kulturgeschichte.

Die dritte Möglichkeit, die man damals neben Staatsbildungs- und Verfassungsgeschichte vor Augen hatte, hing mit dem Erfolg der Theorien des wirtschaftlichen Wachstums zusammen. Damit wurde von der neoklassischen Ökonomie ein Entwicklungsprozess der modernen Welt ins Auge gefasst, so wie das vorher in anderen Begriffen Marx und die Marxianer getan hatten, der diesen Wachstumsprozess als die wirkungsmächtigste Bewegungskraft in den

Mittelpunkt stellte. Nun war es aber von der ganzen Anlage, der Fachsprache und den Traditionen her, in denen da gedacht wurde, bei diesem dritten Angebot ein Tatbestand, dass die sozialen und wirtschaftlichen Bedingungen, um die es nach der Konjunktur der Sozialgeschichte in den 60er, 70er Jahren ging, in die berühmten ominösen Randbedingungen abgeschoben wurden, mit denen sich die Ökonomen groß tun, wenn sie Probleme nicht richtig scharf erfassen können. Und fraglos war damit die Gefahr eines Ökonomismus verbunden: dass man wirtschaftlichen Kräften die größte Durchsetzungskraft zutraute, aber die politische Herrschaft, die kulturellen Phänomene oder die Soziale Ungleichheit, die durch den wirtschaftlichen Wachstumsprozess herbeigeführt wurde, um ihr Eigengewicht brachte. Das war für diese Art von Ökonomie nicht interessant, und da die Neoklassik bei uns ja auch triumphierte, hat sich das bis heute, bis in die Wirtschaftsgutachten der Weisen erhalten.

Dann bot sich viertens die benachbarte Sozialwissenschaft, die Soziologie, an, das System der Sozialen Ungleichheit oder die Sozialhierarchie zu erfassen, die alle uns bekannten menschlichen Gesellschaften aufweisen, mit einem schroff getrennten Oben und Unten. Dazu gibt es auch im internationalen Vergleich drei glänzende soziologische Handbücher, die damals zwar alle noch nicht erschienen waren, aber inzwischen die Summe aus der Forschung der letzten Jahrzehnte präsentieren, die Handbücher zur westdeutschen Sozialstruktur von Rainer Geißler in Siegen, Bernhard Schäfers in Karlsruhe und Stefan Hradil in Mainz. Sie haben allerdings nur die Bundesrepublik im Auge, aber nicht auch das 18. und 19. und 20. Jahrhundert insgesamt. In diesem Bereich gibt es eine drastische Überschneidung mit vielen Projekten der Sozialgeschichte, aber gewöhnlich wird auch in diesen drei Gesamtdarstellungen die Politik, die Wirtschaft und die Kultur nicht eingehender berücksichtigt, weil der soziologische Fokus ganz streng auf das Stratifikationssystem gerichtet ist, d. h. in welchen Positionen befinden sich Mehrheiten und Minderheiten. Wir kennen alle das Bild der Pyramide, die gewöhnlich benutzt wird, um das bildlich einzufangen.

Und dann gab es – damals tauchte sie gerade auf, war aber noch nicht wirklich eine mächtige Strömung – die «Neue Kulturgeschichte», deren Siegeszug bei uns eigentlich erst in den 80er Jahren begann, also zehn bis fünfzehn Jahre nach Hobsbawms Aufruf. Da konnte man allerdings sehr früh feststellen, dass sie sich außerordentlich schwer gerade damit tat, eine Synthesefähigkeit zu entwickeln. Ihre Stärke schien von Anfang an – und das ist durch die Folgezeit bestätigt worden – in der Beleuchtung neuer oder bisher vernachlässigter Dimensionen des historischen Prozesses zu liegen. Während nun die vorhandenen und in der Zunft mächtig vertretenen Konzeptionen alle mit bestimmten Einseitigkeiten verbunden waren, stand die relativ junge Sozialgeschichte in der Bundesrepublik im Geruch, einem «wissenschaftlichen Bolschewismus» zu frönen. Ich entsinne mich an einen Historikertag, als zwei sehr bekannte ältere Historiker neben mir standen, aber nicht wussten, dass ich da stand, und sagten: «Mein Gott, warum sind diese Jüngeren alle Kommunisten.» Da dachte ich, jetzt wird es spannend, und dann kam die Begründung: «Ja, wie meinen sie das denn, Herr Kollege?» «Ja, die gebrauchen häufig den Ausdruck ‹sozialökonomisch›. Und das tun doch heutzutage nur Kommunisten.» Heute sind das untergegangene Frontstellungen, die damals aber sehr ausgeprägt waren.

Wenn nun die vorhandenen und akzeptierten Angebote nicht ausreichten, stellte sich die Frage, wie man eine Synthesekonzeption entwickeln konnte, die im Stande war, die neue breitere Forschung der Sozial- und Wirtschafts-, Politik- und Kulturgeschichte zu integrieren. Das war ohne Frage von vornherein ein megalomaner Anspruch, aber damals gab es darüber eine sehr lebhafte Diskussion. Dabei fiel zum Ersten eine Möglichkeit meines Erachtens aus: die neomarxistische Vorstellung von Gesellschaftsformationen, die durch die Entwicklung des Kapitalismus geschaffen und geprägt worden seien. Das gilt etwa für Hobsbawm, dessen Mutter Österreicherin war, sein Vater Engländer, jüdischer Herkunft, in Alexandria in Ägypten geboren, in Wien und dann in Berlin groß geworden. Er gehörte als junger Mann, als sie sich nach 1933 nach England gerettet hatten, zu der dort zeitweilig sehr einflussreichen Gruppe der kommunistischen Cambridge-Historiker. Dazu gehörte E. P. Thompson mit seinen Arbeiten zur Entstehung der englischen Arbeiterschaft und Christopher Hill, ein berühmter Historiker der Frühen Neuzeit. Es war eine Clique von sechs bis acht später sehr einflussreichen Historikern, die eine im Vergleich mit den dogmatischen Kommunisten östlich der Elbe sehr flexible Variante des Marxismus vertraten.

Das tat Hobsbawm auch, wenn er für eine «History of Society» plädierte, so elastisch, dass man Studenten oft erklären musste, wie bestimmte Grundannahmen des Marxismus da durchschlugen, aber doch ganz in der Tradition des marxistischen Denkens. Und da führt nun kein Weg vorbei: Die Ökonomie bleibt die zentrale Bewegungskraft. Friedrich Engels, der ein erfahrener Unternehmermillionär war, hat einmal in den berühmten Briefen als älterer Berater der europäischen Sozialdemokratie gesagt: Die «ökonomische Bewegung» – wir würden sagen: der wirtschaftliche Wachstumsprozess – sei das entscheidende Moment in der Geschichte. Und eben das lässt sich heute wegen den vielen guten theoretischen und empirischen Gegengründen nicht mehr aufrechterhalten. Dazu gibt es die Vorstellung, die Marx von Hegel übernommen hat, dass es möglich sei, die Totalität des historischen Prozesses zu erfassen, obwohl den Wissenschaften nur Partialerkenntnisse möglich sind, die sie aufgrund ihrer Interessen und Selektionskriterien gewinnen, so dass man sich dem Ganzen höchstens annähern, es aber nie erfassen kann, wie der Marxismus seinen Anhängern suggeriert hat. Ein solches Konzept ist daher weder in Amerika noch in der Bundesrepublik ernsthaft aufgegriffen worden.

Dann gab es in der Folge eine Theoriekonjunktur, die wieder längst abgeklungen ist: die Systemtheorie, wie sie in der Bundesrepublik am einflussreichsten von Niklas Luhmann entwickelt worden war. Als ich nach Bielefeld kam, wohnte Luhmann zwei Häuser neben uns. Das war schon ein faszinierender Mann: der Ausbildung nach ein Jurist, und er hatte die Fähigkeit, in seiner Sprache die Welt neu zu erfinden. Man konnte ihm einen Begriff hinwerfen, etwa «Wirtschaft», er zerlegte ihn sozusagen in Systembaukästchen, und dann konnte er das in seiner Sprache ausdrücken. Er versuchte sich auch an «Liebe» als symbolisch generalisiertem Handlungsmedium und scheiterte dabei, weil sich «Liebe» nicht in die Systemtheorie zwingen lässt. Aber generell bevorzugte er ein derartiges Abstraktionsniveau und eine derartige Distanz gegenüber den Problemen, mit denen sich auch reflektierte Historiker gewöhnlich beschäftigten, dass man seine Kategorien aus dieser Höhe der Abstraktion gar nicht heruntertransportieren konnte auf die Ebene, auf der sich Historiker und Historikerinnen bewegen.

Zudem stellt sich für jeden, der historisch etwas belesen ist, heraus, dass berühmte Unterscheidungen von Luhmann unhaltbar sind, zum Beispiel die These, früher habe es eine Stratifikationsordnung gegeben, also ein strenges Schichtungsgefüge, heute dagegen gebe es nur noch eine Differenzierung nach unendlich vielen Berufen. Dem widerspricht die gesamte Forschung zur Sozialen Ungleichheit. Außerdem leidet sein Gedankensystem aus Gründen, die ich nie herausgefunden habe, unter einer radikalen Unterschätzung von Macht und Herrschaft. Da gibt es die Systembedingungen, die eine Rolle spielen, aber dass diejenigen, die Herrschaftspositionen innehaben, anders ausgestattet sind als diejenigen, die sie nicht haben, spielt bei ihm keine strukturierende Rolle. Und deshalb ist es wohl kein Zufall, dass es bisher noch keine systemtheoretisch inspirierte und angeleitete historische Gesellschaftsanalyse gibt, obwohl sich in Konstanz ein Historiker sehr intensiv damit beschäftigt.

Außer dem Marxismus und der Systemtheorie lässt sich drittens der Versuch einer Gesellschaftsgeschichte im Anschluss an Max Weber benennen. Weber ist in meinen Augen der bedeutendste Sozialwissenschaftler, den Deutschland in den letzten eineinhalb Jahrhunderten gehabt hat. Die Orientierung an Weber bedeutete allerdings, eine Grundannahme nicht mehr zu akzeptieren, dass nämlich in den sozialen Prozessen ein Plus an Durchsetzungs- und Erklärungskraft stecke und es sich deshalb lohne, den Aufbau sozialer Klassen, ihre Durchsetzungsfähigkeit in Parteien und Verbänden zu untersuchen; deshalb nannte sich diese Richtung auch Sozialgeschichte. Das war eine mehr oder weniger reflektierte oder unreflektierte Basisüberzeugung der Sozialgeschichte in all den Ländern gewesen, in denen sie sich in jener Zeit durchgesetzt hat. Weber dagegen hatte von Anfang an auf der Gleichrangigkeit oder Gleichwertigkeit von drei verschiedenen Dimensionen des historischen Lebens bestanden, nämlich auf Herrschaft, vor allem politischer Herrschaft, Arbeit und Kultur. Und ein Ergebnis der Überschneidung dieser drei Dimensionen war, dass alle Gesellschaften durch Soziale Ungleichheit geprägt sind, Ungleichheit im Zugang zu politischen Herrschaftschancen, zu wirtschaftlichen Positionen und zu kulturell vermitteltem Status.

Übrigens gab es damals in Frankreich einen streng empirisch arbeitenden berühmten Historiker, Fernand Braudel, der die Zeitschrift «Annales» herausgab und außerdem aus einem kleinen Institut aufgrund seines Talentes als Wissenschaftsmanager eine große Abteilung aus dem Boden stampfte, eine École, also eine Hochschule oberhalb der Universitäten, die «École en Sciences Sociales» mit 600 Mitarbeitern. Auch Braudel vertrat in seinen einflussreichen Büchern ein ganz lockeres Strukturierungsschema, und das war bei ihm immer Wirtschaft, Politik, Kultur und Sozialhierarchie, also ganz ähnlich wie bei Weber, obwohl er von Weber nichts wusste. Die Entscheidung, welche von diesen Dimensionen – der neue Ausdruck in den Sozialwissenschaften war: Achsen, die sich durch eine Gesellschaft hindurchziehen – per se überlegen seien, war offen, und es wurde der empirischen Forschung übertragen, den Rang dieser Dimensionen jeweils zu bestimmen.

Ist zum Beispiel im Zeitalter der Reformation die religiöse Grundüberzeugung nicht sehr viel ausschlaggebender als die soziale Zusammensetzung des jungen Protestantismus vor allem in Norddeutschland? Was ist die klassische Hochkultur? Kann man diese nur von den kulturellen Phänomenen her angehen, oder ist nicht das Bildungsbürgertum als Träger sozialgeschichtlich genauso interessant? Ist die deutsche Industrielle Revolution überhaupt zu erfassen ohne eine Analyse der ökonomischen Welt? Oder nehmen wir den staatlichen Pluralismus im deutschsprachigen Mitteleuropa: Als 1789 die Französische Revolution ausbricht, gab es im deutschsprachigen Mitteleuropa auch 1789 Herrschaftsverbände, kleine Reichsritterschaften, Reichsklöster, größere Staaten wie Sachsen, Preußen, Bayern, alle im Sinn des modernen Staatsrechtes souveräne Einheiten, die nur ganz locker im Heiligen Römischen Reich zusammengefasst wurden. Oder nehmen wir die beiden Weltkriege, die ganz offensichtlich nicht nur von ökonomischen oder kulturellen Grundlagen her zu erfassen sind; oder das deutsche Wirtschaftswunder und so weiter. Wann immer man auf schwierige Probleme traf, stellte sich heraus, dass man nicht von vornherein sagen konnte, diese oder jene Dimension sei die entscheidende, sondern man musste drei oder vier gleichzeitig vor Augen haben und dann empirisch untersuchen, welche Phänomene die größte Geschichtsmächtigkeit besaßen. Das Problem dabei ist jeweils das unklare Mischungsverhältnis.

Der Vorzug, der mit dieser Option für Weber verbunden war, bestand darin, dass man sich damit locker einer bestimmten Vorstellung von Evolution, also einer theoretisch nicht besonders hochgestochenen Art von Evolutionstheorie, eher einer pragmatischen Evolutionstheorie, anschließen konnte, die Weber selber mit dem Begriff der Modernisierung bezeichnete. Wenn man sich diese Vorstellung zu Eigen macht, muss man auch im Stande sein, Richtungskriterien anzugeben, wohin die Reise dieser Evolution geht. Das tat Weber und sagte, in der Wirtschaft geht der (wie wir sagen würden) große Trend hin zum Produktionskapitalismus. Das ist ein unwiderstehlicher Vorgang. Er mag aufgehalten werden, aber wenn er einmal in Gang gesetzt worden ist, setzt er sich durch. Im Bereich der Sozialhierarchie ist es der Übergang von Ständen, die in relativ kleinen Einheiten organisiert sind, zu einer Gesellschaft von, wie er sagte, «marktbedingten Klassen», die durch die magnetische Kraft des Arbeitmarktes zusammengeführt werden und dann ihre eigenen Verbände ausbilden: ebenfalls ein unaufhaltsamer Prozess.

Es gibt eine Vielzahl von bestimmten Richtungskriterien, und man musste als Historiker Farbe bekennen, was man von ihnen hielt. Damals, in Bielefeld um 1980, waren wir der Meinung, jetzt müsse man auch einmal eine Zwischenbilanz ziehen. Wir konnten den Studenten nicht immer nur zwanzig Bücher über die Arbeiterschaft und Arbeiterbewegung, über den Adel usw. nennen. Was wir brauchten, waren Synthesen, die diese Bücher zusammenfassten. Jürgen Kocka wollte damals eine deutsche Sozialgeschichte des 19. Jahrhunderts schreiben. Ich dachte, man sollte das unter dem Stichwort der Gesellschaftsgeschichte probieren. Wenn man dafür optierte, konnte man aber sehr früh bestimmte Lücken erkennen. So war beispielsweise in den ganzen Weberschen Überlegungen, auch eigentlich vorher bei Marx oder Lorenz von Stein, der Unterschied des Alters gar nicht berücksichtigt: dass es einen riesigen

Unterschied ausmacht, ob man Gesellschaften hat, in denen die Zehn- bis Vierzigjährigen dominieren, oder solche, in denen wie heute Frauen 84 und Männer auch 80 Jahre alt werden, das momentane Durchschnittsalter in der Bundesrepublik. Ein zweites Phänomen: Auch die Geschlechterdifferenz hatte diese Männerwelt in der Wissenschaft völlig ausgeblendet, obwohl doch die Hälfte der Menschheit aus Frauen besteht, und wenn man ein solch umfassendes Projekt angehen wollte, musste man doch auch diese Hälfte angemessen berücksichtigen. Das warf aber, wie ich fand, keine großen intellektuellen Probleme auf.

Doch es gab gravierendere Lücken, zum Beispiel die Dimension des Rechtes. Ich dachte damals, man könnte das Recht im wesentlichen als ein Produkt der politischen Herrschaft einbeziehen und dann jeweils die Verfassung, sagen wir des Kaiserreichs, der Weimarer Republik, der Bundesrepublik, präsentieren und die politischen Probleme, die mit dem Staatsrecht oder dem Völkerrecht verbunden waren, in die Analyse der politischen Herrschaft hineinnehmen. Aber ein befreundeter Rechtshistoriker hat dann völlig zu Recht gesagt: Das Recht ist eine eigene Dimension, und in einem Zeitalter der zunehmenden Verrechtlichung aller sozialen Beziehungen muss man das Recht auch als eigene Dimension anerkennen. Wenn ich noch einmal die Möglichkeit hätte, das Projekt einer umfassenden Gesellschaftsgeschichte neu anzufangen, würde ich neben diesen vorn genannten Dimensionen auch das Recht entsprechend berücksichtigen. Nur darf man dabei nicht die enormen Schwierigkeiten unterschätzen, die darin bestehen, dass in den Rechtswissenschaften eine hochspezialisierte Sprache üblich ist, die man dann wieder in eine menschenfreundlichere Prosa für studentische und andere Leser zurückübersetzen muss. Und die Fachjuristen müssen dann sagen: Ja, das stimmt, wie er den ungeheuren Rechtsgewinn durch das Bundesverfassungsgericht analysiert hat.

Auch die «Neue Kulturgeschichte» hat enorme Lücken deutlich gemacht, zum Beispiel, dass Religion und Konfession vernachlässigt worden waren. Ich glaube, das ist auch eine Generationserfahrung, dass wir alle lange geglaubt haben, der Säkularisierungsprozess sei so machtvoll, dass er diesen Bereich des menschlichen

Zusammenlebens zurückgedrängt hätte. Deshalb habe ich unter dem Stichwort Kultur nur die christlichen Amtskirchen berücksichtigt. Für den Historiker ist es eine schnelle Notlösung, wenn man sich einfach an den Institutionen festhält. Sie hinterlassen ja auch eine Überlieferung, Akten und Diskussionen, die man aufgreifen kann. Aber dadurch wird ihr andersartiger Einfluss auf das gesellschaftliche und auf das individuelle Leben natürlich beschnitten. Das ist eine weitere große Lücke. Generell ist man bei Kultur bisher sehr selektiv vorgegangen, in aller Regel haben wir uns Institutionen herausgegriffen oder folgenreiche politische oder intellektuelle politische Strömungen in den Mittelpunkt gestellt. Für das, was im Augenblick seit einigen Jahren abläuft, also eine moderne «Intellectual History», fehlt mir die Kompetenz. Doch vielleicht hat man auch zu früh resigniert, weil man sich nicht voll die Bedeutung dieser Dimension eingestanden hat.

Und dann ist schließlich auch der Begriff der Gesellschaft überhaupt problematisch geworden, denn er meint gewöhnlich moderne, weithin homogenisierte, auf der gleichen Sprache beruhende Nationalgesellschaften. Diese gibt es aber erst seit relativ kurzer Zeit, in Deutschland erst seit 1871. Die kleineren Herrschaftsverbände in den Städten, in den Regionen, in den kleinen oder größeren Territorialstaaten als Gesellschaften zu bezeichnen, das ist wirklich ein riskantes Unternehmen. Ich habe trotzdem gedacht, das könne man tun, während unser Fakultätsheiliger Weber diesen Begriff scharf kritisiert und eine ganz andere Vorstellung vertreten hat, nämlich: Über der unendlichen Vielzahl von Individuen regieren große, wie er das nennt, Ordnungsmächte in ihren Wertsphären: die Religion, die Hochkultur, die Wirtschaft, die Politik. Und sie fassen dann jeweils die Menschen in Religionsgenossenschaften oder politischen Parteien oder Wirtschaftsverbänden zusammen. Doch konnte ich mir trotz aller Verehrung diese Überzeugungen Webers, denen ein radikaler Individualismus zu Grunde liegt, nicht zu Eigen machen. Wenn man jeweils von 60 bis 80 Millionen Deutschsprechenden in Mitteleuropa ausgeht, kann man diese Ordnungsmächte im Weberschen Sinne nicht mehr überzeugend zusammenführen. Das geht so gegen die Denkgewohnheiten und gegen die Begriffe, die im Schwange sind, dass ich dachte, es sei wichtiger, in einer vertrauten Sprache Leser und Hörer zu erreichen. Und deshalb habe ich einen manchmal etwas ahistorischen Gebrauch von Gesellschaft in Kauf genommen.

Noch ein letztes Manko ist zu benennen, das ich auch jetzt erst deutlicher sehe als früher: die Konzentration auf nationale Gesellschaften. Wir alle, die wir uns an dieser Debatte beteiligt haben, hatten nationale Gesellschaften im Auge – Hobsbawm vor allem England, Braudel nur Frankreich, wir die unterschiedlichen deutschen Gesellschaften und Staaten – und diese Konzentration auf nationale Gesellschaften in ihren Grenzen führte dazu, dass man transnationale, internationale Prozesse vernachlässigte, obwohl deren Einfluss gar nicht zu leugnen ist. Und immer wenn man an bestimmte Probleme kam, konnte man das ja konzedieren, zum Beispiel die Rolle von Massenmigration, die fünf, ja sechs Millionen Deutschen, die in nur wenigen Jahren nach Nordamerika auswanderten, oder die Ideenströme, die wie etwa der Darwinismus in die deutsche Gesellschaft eindrangen, oder Probleme des Imperialismus, als auch Deutschland schließlich expandierte und sich Kolonien aneignete. Im Grunde aber fehlt die prägende Wirkung der transnationalen Einflüsse in all den gesellschaftsgeschichtlichen Projekten, die ich kenne, weil sie zu sehr durch die traditionelle Fixierung auf eine nationale Geschichte gebunden sind, mithin an eine enge Vorstellung ihres Gegenstands.

Auch wenn das so ist, bleiben in meinen Augen gleichwohl einige Vorzüge weiter bestehen. Da ist zum ersten, im Kantischen Sinne, die regulative Idee oder die gedankliche Utopie, wie Weber gerne sagt: dass man sich dem historischen Prozess vielseitiger annähern kann, wenn man Herrschaft, Arbeit, Kultur, Soziale Ungleichheit immer im Auge behält statt nur eine der Konzeptionen, die ich am Anfang genannt habe. Damals hatte der amerikanische Wissenschaftstheoretiker Thomas Kuhn seine sehr einflussreiche Vorstellung von den Paradigmata entwickelt: dass sich in jeder Wissenschaft bestimmte Interpretationen herausbilden, die das vorhandene Wissen strukturieren und glaubwürdig auf bestimmte Formeln bringen. Er war der Ausbildung nach Physiker und hat das an der Naturwissenschaft verfolgt, aber das ging zum Beispiel auch in der Geschichte.

Die Vorstellung der amerikanischen Historiographie etwa bis in die Mitte des vorigen Jahrhunderts, dass die «wandernde Grenze», die Frontier, das amerikanische politische Leben, die Formen amerikanischer Gastfreundschaft, eine bestimmte Mentalität geprägt habe, schien der Mehrheit der amerikanischen Historiker ein überzeugendes Paradigmas zu sein, während zur selben Zeit die Rankeschüler in Deutschland der Meinung waren, der Primat der Außenpolitik gestatte es, die wesentlichen Bedingungen im Staatsbildungsprozess zu erfassen. Und so kann man die Gesellschaftsgeschichte als Versuch eines Paradigmas verstehen, das ganz flexibel angewandt werden kann. Man kann mit der Bevölkerungsgeschichte anfangen, mit der Wirtschaftsgeschichte, mit der Sozialen Ungleichheit. Es gibt keine dogmatische Vorentscheidung. Und drittens erinnert dieser Appell, dass eine Synthese herauskommen soll, die den Lesern und Hörern die riesige und sehr diffuse Forschung vermitteln möchte, dass wir das wissenschaftlich ebenso wie politisch unseren Lesern und Hörern schuldig sind. Wenn wir das nicht tun, dringen popularisierende Journalisten wie Guido Knopp und andere ein, und es entsteht die Frage, ob deren Konzepte standhalten. Ich gehöre nicht zu den prinzipiellen Kritikern, weil ich glaube, dass Knopp manche Probleme aufgreift, welche die Historiker nicht so effektiv für ihr Publikum übersetzen. Aber es sind jedenfalls auch große Probleme damit verbunden, wenn die Historiker sich in einer falschen Askese ständig zurückhalten.

Schließlich kann auch der vierte Vorzug dieser Grundentscheidung für die Gesellschaftsgeschichte dazu führen, dass man sich ungleich weiter als andere den Nachbarwissenschaften öffnet. Die deutsche Historiographie hat seit Leopold von Ranke die unerträgliche Arroganz besessen, immer an der Spitze der internationalen Entwicklung zu marschieren, obwohl z.B. die englische Sozialgeschichte ungleich weiter entwickelt ist, die amerikanische Wirtschaftsgeschichte von der deutschen bei weitem nicht eingeholt worden ist. Mit einer umfassenden Gesellschaftsgeschichte war auch die Vorstellung verbunden, dass man die Geschichte als eine Historische Sozialwissenschaft praktizieren müsse, weil man nur mit Hilfe der Theorien, Methoden, Ergebnisse der Nachbarwissenschaften, ob das nun Soziologie, Politikwissenschaft, Ökonomie waren, vorankam, so wie heute die Kulturgeschichte auch sagen müsste: Wir müssen alle Kulturanthropologie, Literaturwissenschaft, Sprachphilosophie betreiben, um dicht an Kultur heranzukommen.

Ich halte es für einen Vorzug, wenn man ständig den Appell verspürt, sich den Ergebnissen auch der Nachbarwissenschaften zu öffnen, weil diese oft Instrumente und Ergebnisse zur Verfügung stellen, auf welche Historiker nicht kommen. Nur ein Beispiel: Es gibt von einem deutsch-amerikanischen Historiker, Konrad Jarausch, ein Buch, «Die Umkehr», über die Zeit nach 1945. Da wird die Rückkehr Deutschlands nach der Barbarei des «Dritten Reichs» in den Kreis der zivilisierten, westlichen Staaten geschildert, sehr wohlwollend und die Leistung anerkennend. Aber es ist rein deskriptiv. Und wenn das berühmte Wirtschaftswunder kommt, diese historisch einmalige Hochkonjunktur von 1950 bis 1973 bis zur ersten Ölkrise, schreibt Jarausch: Und woher kam das Wirtschaftswunder? Viele fleißige Hände warteten auf Arbeit. Da läuft es mir kalt den Rücken herunter. Denn es gibt eine große internationale Diskussion, an der sich die besten Wirtschaftshistoriker Englands, Amerikas, Frankreichs, Italiens und auch Deutschlands beteiligen, wie man diese einzigartige Hochkonjunktur erklären kann – eine Konjunktur, die in dieser Form nie wieder kommen wird. Deshalb ist es auch eine ganz falsche Leitvorstellung für die westdeutsche Konjunkturpolitik anzunehmen, man könnte noch einmal 8,9 Prozent Wachstum jedes Jahr erreichen. Worauf beruhte sie? Beruhte sie darauf, dass damals der Weltmarkt liberalisiert wurde? Eine andere Schule, vor allem von Amerikanern, sagt: In einem ungeheuren Tempo wurde der amerikanische Vorsprung aufgeholt, wir haben dabei geholfen, und das kurbelte den Betrieb an. Wieder andere sagen: Ja, es ist richtig, durch den alliierten Bombenkrieg ist ein Viertel des deutschen Industriepotenzials zerstört worden, aber das Wachstumspotenzial ist, wie wir jetzt wissen, weiter leistungsfähig und das Zerstörte wird durch die neusten Maschinen ersetzt, so dass die Fähigkeit zur Rekonstruktion der alten Leistungsfähigkeit entscheidend war. Eine sehr spannende Diskussion, an der sich die klügsten Köpfe der Ökonomie und Nobelpreisträger beteiligen. Da kann man als Historiker nicht sagen: «die fleißigen Hände warteten auf Arbeit». Vielmehr muss man sich einlesen und eine gewisse Ahnung von den Argumenten haben. Die deutsche Industrie war völlig auf gleicher Augenhöhe, es gab hierzulande dieselben großen Konzerne wie im Ausland. IG Farben hielt mit jedem Chemiewerk der Welt mit, allemal mit den amerikanischen.

In meinen Augen handelt es sich um eine Kombination von wieder aufgebautem Wachstumspotenzial, was trotz der vielen Trümmer nicht zerstört worden war, so schlimm es auch in den ausgebombten Städten aussehen mochte, und der Tatsache, dass man aus den Folgen des Ersten Weltkrieges gelernt hatte, als sich jeder abgeschottet hatte, und den Weltmarkt durch Bretton Woods und internationale Organisationen völlig liberalisierte. In diesen Weltmarkt stießen nun die Westdeutschen seit dem Koreakrieg hinein, weil dieser die anderen Wirtschaften so gebunden hat, dass die deutsche Wirtschaft, die damals nichts mit Wiederaufrüstung am Hut hatte, ihre ungeheuren Wachstumserfolge erzielen und sich dann auf eine Weise auch modernisieren konnte, dass sie diese führende Rolle erreichte und behielt.

Im Herbst 2008 ist der fünfte Band meiner «Gesellschaftsgeschichte» erschienen, der bis zum Jahr 1990 reicht. Man kann natürlich sagen, dass dieses Projekt eine mildere Form von Megalomanie darstellt, und ich gestehe, dass ich in düsteren Stunden manchmal durchaus auch selber dieser Meinung gewesen bin. Aber es ist eine Konzeption, die ich zunächst einmal verteidige und die in unserem heutigen Wissenschaftsbetrieb notwendiger ist als je zuvor.

Außer dem ersten Aspekt aus dem Gesamtkomplex eines solchen Unternehmens, dem Versuch einer Synthese, will ich noch einen zweiten Aspekt ansprechen, den man aber sehr viel kürzer abtun kann: dass man nämlich Gesellschaftsgeschichte immer als Kontext, als Rahmen vor Augen hat, wenn man spezielle Monographien schreibt. Ich nenne es die Kontextualisierung, also die Herstellung des historischen Zusammenhangs, in dem man seine Probleme analysiert. Dabei handelt es sich um ein uraltes geschichtswissenschaftliches Problem, das wussten die großen Historiker des 18. Jahrhunderts und die Generation von Ranke und Niebuhr ganz genau, auch wenn wir uns auf die führenden Persönlichkeiten konzentrieren.

Entscheidend ist (wie unser Modewort jetzt lautet) der historische Kontext, in dem sie sich bewegen. Und daran, wie er berücksichtigt wird, erweist sich auch die Qualität der historischen Studien, also auch jeder Biographie. Es ist ja in gewisser Hinsicht leicht, eine Brüning-Biographie zu schreiben, aber diesen Mann in den Kontext der untergehenden Weimarer Republik einzubetten, so dass man genau erkennen kann, welchen Spielraum er hatte, den er schon zwei Monate später nicht mehr besaß – das ist die eigentliche Kunst. Und das geht dann nicht ohne den Kontext der Politikgeschichte oder des wirtschaftlichen Wachstums oder der sozialen Klassen, sondern man muss den gesamtgesellschaftlichen Kontext vor Augen haben.

Man kann dazu einige Arbeiten nennen, die vielleicht nicht jedermann geläufig sind.

– Die erste stammt von Christiane Eisenberg: «English sports» – also der aus England importierte Sport – «und die deutsche Bürgergesellschaft zwischen 1800 und 1939». Das ist eine Längsschnittstudie von einer Historikerin, die selber einmal deutsche Meisterin im Brustschwimmen war und die dann bei der Historie gelandet ist. Sie arbeitet nicht wie die Gesellschaftsgeschichte mit dem Ziel der Synthese und fragt dann: Was sind die dominierenden Strukturen und Prozesse um die individuellen Phänomene dort einzuordnen. Sondern sie geht – umgekehrt – von individuellen Phänomenen aus und schildert sie unter dem Anprall des aus England importierten Sports. In einem Satz gesagt: Wie wird durch Fußball und Leichtathletik, die englischen Sportarten, die deutsche Vorherrschaft des Turnens in relativ kurzer Zeit aufgebrochen? Und was bedeutet das für die Bürger und die Proletarier, die sich diesen neuen Sportarten des Massensports öffnen? Den Kontext bildet immer die deutsche bürgerliche Gesellschaft, die sich durch diesen Transfer aus England verändert.

– Der Historiker, bei dem sie anfänglich gearbeitet hat, Jürgen Kocka, hat zwei von vier geplanten Bänden über die Geschichte der deutschen Arbeiterschaft und Arbeiterbewegung im 19. Jahrhundert geschrieben, und dort wird die Entstehung der Arbeiterschaft, also des späteren Industrieproletariats, und der organisierten Arbeiterbewegung in den Kontext der deutschen gesell-

schaftlichen Entwicklung eingebettet, nicht nur in die Politik, die durch das Vereinsrecht und anderes der Arbeiterbewegung einen engen Rahmen vorgab, sondern der Anspruch ist, dass man den gesamtgesellschaftlichen Kontext vor Augen hat.
- Dann gibt es drittens ein sehr eindrucksvolles Buch, das Stefan Malinowski über den sozialen Niedergang und die Radikalisierung des deutschen Adels im 20. Jahrhundert geschrieben hat. Wir hatten alle jahrelang gepredigt, wie wichtig die Rolle sei, welche die Junker im Kaiserreich und dann in der Weimarer Republik bis zum Schluss gespielt hätten, als sie Hindenburg rieten, er solle doch auf den Volkstribun der NSDAP setzen. Aber es war kein einziges empirisch fundiertes Buch zu Stande gekommen. Diese Lücke hat Malinowski nun im Zusammenhang eines großen Forschungsprojekts über Elitenwandel in der Moderne geschlossen. Da wird auch wieder die Gesellschaftsgeschichte als Kontext für die Entwicklung der verschiedenen Adelsformationen präsentiert, vor allem des Militäradels und des verarmten Landadels.
- Dann gibt es drei interessante neuere Studien, in denen Gesellschaftsgeschichte als Kontext präsent ist. Das ist einmal die Beziehungsgeschichte von Arbeiterschaft und Bürgertum in Erfurt zwischen 1870 und 1914 von Jürgen Schmidt. Sie ist ein Musterbeispiel für die Einbettung dieser Beziehungen zwischen zwei Lagern, die man gewöhnlich getrennt untersucht. Die zweite, von Ulrike von Hirschhausen, widmete sich einer ganz anderen Stadt: Riga in derselben Zeit von 1860 bis 1914, und zwar dem Zusammenleben von Balten, Deutschen, Juden, Letten und Russen in einer multinationalen Stadt. Sie geriet bis 1914 unter den Druck der scharfen Nationalisierung dieser jeweiligen Minderheiten, die aber bis dahin friedlich koexistiert hatten. Der Studie gelingt es, die gesamte städtische Gesellschaft als Kontext zu präsentieren. Und genauso ist das mit dem Buch von Till van Rahden über Breslau, ein Fall, wo Juden, Protestanten und Katholiken auch in der Zeit von 1860 bis nach dem Ersten Weltkrieg vorgestellt werden. Da ist es der gesellschaftliche Kontext, das Leben in einer Großstadt, und der sich anbahnende und verschärfende Antisemitismus, der diese Lebenswelt zerstörte.

Alle diese Beispiele zeigen eines: die Erfassung des historischen Kontexts im Sinne einer Gesellschaftsgeschichte, die nicht allein auf Synthese abhebt, die es aber erlaubt, die untersuchten Probleme einzuordnen und in den historischen Kontext einzubinden. Riskiert man diese Einbindung in die Gesellschaftsgeschichte unabhängig davon, was man da heute aufgreifen würde – die Gesellschaftsgeschichte der Wirtschaftswunderjahre oder Oberhausens, einer Ruhrgebietsgroßstadt, die seit dem Ende der 1840er Jahre auf der Steppe entstand, eine rasante Konjunkturentwicklung erlebte und heute ein Zentrum der westdeutschen Arbeitslosigkeit ist. Es geht immer darum, auf einem bestimmten Reflexionsniveau zu versuchen, den gesellschaftlichen Kontext oder auch die Synthese, je nachdem was man vorhat, im Auge zu behalten.

Und das scheint mir – diese kleine Schlusspolemik sei noch erlaubt – ein großer Vorzug zu sein gegenüber der Modeströmung der «Neuen Kulturgeschichte». Denn da läuft ja eine Konfrontation seit nunmehr zwanzig Jahren zwischen der Sozial- und Gesellschaftsgeschichte auf der einen und der Kulturgeschichte auf der anderen Seite. Diese Kontroverse hat ihren Höhepunkt überschritten, definitiv z. B. in Amerika, und es hat sich herausgestellt, dass die «Neue Kulturgeschichte» vor zentralen Problemen der Neuzeit, die jeden Historiker und jede Historikerin fesseln müssen, zurückscheut. Ich nenne als Beispiele nur den anhaltenden Staatsbildungsprozess, die Nationsbildung, die jetzt wieder sowohl in den vereinigten beiden deutschen Neustaaten nach 1989 als auch in Osteuropa und in Übersee weiterläuft, den Aufstieg und Niedergang von totalitären Systemen wie dem Bolschewismus und Nationalsozialismus, die Weltbilder, die die Menschen bei ihren Handlungen anleiten, das Nord-Süd-Gefälle, den Imperialismus und sein Erbe und so weiter. Es gilt, sich solchen Problemen zu stellen und erst dann die kulturellen Phänomene, die diese Probleme oft einhüllen, aufzuschlüsseln.

Zugegebenermaßen haben sowohl die Sozialgeschichte als auch die Gesellschaftsgeschichte selber wichtige Perspektiven vernachlässigt und stehen eindeutig unter einem Zugzwang, diese Lücken zu schließen; ich habe das schon am Anfang gesagt. Die Herausforderung besteht im Augenblick darin, sie schnell und überzeugend zu schließen und nicht länger die Lücken bestehen zu lassen. Und für die Flexibilität, mit der das möglich ist, gibt es inzwischen vorzügliche Beispiele: Thomas Mergels Buch über das Kölner Bürgertum verbindet beides. Oder da ist Stefan Hoffmanns Buch über die Freimaurer: Mehr kann man an Sozialgeschichte über Freimaurer und die Diskurse, mit der sie ihre Stellung in der Welt beschrieben haben, nicht zusammenfügen. Und gerade diejenigen, die nun Weber verehren, müssen die Rolle von Weltbildern und Religionen intensiver berücksichtigen als bisher. Dagegen sträubt sich die «Neue Kulturgeschichte» noch immer gegen diese Öffnung gegenüber der Sozial- und Gesellschaftsgeschichte, auch gegenüber der Herausforderung, die damit verbunden ist, nun endlich einmal kulturgeschichtliche Synthesen vorzulegen. Das ist auf die Dauer keine haltbare Position. Das Duell zwischen Sozialgeschichte und Kulturgeschichte wird noch eine Zeit lang anhalten, bis sich die gängigen Leistungs- und Qualitätskriterien auch in der Kulturgeschichte durchgesetzt haben: die Auswahl der Probleme, Theorie- und Methodenbewusstsein, empirische Fundierung, Interdisziplinarität und viele andere. Bis dahin wird es hoffentlich bei einer lebhaften Auseinandersetzung bleiben.[1]

17. Intentionalisten, Strukturalisten und das Theoriedefizit der Zeitgeschichte

Im Hinblick auf die große Kontroverse zwischen Intentionalisten und Strukturalisten, die grosso modo in dem Jahrzehnt zwischen 1969 und 1979 ihren Höhepunkt erreichte, von einem Theoriedefizit der deutschen Zeitgeschichte auszugehen, legt zwar den Finger auf einen wunden Punkt, hängt aber auch die Meßlatte außerordentlich hoch. Denn allzu leicht wird eine allgemein verbindliche Theorie als wünschenswert unterstellt. Tatsächlich gab es aber auch damals explizite und implizite Theorieorientierungen mit einem unterschiedlichen epistemologischen Status, dazu von ihnen angeleitete Forschungsprogramme mit unterschiedlichen Erfolgserlebnissen. Beide Seiten standen jedoch in einer heftigen, zeitweilig leidenschaftlich ausgetragenen Konkurrenz um die Deutung des

«Dritten Reiches» einander gegenüber. Als die Kontroverse seit dem Anfang der 80er Jahre allmählich abklang, hatte sich keineswegs eine Annäherung, ein Kompromiss, ein eklektizistischer Interpretationsansatz durchgesetzt.

Tatsächlich gab es seit Karl Dietrich Brachers erstaunlicher Leistung in seiner *Auflösung der Weimarer Republik* von 1955 einen methodischen und einen theoretischen Vorschlag, in welche Richtung sich die in der Bundesrepublik soeben erfundene Zeitgeschichte bewegen sollte. Methodisch plädierte Bracher bekanntlich für die Fusion von historisch-genetischem und systematisch-analytischem Vorgehen. Das klingt heute geradezu banal. Doch man muss sich noch einmal die (vom damals üblichen Rezensionsstil weit abweichende) empörte, schneidende Kritik von Werner Conze und Waldemar Besson vergegenwärtigen, um zu erkennen, wie rückständig wichtige Zunftvertreter in der Mitte der 50er Jahre über erkenntnistheoretische Fragen argumentierten. Theoretisch neigte Bracher zur Totalitarismustheorie, schwenkte aber – offenbar unter dem Einfluss seines altertumswissenschaftlichen Studiums und seiner Dissertation über die Diktatur in der Antike – in den 60er Jahren zu seinem Konzept des Hitlerregimes als «Deutsche Diktatur» über, das sich als nicht durchsetzungsfähig erwies.

Die heute noch einmal zur Debatte stehende Kontroverse, die um die Mitte der 60er Jahre anlief und 1969 mit der Reaktion auf Martin Broszats *Staat Hitlers* einen ersten Höhepunkt erreichte, ehe sie sich gut zehn Jahre lang auf der Ebene intellektueller Disputation, zugleich aber auch emotionaler Erregung bewegte, schloss sich aber nicht an Bracher an, sondern bildete zwei andere Fronten aus. Auf der einen Seite standen die sogenannten Intentionalisten als Vertreter des überkommenen, freilich «moralisch geläuterten Historismus» (um Ernst Schulins Formulierung aufzugreifen), der auf der Linie der traditionellen Hermeneutik das individuelle Denken und Handeln privilegierte. Handlungstheoretisch erblickte er in ihm den entscheidenden Motor des historischen Prozesses. Diese Intentionalisten rückten daher Hitler und seine Monokratie, seine Motive und seine Programmatik entschieden in den Mittelpunkt ihrer Interpretation. Der Nationalsozialismus wurde für sie zum Hitlerismus. Wer diese Deutung leugnete, handelte sich den Vorwurf der Verharmlosung ein, letztlich des Versagens des politisch-moralischen Urteils.

Ihre Kontrahenten dagegen, die sogenannten Strukturalisten (der gleichzeitig gebrauchte Ausdruck Funktionalisten traf ihre Position nicht, da sie streng genommen die Führerdiktatur keineswegs, gut neomarxistisch, für eine Funktion der gesellschaftlichen Kräfteverhältnisse hielten) wollten sich mit der Monokratie Hitlers nicht zufrieden geben. Vielmehr fragten sie nach den gesellschaftlichen Konstellationen und Strukturen, die den Aufstieg des Nationalsozialismus, die Elitenkollaboration mit ihm, vor allem dann die Zustimmung zum Hitlerregime bis weit in die Kriegsphase hinein ermöglicht hatten. Ohne die Kenntnis dieser gesellschaftlichen Phänomene lasse sich die Natur des nationalsozialistischen Regimes nicht erfassen. Ihre genuine Frage richtete sich auf die inneren Zusammenhänge von Herrschaftsverfassung und Gesellschaftssystem. Statt auf Motivforschung zielten sie primär auf den Charakter von Entscheidungsprozessen, die nach ihrer Auffassung einem stetigen Radikalisierungstrend folgten. Übrigens gehörte keiner der Strukturalisten der 68er-Bewegung an, deren öde, empirisch belanglose Faschismustheorie auf ihre dezidierte Kritik traf.

Nachdem die rivalisierenden Interpretationen in zahlreichen Rezensionen und Aufsätzen, Konferenzbeiträgen und Büchern unmissverstandlich herausgearbeitet worden waren, trafen die Protagonisten im Mai 1979 auf einer inzwischen berühmten Konferenz in England zusammen, die Wolfgang Mommsen als neuer Leiter des Deutschen Historischen Instituts in London organisiert hatte.[1] Das Resultat: Erstarrte Fronten, jeder verteidigte seine Position mit Scharfsinn, Einseitigkeit und Hingabe. Danach klang die Siedehitze spürbar ab. Aber Andreas Hillgruber, Klaus Hildebrand, im Grunde auch Eberhard Jäckel (vom Rande her auch Joachim Fest[2]) beharrten auf ihrer Position. Und Hans Mommsen, Martin Broszat, Tim Mason, Wolfgang Schieder, Peter Hüttenberger und andere sahen überhaupt keine überzeugenden Gründe, ihre Deutung aufzugeben.

Die Kontroverse kreiste, analytisch gesehen, vor allem um zwei offene Fragen: Wollte man, mit Max Webers berühmter Metapher gesprochen, das Weltbild Hitlers als die entscheidende Ressource für die fatalen Weichenstellungen anerkennen, so dass sich die materiellen und die ideellen Interessen danach auf dieser Bahn bewegten? Obwohl die Intentionalisten von Weber oder irgendeiner anderen expliziten Theorieorientierung denkbar wenig hielten, ging es zum einen um diese Entscheidung.

Während der Debatte waren Individuen und gesellschaftliche Konstellation in schroffer Polarisierung einander gegenübergestellt worden. Das stellte sich keineswegs als erkenntnisfördernd, sondern zusehends als erkenntnishemmend heraus. Denn erkenntnistheoretisch ging es zum anderen darum, möglichst in einer einzigen Konzeption Person und Gesellschaft überzeugend zu verbinden. Das Angebot an solchen Konzeptionen war damals (und ist noch heute) außerordentlich schmal. Es ist daher kein Zufall oder eine idiosynkratische Option, dass Ian Kershaw, der an dem Duell in Cumberland Lodge teilgenommen und sich unter dem Einfluss von Broszat immer tiefer in die deutsche Zeitgeschichte der 1930er und 1940er Jahre hineingearbeitet hatte, die am meisten versprechende Lösung in Webers herrschaftstypologischer Konzeption der charismatischen Herrschaft erblickte.[3] Denn die ihr zugrunde liegende Denkfigur ähnelt einer Ellipse mit zwei Brennpunkten, da der Charismatiker und die Gesellschaft in der unauflöslichen Wechselwirkung einer «sozialen Dauerbeziehung», wie Weber sagt, verbunden sind.

Durch die Entscheidung für das Strukturierungsschema der charismatischen Herrschaft wurden wichtige Probleme angemessen erfasst und meines Erachtens gelöst. Da erschien der Charismatiker als Produkt der existentiellen Krise nach 1918 und 1929; da ging es um die gesellschaftliche Disposition zugunsten des großen Individuums und die Hingabebereitschaft, die zugleich die Normenzerstörung unter der Ägide des Charismatikers erklären half; da entsprach die Polykratie, die auf einem Nebenschauplatz ebenfalls heftig umstritten gewesen war, durchaus der Herrschaftslogik der Führerdiktatur mit ihrer Tendenz, außerhalb der regulären Bürokratie den exekutiven Sonderstäben wichtige Aufgaben zu übertragen. Nicht zuletzt konnte dem Insistieren der Intentionalisten auf der Sonderrolle Hitlers Rechnung getragen werden, da Hitlers Eigencharisma – vor allem in Gestalt seines rhetorischen Talents, seiner sozialkommunikativen Kompetenz und Suggestivkraft, seiner Durchsetzungsfähigkeit im Angesicht wichtiger Entscheidungen, seines Status als letztinstanzlichem Legitimationsspender für Holocaust und Vernichtungskrieg – anerkannt und mit der Zuschreibung charismatischer Fähigkeiten kombiniert werden konnte.

So hat die List der Vernunft, als sich die Pulverschwaden nach der erbitterten Kontroverse verzogen hatten, zu dem Lösungsangebot von Ian Kershaw geführt, das keine der beiden Streitparteien im Verlauf ihrer Auseinandersetzung ins Auge gefasst hatten.

Ich finde nicht, dass der Charisma-Begriff veredelt worden ist, wie Lutz Niethammer befürchtet, sondern das ist ein kühler Begriff, genauso wie Weber den Nationalismus kühl und angemessen definieren kann. Die drei Stichworte, die Ian Kershaw geliefert hat – Integrator, Aktivator, Legitimator – fassen noch einmal Wesentliches zusammen. Über die Integration, das wird auch Hans Mommsen konzedieren – er sagt bis 1935 –, besteht kein Zweifel. Aktivator: Bei Himmlers großen Reden zum Holocaust heißt es: «Der Führer hat diese Verantwortung auf meine Schultern gelegt.» Er müsse diese Aufgabe übernehmen, denn dahinter steckt die Kenntnis dieses Mannes, dass Hitler die radikale Lösung immer befürwortet. Für jeden, der mit Weber argumentiert, ist das Legitimationsargument entscheidend. Hitler ist die große Legitimationsfigur im Vernichtungskrieg im Osten, schon in Polen 1939, und allemal beim Judenmord.

Die Vorstellung von charismatischer Herrschaft hat einen großen Vorzug, außer vielen anderen: Sie zwingt nämlich dazu, wenn man kohärent argumentieren will, die bürokratischen Stäbe mit einzubeziehen. Weber hat die Vorstellung verfochten, dass zu jedem Herrschaftstypus bestimmte Verwaltungs- und Bürokratiestäbe gehören. Das Polykratieproblem, das damals die «Hitleristen» ungemein aufregte, erledigte sich damit von selber, weil die Einsetzung exekutiver Sonderstäbe – für die Euthanasie, für die Judenvernichtung – genau dieser Vorstellung von der zentralen Führungsfigur entspricht, sich nicht auf die gesetzgebundene, normorientierte staatliche Bürokratie zu verlassen, sondern auf handverlesene Sonderstäbe, welche die Aufgaben übernehmen. Selbst wenn man von den Polykratieproblemen nichts wüsste, würde man gezwungen sein zu fragen, wo denn die spezifischen Stäbe sind, die eine solche charismatische Struktur unterstützen.

Dem, was Lutz Niethammer zur neueren Forschung sagt, stimme ich zu. Die lohnende Debatte ist, wie weit die Verteidiger von charismatischer Herrschaft kommen gegenüber Befunden von Michael Wildt und Ulrich Herbert, z. B. das Reichssicherheitshauptamt als Elitenversammlung zu verstehen, die ein gewisses Maß an autonomer Handlungsfähigkeit hat. Daneben kann man die Eugeniker, die Demographen, einen guten Teil der Ärzteschaft und die Juristen nennen – das kann man ja bei Saul Friedländer und anderen nachlesen, wie anfällig die deutschen Eliten waren. Die Frage ist: Wie waren sie handlungsfähig ohne die Legitimation durch das von Hitler verkörperte System? Wenn dem RSHA von Heydrich als Führerbefehl mitgeteilt worden wäre, die gesamte Judenfrage müsse aus Rücksicht auf das Ausland zehn Jahre auf der Stelle verharren, was danach folge, sei abzuwarten, hätten die Herren gehorcht. Sie wären nicht autonom imstande gewesen, über gelegentliche Pogrome hinauszugehen bis zu einer Vernichtungsaktion gegen die gesamte europäische Judenheit; dazu brauchten sie diese legitimatorische Instanz Hitler.

Auch nach 1935 schwimmt Hitler auf einer Welle der Zustimmung: Olympische Spiele 1936, Hitlers 50. Geburtstag 1939 – Berlin steht Kopf, die Wehrmacht paradiert in einer Monsterschau –, dann die Zustimmung nach dem Polenfeldzug, nach dem Frankreichfeldzug. Wenn Hitler nach der Siegesparade in Paris, unter Aufsicht des Völkerbundes, freie Wahlen abgehalten hätte, hätten ihn da nicht wegen dieses enormen Erfolgs, der das ganze Ressentiment seit dem Ersten Weltkrieg gestillt hat, 90 Prozent gewählt? Dass die Deutschen wieder was waren als Nation? Die Frage, die Hans Mommsen immer aufwirft: Was sind die dynamischen Erregerfaktoren? Ist das wirklich nur dieser Hitler, der dieses Weltbild hat mit Lebensraum und Judenvernichtung, und der das zwar ohne Hillgrubersche Programmatik, aber relativ zielstrebig nie aus dem Auge verliert? Oder sind SS-Stäbe, Eugeniker, Leute um Leonardo Conti und andere, sind die auch die dynamischen Erreger? Das ist ein offenes Problem: Reicht es aus, wie bislang charismatische

Herrschaft gegen den empirischen Anprall der Argumente, wie Wildt sie anführt, verteidigt worden ist, charismatische Herrschaft primär stark zu machen? Oder muss man nicht gleichgewichtig diese anfälligen Funktionseliten sehen, die dann nur zu gerne als Planer und Exekutoren mitmachen? Welche Gewichte stellen sich dann her? Ob sie das alle gekonnt hätten ohne die Vorstellung, der Führer decke auch die radikalste Lösung, ist sehr die Frage.

Lepsius unterscheidet zwischen dem Eigencharisma als politischem Talent und der Zuschreibung von Charisma. Natürlich gibt es in der politischen Kultur eine Verehrung des großen politischen Einzelnen. Von den 20er Jahren bis in die 40er Jahre ist die Beschwörung des «zweiten Bismarck» und später die Zuschreibung des Charismas auf Hitler mit beiden Händen zu greifen. Meine ganzen Sympathien gehörten in der damaligen Debatte den Strukturalisten, aber sie haben es nicht geschafft, sich dem Problem zu stellen, welches Eigencharisma dieser Mann gehabt hat. Wie Hitler sich durchgesetzt hat – Ministerien gegenüber, hoch trainierten Generalstabsoffizieren gegenüber, immer wieder –, dafür muss man ein, wenn auch ungeheuer verderbliches, Talent haben. Damit bleibt die Frage, wie wir Personalcharisma und Zuschreibungscharisma gewichten.

Ich wollte noch etwas zu Norbert Frei anfügen. Ich kannte Broszat seit 1954. Er hatte ein unwahrscheinliches politisches Temperament, und wenn er hörte, «das hat doch alles nur der Führer ...» – da vermutete er sofort reine Apologetik. Das hielt sich ziemlich lange durch, in den achtziger Jahren war er moderater. Die «Volksgemeinschaft» hielt er zunächst für eine reine Propaganda-Erfindung. 1986 habe ich dann mit ihm nach einer Konferenz in München diskutiert, und er sagte: Grandios verfehlt, wir haben das völlig unterschätzt, welche Wirkung die «Volksgemeinschaft» hatte, und zwar von rechts bis links.

Ich will nur noch ein Beispiel nennen für die Wirkung Hitlers nach 1935: Wegen der großen Verluste des Offizierkorps wird dem Militär 1942 die Ernennung von Offizieren entzogen. Hitler selber schreibt mit seinen Militäradjutanten die neue Ordnung. Sie bindet Hitler nicht mehr an Abitur, Kooptation durch das Offizierkorps des Regiments, sondern macht HJ-Zugehörigkeit, Gesinnungstreue, Frontbewährung, Tapferkeit zu den Kriterien. So werden bis zum Kriegsende 100 000 von 280 000 zu Offizieren ernannt – und die kämpfen bis zum Mai 1945. Ich glaube, das hängt mit Kershaws Führermythos zusammen. Diese junge militärische Elite ist in einem hohen Maße auf Hitler fixiert – wie man das erklären will ohne die Fixierung auf den Führermythos, ist mir völlig schleierhaft.

18. Ein glänzendes Beispiel vergleichender Geschichte

Die vergleichende Geschichtswissenschaft, die sich nicht mit einem isolierten nationalgeschichtlichen Gegenstand zufrieden gibt, sondern mit Problemen im Kontext mindestens zweier Gesellschaften oder Staaten beschäftigt, gilt seit langem als Königsweg zur Analyse von komplexen Phänomenen. Seit den bahnbrechenden Studien alter Meister wie Marc Bloch oder Otto Hintze ist der Gewinn an Klarheit und vertieftem Urteil, welche der komparativen Methode (sofern das Projekt glückt) zu verdanken sind, nicht mehr ernsthaft bestritten worden. Doch wegen der hohen Ansprüche und Schwierigkeiten, die gemeinhin mit dem Vergleich verbunden sind, da er sowohl theoretisch-methodische Präzision als auch Kenntnisse des historischen Prozesses in mindestens zwei Ländern verlangt, bleibt es häufig bei der Beschwörung der Vorzüge, während es an überzeugender Praxis durchaus mangelt.

Der seit 1994 an der «London School of Economics» Internationale Geschichte lehrende amerikanische Neuzeithistoriker MacGregor Knox hat sich schon seit Jahren dadurch ausgezeichnet, dass er sich einem brennenden Thema des 20. Jahrhunderts: den Diktaturen in Italien und Deutschland, immer wieder in vergleichenden Studien gewidmet hat. Sie verraten seine enge Vertrautheit mit den komplizierten nationalgeschichtlichen Pfaden, denen diese beiden Länder namentlich in der ersten Hälfte des 20. Jahrhunderts gefolgt sind. Nun hat er sich entschlossen, in einer zweibändigen Synthese eine Bilanz der gesamten Forschung zu ziehen.[1] Bereits nach dem soeben erschienenen, bis 1933 führenden ersten Band, kann man von einem Meisterwerk sprechen. Denn Knox bewegt sich nicht nur auf der Höhe der gesamten internationalen Forschung, sondern auch auf einem imponierenden Reflexions- und Interpretationsniveau. Er beweist damit erneut, dass er einer der wenigen Experten ist, welche die Praxis komparativer Geschichte in der Tat beherrschen.

Jeder, der sich einmal mit der umfangreichen Literatur über den deutschen Nationalsozialismus und den italienischen Faschismus beschäftigt hat, erfährt schnell, dass sie jeweils ganze Bibliotheken zu füllen vermag. Allein die empirisch bewährten Resultate der Forschung und die wichtigsten Aspekte der Interpretation zu kennen, ist mit hohen Anforderungen verbunden. Knox wird nicht nur dieser Anforderung gerecht, obwohl allein einer solchen Leistung Jahrzehnte intensivster historischer Arbeit zu Grunde liegen. Vielmehr gelingt es ihm auch immer wieder, die Bedeutung des historischen Verlaufs und seine wichtigsten Aspekte überzeugend herauszuarbeiten.

Bei seinem Unternehmen beschränkt sich Knox nicht etwa darauf, mit dem üblichen Einstieg, dem Ersten Weltkrieg und seinen Folgen in beiden Ländern, zu beginnen. Mit langem Atem präsentiert er stattdessen auf glänzend komprimierenden 140 Seiten die Vorgeschichte seit dem 18. Jahrhundert, manchmal sogar seit dem Hohen Mittelalter, insbesondere aber seit den Nationalstaatsgründungen in den 1860/70er Jahren, um den Entwicklungsgang beider Länder, vor allem ihre Modernisierungsfortschritte und Modernisierungsbelastungen zu verdeutlichen. Allein für sich genommen ist das schon ein brillanter Essay zur Demonstration der Vorzüge vergleichender Geschichtsschreibung.

Kenntnisreich analysiert Knox, gleichermaßen auf die Erfassung der Ähnlichkeiten wie der Unterschiede zwischen beiden Ländern bedacht, die restriktiven Bedingungen ihrer modernen Geschichte. Beide Staaten waren Neugründungen, kurz nach der Mitte des 19. Jahrhunderts aus der Fusion einer Vielzahl von Herrschaftsverbänden im Verlauf nationaler Integrationskriege entstanden. Während für beide Nationalbewegungen ihr Telos des historischen Prozesses, der eigene Nationalstaat, endlich erreicht war, blieben sich scharfsichtige zeitgenössische Beobachter, Bismarck und Cavour darunter, durchaus bewusst, wie fragil diese neuen Staatsgebilde vorerst noch waren, bis ihre Konsolidierung zu einer Stabilität auf Dauer führen würde.

Italien, schwer belastet mit dem Mezzogiorno, konnte die tiefe Zäsur zwischen Norden und Süden nicht überwinden – offenbar bis heute nicht. Das fluktuierende Parteiensystem brachte die innere Homogenisierung nur millimeterweise voran. Immerhin sorgte jetzt die staatliche Schulpolitik dafür, dass die zahlreichen Dialekte durch das florentinische Hochitalienisch, das anfangs nur drei Prozent der Bevölkerung gesprochen hatten, im Sinne der kulturellen Nationalisierung verdrängt wurden. Denkbar einseitig blieb dagegen die Verteilung der Industrie, die sich allein im «Goldenen Dreieck» des Nordens mit einem klassischen Proletariat konzentrierte, während sich im sonst dominierenden Agrarsektor mit den armen Pächtern und Landarbeitern trotz des Sicherheitsventils einer millionenfachen Auswanderung nach Nord- und Südamerika ein gefährliches Spannungspotential aufbaute. Als sich schließlich die Furcht vor einer sozialistischen Revolution in den Industrierevieren und vor einer Umwälzung der ländlichen Sozialhierarchie ausbreitete, konnten die neuen faschistischen Kampfbünde an beiden Fronten eingreifen.

Im Deutschen Reich, als «Ewiger Bund» von zwei Dutzend Staaten und Städten pragmatisch konstruiert, bewies das föderalistische System zwar seine traditionelle Flexibilität, stagnierte aber unter dem konservativen Schwergewicht der preußischen Hegemonialmacht. Ihre Machteliten verhinderten eine politische Modernisierung in Richtung auf Parlamentarisierung und Demokratisierung, nachdem Bismarck am Ende der 60er Jahre mit dem demokratisierenden allgemeinen Männerwahlrecht zur Mobilisierung der konservativen ländlichen Wähler gegen die liberalen «Bourgeoisklassen» weit vorgeprescht war. Am Ende der wilhelminischen Friedensjahre schwankte das Reich zwischen rapidem ökonomischen Fortschritt einerseits und politischer Erstarrung andererseits. Seine Industrie hatte öfters eine weltweit führende Position: die zweite Stelle hinter den USA, noch vor Großbritannien, erreicht. Die Agrarreformen hatten im Zeichen der «Defensiven Modernisierung» nach dem Schock der Niederlage gegen Napoleon eine außerordentliche leistungsfähige Landwirtschaft geschaffen, der die staatliche Protektion über alle Krisen hinweghalf. Die Großagrarier und Bauern dankten dafür mit den europaweit höchsten Hektarerträgen. Trotz aller Verteilungs- und Subventionskonflikte stand der reichsdeutsche Agrarsektor weit entfernt von jener brodelnden Unruhe, die in Italien vorherrschte.

Im Grunde erzeugte auch die revolutionsfreudige Rhetorik der deutschen Sozialdemokratie ein irreführendes Zukunftsbild. Denn mit dem dramatischen Anstieg der Reallöhne seit den 1880er Jahren und den positiven Auswirkungen der staatlichen Sozialpolitik hatte sich längst herausgestellt, dass diese Arbeiterschaft mehr zu verlieren hatte als die von Marx beschworenen Ketten, vielmehr den – wenn auch quälend langsam beschrittenen – Weg der Integration in die bürgerliche Gesellschaft angetreten hatte. Erst der Krieg hat dann die Industrie- wie die Landwirtschaft aus ihren sozialen Angeln gehoben und wegen der anhaltenden Reformverweigerung den revolutionären Umbruch von 1918 vorbereitet. Später hing der erstaunliche Siegeszug der NSDAP im ländlich-kleinstädtischen Deutschland nicht nur mit der neuen Agrarkrise zusammen, sondern vor allem damit, dass ein entscheidendes Sozialmerkmal der NS-Wähler, die Konfession, sich in Gestalt des Nationalprotestantismus mit seiner Neigung zu autoritären Lösungen zugunsten der Hitler-Bewegung auswirkte.

Anders als in Italien hatte in Deutschland das vom Nimbus der siegreichen Einigungskriege umgebene Militär seine Sonderstellung, frei von jeder parlamentarischen Kontrolle, doch ungewöhnlich einflussreich im politischen Entscheidungsprozess, behaupten können. Als im Rüstungswettlauf der Zeithorizont schrumpfte, so dass die Überlegenheit der Rivalen angeblich von 1915/16 ab drohte, nahm die Reichsregierung in der ominösen Julikrise von 1914 unter dem Druck der führenden Militärs das Risiko des Zweifrontenkrieges auf sich.

Vor diesem weitgespannten Horizont präpariert der Autor dann in symmetrischer Gewichtung die dramatischen Prozesse heraus, die zwischen 1914 und 1933 zur Etablierung zweier Diktaturen von einer mörderischen Bösartigkeit geführt haben, wie sie die westliche Welt bisher noch nicht erlebt hatte. Fern von allen marxistischen Legenden, dass das Monopolkapital sich diese

Büttel zur Durchsetzung seiner Interessen verschafft oder dass der ökonomisch angeschlagene «Mittelstand» seinen Statusverlust durch die Massenabwanderung zu den neuen Rechtsradikalen kompensiert habe, arbeitet Knox heraus, dass in beiden Ländern radikalnationalistische Massenbewegungen in der Reaktion auf die Folgen des Ersten Weltkriegs entstanden (in Deutschland als Folge der tatsächlichen, in Italien der gefühlten Niederlage). Sie verbanden sich mit vier fatalen Anti-Haltungen: dem Antimarxismus, dem Antisemitismus, dem Antiliberalismus und dem Antiparlamentarismus, dazu mit Großreichsutopien und imperialen Expansionsplänen.

In beiden Ländern gewann eine charismatische Führerpersönlichkeit mit ihrer strategischen Leitungsposition auch das Interpretationsmonopol, wie die Realität wahrzunehmen und wie in ihr zu handeln sei. Namentlich im Fall Adolf Hitlers besitzt Max Webers Konzept der charismatischen Herrschaft, das auch der britische Hitler-Biograph Ian Kershaw seiner schlüssigen Interpretation zu Grunde gelegt hat, ein hohes Maß an Erklärungskraft. Nicht nur Hitlers Eigen- oder Personalcharisma, sondern auch das ihm von großen Segmenten der deutschen Gesellschaft zugeschriebene Charisma, haben die abgehobene Stellung, den Kult, den Nimbus des «Führers» geschaffen.

Sowohl bei der Durchsetzung von Mussolinis Regime, das seine Abhängigkeit von der Krone, der Armee und der Kirche nie ganz abstreifen konnte, als auch von Hitlers Führerdiktatur, die sich als ungleich totalitärer erweisen sollte, demonstriert Knox seine intime Vertrautheit mit der Forschung – bis hin zu den letzten Kontroversen und neuesten Quellenfunden. Ein besonderer Gewinn für die Deutung der Verfallsgeschichte der Weimarer Republik ist seine energische Betonung der häufig übergangenen Tatsache, dass die Reichswehr eine fatale Rolle gespielt hat – bis hin zur Rückendeckung für Hitler während der Machtübernahme im Januar 1933 und gegen Röhms SA 1934. Hitler wusste, wovon er sprach, als er 1934 auf einer Geheimkonferenz bekannte, dass er ohne die Reichswehr nicht als Kanzler dastünde. Knox' langjähriges Interesse für die Streitkräfte beider Länder hat noch einmal seine stringente Interpretation der inneren Machtkonstellation gefördert.

Dem für 2010 angekündigten zweiten Band wird man mit Spannung entgegensehen. Denn mit der Eröffnung seiner Synthese ist Knox etwas geglückt, was immer gefordert, aber denkbar selten geleistet wird: eine rundum gelungene vergleichende Analyse zweier Gesellschaften, die in einer tiefen existentiellen Krise ihren Weg zu einer menschenfeindlichen Diktatur eingeschlagen haben. Der glänzende Stil mit seiner plastischen Prosa wird den Leser außerdem für dieses Buch einnehmen; ein deutscher Verlag sollte lieber heute als morgen zugreifen und möglichst schnell eine Übersetzung präsentieren.

19. Droysen: Vom Hellenismus zur Mission Preußens

Wer kennt heutzutage noch Johann Gustav Droysen? Dieser bedeutende Historiker bleibt aber eine hochinteressante Schlüsselfigur der deutschen akademischen Welt, auch des protestantischen norddeutschen Bildungsbürgertums im 19. Jahrhundert. Seinen Rang gewann er als Erfinder der Interpretationskonzeption des «Hellenismus» und zugleich als Vorkämpfer einer aktuellen Zeitgeschichte, als prominenter Verfechter der «historischen Mission» Preußens, einen deutschen Nationalstaat zu gründen, als damals einflussreichster theoretischer Kopf der deutschen Geschichtswissenschaft, als Verkörperung par excellence der Sozialfigur des politischen Professors.

Mit ihm hat sich Wilfried Nippel, der Altertumswissenschaftler der Humboldt-Universität, in einer neuen Biographie, die zum 200. Geburtstag Droysens rechtzeitig vorliegt, intensiv beschäftigt.[1] Alle älteren, oft hagiographisch angelegten Biographien, auch zahlreiche Monographien zu Droysens wissenschaftlichem und publizistischem Werk sind durch diese mit einer glücklichen Mischung aus unbefangener Anerkennung und kritischer Distanz, quellennah und wissenschaftshistorisch überaus sachkundig geschriebene Studie überholt. Denn Nippel gelingt das Kunststück, das in so vielen Biographien eklatant misslingt, die Persönlichkeit im Mittelpunkt seiner Darstellung nicht nur verständnisvoll in ihrer Komplexität zu erfassen, sondern sie auch mit fundiertem Skeptizismus dem historischen Urteil: es handele sich um eine letztlich überschätzte und schnell zerfallene Reputation, zu unterwerfen.

Mit 25 Jahren für Klassische Philologie in Berlin nach der neuen Qualifikationsordnung habilitiert, gelang Droysen mit seiner glänzenden «Geschichte Alexanders des Großen» sofort ein beruflicher Blitzstart, dem alsbald seine beiden berühmten Bände über die Epoche zwischen Alexander und Cäsar folgten. Für sie erfand er, statt die damals übliche Vernachlässigung der Ära zwischen der Hochzeit der Griechen und der Römer fortzusetzen, den Synthesebegriff des Hellenismus, der sich seither nach heftigem Streit in einer erstaunlichen Erfolgskarriere wissenschaftlich durchgesetzt hat.

Nachdem Droysen 1840 einen Ruf an die Universität Kiel angenommen hatte, wurde er in die Auseinandersetzung um die Herzogtümer Schleswig und Holstein hineingezogen. Die dänische Monarchie wollte sie aufgrund altertümlicher Rechtsbeziehungen, aber auch durch eine liberale Verfassung in ihren Staatsverband fester einbeziehen. Doch der Protest des traditionalistischen deutschen Regionaladels wurde, nicht zuletzt von jungen Professoren der Kieler Universität wie Droysen, Theodor Mommsen, Lorenz v. Stein, in einen die deutsche Öffentlichkeit nachhaltig mobilisierenden nationalen Widerstand gegen Fremdherrschaft umgewandelt. Während dieses Konflikts trat das schon vorher bekundete passionierte nationalpolitische Engagement Droysens endgültig zutage. Zugleich äußerte es sich aber auch in seinen zeitgeschichtlichen «Vorlesungen über die Freiheitskriege» gegen Napoleon, alsbald ebenfalls in seiner schnell populären Biographie des preußischen Generals Yorck v. Wartenburg, mit der er die höchste Auflage all seiner Bücher erreichte.

Die Revolution von 1848 sah diesen durch und durch politisierten Professor im Nu in Frankfurt, wo er trotz seiner rhetorischen Begabung nicht als Redner hervortrat, vielmehr in diversen Gremien der Nationalversammlung, vor allem im wichtigen Verfassungsausschuss, als Schriftführer dank seiner Schreibgewandtheit und seines Engagements wichtige Formulierungen beeinflussen konnte; manche dieser Protokolle hat er kurz danach als Quellenstücke publiziert. (Der Verf. hat offenbar wegen der Quellendichte ein Drittel seines Textes diesen bewegten Monaten gewidmet, obwohl eine solche Ausführlichkeit eigentlich nur die Experten der 48er Revolution verwöhnt.) Droysen gehörte als einflussreiches Mitglied, durchaus Nationalliberaler avant la lettre, dem rechtsliberalen «Zentrum» an, das auf die kleindeutsche Lösung, mithin auf einen Nationalstaat unter preußischer Führung unter Ausschluss Österreichs hin arbeitete.

Nach dem Fiasko der 48er Bewegung hat sich Droysen nie wieder als praktischer Politiker betätigt, wohl aber weiterhin propreußische Geschichtspolitik vom Katheder und in seinen Veröffentlichungen massiv betreiben. Das trat vollends unmissverständlich in dem 1855 erschienenen ersten Band seines Monumentalwerkes zur «Geschichte der Preußischen Politik» zutage, das im frühen 15. Jahrhundert einsetzte und der Planung des Autors zufolge bis unmittelbar in das 19. Jahrhundert hochgezogen werden sollte. Droysen sah in den schließlich 14 Bänden mit ihren 7000 Druckseiten sein eigentliches Lebenswerk, mit dem er seine politische Grundüberzeugung wissenschaftlich unwiderruflich beweisen wollte. Seit jeher war er mit ungewöhnlicher Arbeitskraft begabt, doch kam er in 30 Jahren nur bis 1756 – weit entfernt von der Brillanz der Hellenismus-Bücher, im unendlichen Detail positivistischer Quellenhuberei versinkend, in der These dogmatisch erstarrt und im Stil verdorrend. Sein geschichtstheologischer Leitgedanke blieb, wie zuvor in zahlreichen Aufsätzen und Vorlesungen, unverändert der «deutsche Beruf» Preußens im Sinne seiner Mission zur Nationalstaatsgründung. In unserem derzeitigen Jargon handelte es sich um die geradezu klassische «Erfindung einer Tradition», die damals von der borussischen Schule der Geschichtsschreibung – außer Droysen gehörten Heinrich v. Sybel und Heinrich v. Treitschke zu ihren prominenten Vertretern – mit unleugbarem öffentlichen Einfluss propagiert wurde. Droysen tat das seit 1859 noch 25 Jahre lang an der Berliner Universität, aber die «Verirrung und Verarmung» der Gedankenführung in seinen doktrinären Bänden wurde schon in seinen letzten Jahren, erst recht nach seinem Tod 1884 von jüngeren Kritikern angeprangert. Übriggeblieben ist von diesem anspruchsvollen Legendenwerk der «preußischen Mission» nur die Erinnerung an eine einstmals wichtige nationalpolitische Agitation mit angeblich schlüssigen wissenschaftlichen Mitteln. Gelesen wurde Droysens Preußenwerk seit den 1880er Jahren kaum mehr, während die Lektüre weniger dogmatisch argumentierender Historiker wie Ranke, Treitschke und Sybel noch immer lohnt.

Droysen war aber auch ein theoretisch außerordentlich interessierter Kopf. Mehr als andere deutsche Historiker jener Jahre, die sich gar nicht selten zu methodisch-theoretischen Problemen äußerten, hat er die Hermeneutik, die Lehre vom «forschenden Verstehen», in seiner «Historik» entfaltet (seit 1857 erstmals als Jenenser Vorlesung, seit 1868 mehrfach als Buch gedruckt und soeben endlich in einer kritischen Gesamtausgabe aller Versionen vorliegend). Droysens Attraktivität für Studenten beruhte daher nicht nur auf seiner rhetorischen Begabung oder seinem unverschnörkelten politischen Urteil, sondern auch auf seiner theoretischen Kompetenz, die herausragende Schüler wie Otto Hintze und Friedrich Meinecke zeitlebens gerühmt haben. Seine einflussreiche Verstehenslehre fundamentierte den Historismus, nahm wesentliche Gedanken von Dilthey und Gadamer vorweg, errichtete aber auch sperrige Schranken gegen den dramatisierten Einfluss des westeuropäischen Positivismus, damit effektiv gegen die kausalanalytische Erklärung von Phänomenen mit Hilfe systematischen Wissens – eine Blockade, die erst Max Weber überwunden hat.

Nippels abschließendes Urteil fällt nach mancher eindrucksvollen Ehrenrettung noch etwas pessimistischer aus als der allgemeine Grundduktus seiner Lebensbeschreibung und Werkanalyse. Die Erfindung des Hellenismus bleibt indes auch für ihn eine außerordentliche Leistung. Mit der Doktrin von Preußens «deutschen Beruf» sieht er Droysen dagegen zu Recht rundum gescheitert, auch wenn die Reichsgründung zeitweilig als vermeintliche Erfüllung seiner Geschichtsdeutung Euphorie auslöste. Immerhin habe sich Droysen der innovativen Wendung zur Bürokratie- und Wirtschaftsgeschichte, wie sie von Schmoller und Hintze vorangetrieben wurde, nicht entgegengestellt.

Trotz aller evidenten Grenzen und leicht erkennbaren Schattenseiten steht Droysen auch und gerade nach Nippels Buch als eine faszinierende Figur da: in den wissenschaftlichen Interessen von bestechender Vielseitigkeit, theoretisch versiert als offenherziger Verfechter der erkenntnisleitenden Interessen und der Standortgebundenheit des Historikers, politisch zu leidenschaftlichem Engagement und zur Risikoübernahme bereit, passionierter akademischer Lehrer an drei Universitäten und wortgewaltiger Kritiker von Traditionen und Einstellungen, die er ablehnte. Kein Wunder, dass diese Biographie trotz aller gebotenen Kritik durchweg von einer spürbaren Sympathie für eine derart eindrucksvolle Persönlichkeit mit all ihren scharf herausgearbeiteten intellektuellen und politischen Konturen und Kanten getragen ist.

20. Eugen Rosenstock-Huessys «Europäische Revolutionen»

Ginge es um das Werk eines einzelnen Autors, das zu einer fundamentalen Lernerfahrung geführt hat, käme kein Zweifel auf: Es wäre das Werk Max Webers, von dem auf die Dauer die nachhaltigste Wirkung ausgegangen ist. Auf ein einziges Buch ließe sie sich freilich nicht zurückführen, da die wichtigsten Texte Webers nur in einer fragmentarischen Form oder als Aufsätze überliefert sind. Soll aber nur von einem einzigen Buch die Rede sein, ergibt der prüfende Rückblick, dass von dem bedeutendsten Buch Eugen Rosenstock-Huessys der intensivste Einfluss ausgegangen ist: «Die europäischen Revolutionen und der Charakter der Nationen» gerieten dank der nachdrücklichen Empfehlung des Kölner Soziologen René König 1954 in meine Hand. Ich fand diese Synthese der europäischen Geschichte des letzten Jahrtausends, 1931 zum ersten Mal veröffentlicht und 1951 soeben nachgedruckt, derart faszinierend, dass ich sie unverzüglich ein zweites Mal gelesen habe – eine seltene Wiederholungslektüre, an die ich mich sonst nur bei Weber-Texten erinnern kann.

Rosenstock-Huessy: protestantischer Großbürgersohn jüdischer Herkunft aus Berlin, mit 23 Jahren der jüngste Privatdozent des Kaiserreichs, ein wahres Wunderkind nicht nur in der Rechtsgeschichte, Frontoffizier vor Verdun, nach einem Ausflug in die Industriewelt des Daimler-Benz-Werks und an die von ihm mitgegründete «Akademie der Arbeit» in Frankfurt seit 1923 als Juraprofessor an der Universität Breslau tätig. Zu seinen Schülern gehörte der spätere Kern des «Kreisauer Kreises» der Widerstandsbewegung gegen das «Dritte Reich». 1933 emigrierte er, ohne zu zögern, in die USA, überlebte deshalb als einziger seiner Familie, kehrte aber nach dem Krieg mehrfach zu Gastprofessuren an westdeutschen Universitäten wie Göttingen und Münster, Köln und Heidelberg zurück. 1973 starb er, unweit seiner Hochschule, des Dartmouth College. Rosenstock-Huessy hat als Jura-Koryphäe, Soziologe, Rechtshistoriker, Theologe, Sprachwissenschaftler und Kenner der Antike eine weit ausstrahlende Wirkung auf ganz unterschiedliche Interessentenkreise ausgeübt. Doch sein Meisterwerk bleibt das Revolutionsbuch.

Aus der Perspektive von fünf aufeinanderfolgenden Revolutionen hat Rosenstock-Huessy es dort unternommen, wesentliche Grundzüge der europäischen Geschichte herauszuarbeiten – mit geradezu erdrückender Souveränität, gestützt auf alle nur denkbaren Quellengattungen: von politischen Texten, Münzen und Siegeln bis zu Liedern, Predigten und Testamenten, und getragen von einer ganz ungewöhnlichen Interpretationsfähigkeit. Er setzte mit der «Papstrevolution» bis hin zur Trennung von Staat und Kirche im Hochmittelalter ein, analysierte die deutsche «Fürstenrevolution» im Zeitalter der Reformation und diskutierte dann die Englische, die Französische und die Russische Revolution; an der Amerikanischen Revolution zeigte er kein Interesse. Rosenstock-Huessy erkannte in diesem Revolutionsablauf eine geheime gesetzmäßige Hierarchie: Vom Papst über die Fürsten, die Adligen und die Bürger, bis hin zu den Proletariern erhielten alle wichtigen Sozialformationen der Reihe nach ihre historische Stunde eingeräumt, das war die erfolgreiche, die Zukunft fortab prägende Revolution.

Kein Historiker hat ihm auf diesem exotischen Weg zu folgen vermocht. Aber der eigentliche Durchbruch des Revolutionsbuches erfolgte auf dem Feld der Nationalismusforschung und der historischen Erklärung der Nationsbildung. Denn Rosenstock-Huessy erkannte in den großen Krisen seiner Revolutionen das Laboratorium, in dem jeweils nationale Identität geschaffen, geprägt und auf Dauer gestellt wurde. Rosenstock-Huessy benutzte nicht das neue Modewort Identität, sondern den überkommenen Begriff des Charakters der Nation. Vom Nationalcharakter hatte die frühe deutsche Nationalismusforschung, repräsentiert von Gelehrten wie

Moritz Lazarus und Heyman Steinthal im Rahmen ihrer «Völkerpsychologie» gesprochen, da sie ganz analog zur individuellen Sozialisation an dem formativen Prozess der Nationsbildung interessiert waren. Zu Rosenstock-Huessys Zeit war dieser Begriff noch jedermann geläufig, und ein Gutteil der modernen Nationalismusforschung könnte auch so umformuliert werden, dass die Formierung eines nationalen Persönlichkeitstypus mit einer typischen Mentalität, kurzum, der im Sozialisationsprozess erreichte Aufbau eines Nationalcharakters klar hervorträte.

Rosenstock-Huessy sah jedenfalls in seinen großen Revolutionen die Druckkammer, in der die nationalen Eigenarten geprägt und der Folgezeit als schwieriges Erbe hinterlassen wurden, von dem sie sich kaum lösen konnten. Mir imponierte zum einen die weitläufige Architektur seiner großzügigen Synthese, obwohl mir die Fixierung auf den inneren Zusammenhang aller Revolutionen unglaubwürdig erschien. Deshalb bin ich bald mit fliegenden Fahnen zu Webers Modernisierungstheorie des Okzidents übergelaufen. Zum anderen gewann die raffinierte Interpretation denkbar heterogener Quellen eine große Überzeugungskraft. Vor allem aber fand ich die Deutung des Nationsbildungsprozesses als Produkt der revolutionären Krisen ungemein anregend. Später, bei der Vorbereitung von Seminaren und Vorlesungen, auch während der Niederschrift eigener Texte, habe ich immer wieder gespürt, wie oft ich von den Anregungen aus Rosenstock-Huessys Revolutionsbuch gezehrt habe. Der persönliche Eindruck, als er 1961 als Gastprofessor in Köln und ich als sein Assistent delegiert war, bestätigte die Lektürewirkung: Eugen Rosenstock-Huessy ist der einzige geniale Mann, den ich bisher kennen gelernt habe.

21. Theodor Schieder – ein Historiker vor und nach der «zweiten Chance»

Alle strukturellen Kontinuitäten täuschen nicht darüber hinweg, dass 1945 einen geistigen Neuanfang im Westen Deutschlands markiert. Für die Nutzung dieser Chance steht das Lebenswerk von Theodor Schieder.

In den dreißig Jahren von 1954 bis 1984 war Theodor Schieder (11.4.1908–8.10.1984) der wichtigste deutsche Neuzeithistoriker. Dieses Urteil beruht auf seinem wissenschaftlichen Lebenswerk, seinem Einfluss als akademischer Lehrer, seinem Erfolg als Wissenschaftsorganisator. Heutzutage ist er zur ferngerückten Figur historischer Untersuchungen zur deutschen Historiographie seit 1949, aber auch zum umstrittenen Generationsmitglied einer völkisch-nationalkonservativ inspirierten jungen Intelligenz geworden, die sich in ihren frühen Jahren auf fatale Weise am Schreibtisch zur Kooperation mit dem NS-Regime bereit fand. Wie kann man im Rückblick versuchen, einem derart tief gespaltenen Lebensweg gerecht zu werden?

Schieder stammte, wie die Mehrheit der deutschen Mandarine jener Jahre, aus dem protestantischen Bildungsbürgertum, das auch im heimatlichen bayrischen Schwaben noch eine Sozialformation mit klaren Konturen verkörperte. Die Folgen des Ersten Weltkriegs in den turbulenten Jahren der Weimarer Republik gehörten zu seinem festen Erinnerungsfundus. Das Studium in München schloss er 1933, gerade 25 Jahre alt, mit einer umfangreichen Dissertation über die «Kleindeutsche Partei in Bayern 1863–71» ab. Quellennah erarbeitet und durchaus innovativ mit ihrem Interesse am politischen Liberalismus und an frühen deutschen Parteiverbänden bejahte die Studie (wie hätte es damals anders sein können?) die Bismarcksche Lösung der «deutschen Frage»; sie forderte aber auch, durchaus zeitgemäß und in der Tradition der ihrem Autor vertrauten bündischen Jugendbewegung, eine «neue Deutung» der «großdeutschen Bewegungselemente». Die Erfüllung dieser «gesamtdeutschen Hoffnung» sah Schieder mit Millionen von «Reichsdeutschen» und Österreichern 1938 mit dem «Anschluss» Österreichs erfüllt.

1934 wechselte er nach Königsberg, um bei Hans Rothfels, der ihn – wie auch seinen Freund Werner Conze – seit Jahren faszinierte, seine Habilitationsarbeit zu schreiben. Da Rothfels trotz seiner exponierten Position im «Grenzlandkampf» gegen die von Versailles gezogene Ostgrenze und trotz seines leidenschaftlichen Nationalismus aufgrund seiner jüdischen Herkunft aus dem Amt gejagt wurde, scheiterte dieser Plan. Mit Conze setzte sich Schieder in einem Protestschreiben, das sogar Rudolf Hess für ihr Plädoyer gewann, für Rothfels' Verbleiben ein, scheiterte aber am Machtwort des ostpreußischen Gauleiters Kube. Den Abschied Rothfels' von seinem engeren Schülerkreis hielt Schieder zeitlebens für das «bewegendste» Erlebnis seiner jungen Jahre.

1939 lag seine Habilitationsschrift «Deutscher Geist und ständische Freiheit in Westpreußen 1569–1593» vor. Sie verstand die sachkundige ideen- und verfassungshistorische Rekonstruktion der ständischen Politik des deutschen Stadtbürgertums ganz auf der Linie von Rothfels' volkstumspolitisch inspiriertem Engagement als historisch fundierte Verteidigung des deutschen Anspruchs auf das 1918/19 von Polen wiedergewonnene Westpreußen – wie Schieder sein erkenntnisleitendes Interesse selber unmissverständlich beschrieb. Vier Jahre später radikalisierte er, zeitgeistgemäß, seine Deutung. Jetzt sah er in dieser Ständepolitik ihre «volkstumserhaltende Funktion» im Kampf gegen die «Verpolung» und die drohende «völkische Vernichtung». Die deutschen Stände kämpften vermeintlich für die «Reinheit des Blutes», für die «völkische Arterhaltung» aus dem «Gefühl für die natürlich-bluthaften ... Lebensgesetze der Reinerhaltung von Rasse und Blut». Der konventionelle Streit um tradierte ständische Sonderrechte mutierte geradezu in einen auf das nationalsozialistische «Volksgruppenrecht» verweisenden Kampf.

Schieder teilte überdies wesentliche Prämissen der damals als forschungsleitende Konzeption beschworenen «Volksgeschichte», die nach dem Staatszerfall von 1918 im «deutschen Volk» die einzige historische Kontinuitätsgarantie erblickte, die es in interdisziplinärer Kooperation endlich intensiv zu erforschen gelte. Das war eine Reaktion auf die Zäsur der Weltkriegsfolgen; man kann sie strukturell mit der entschiedenen Hinwendung zu einer Gesellschaftsanalyse vergleichen, die nach der Staatszertrümmerung von 1945 seit den 1960er Jahren gegen die herkömmliche Politikgeschichte gerichtet wurde. Der entscheidende Unterschied besteht freilich darin, dass diese Analyse ganz einem selbstkritischen Impetus folgte, während sich die «Volksgeschichte» im Dunstkreis völkischer Ideen entfaltete, dann geradezu emphatisch mit der nationalsozialistischen «Weltanschauung» amalgamierte.

So gesehen war es für diese «kämpfende Wissenschaft» nur konsequent, dass es auch Schieder, seit 1937 Parteimitglied, in die Politikberatung zog. Mit einigen prominenten Historikern aus dem Umfeld der «Volksgeschichte» entwarf er Ende Oktober 1939 eine Denkschrift, welche die «brutale Entdeutschungspolitik der Polen» in Westpreußen und Posen dank des deutschen Sieges mit «Bevölkerungsverschiebungen allergrößten Ausmaßes» zu korrigieren forderte. Dazu gehörten für ihn, der in Berlin als ihr «eigentlicher Bearbeiter» galt, die «Enteignung», «Ausweisung aller zugewanderten Polen», die «Wiedereindeutschung» und «Entjudung Restpolens», um den «Aufbau einer gesunden Volksordnung» zu gewährleisten. Die Denkschrift blieb in Berlin folgenlos, da Himmler soeben alle Kompetenzen für eine forcierte Germanisierungspolitik gewonnen hatte und mit seinem eigenen SS-Apparat der Hilfe beflissener «Volkshistoriker» nicht bedurfte. Mit seiner kleinen «Landesstelle für Nachkriegsgeschichte» hat Schieder auch weiterhin für NS-Organisationen nationalitätenstatistische Studien erstellt, die letztlich auch der «ethnischen Flurbereinigung» dienen konnten.

1942 wurde Schieder auf Rothfels' Lehrstuhl berufen; im Dezember 1944 gelang ihm, kurz vor dem Untergang Königsbergs, mit seiner Familie die schwierige, durchaus von Beziehungen abhängige Ausreise in das heimatliche Schwaben. 1947 übernahm er, 38jährig, nach seiner Entnazifizierung und der Absage von Hans Rosenberg, den Kölner Neuzeit-Lehrstuhl. Das war in jeder Hinsicht für ihn ein Neubeginn: Aus der von dem nationalsozialistischen Ideenkonglomerat und der Gedankenwelt der völkischen «Volksgeschichte» geprägten Überlappungszone, in der sich eine verhängnisvolle Affinität von Handlungszielen, von Begriffs- und Interessenidentität herausgebildet hatte, sollte jetzt der Wechsel in einen Universitätsbetrieb folgen, in dem zuerst der Typus des desillusionierten Frontsoldaten, alsbald dann die Aufbauarbeit in einem neuen Staatswesen dominierte.

Zweifellos bot das für Schieder, wie für zahlreiche seiner Berufsgenossen, jene vielzitierte «zweite Chance», die jetzt Millionen von Mitläufern und Tätern in der Bundesrepublik trotz Vernichtungskrieg und Holocaust wider Erwarten eingeräumt wurde. Schieder hat, wie auch Conze mit seiner vergleichbaren Vergangenheit, den neuen Anfang durchaus als eine solche Chance gesehen. Folgte er, wie ein gängiger Vorwurf lautet, nur dem schieren Opportunismus einer geschmeidigen Anpassung? Oder machte er auch einen reflexiven Lernprozess durch? Selbst wenn es zu dieser Anpassung unter den mächtigen restriktiven Bedingungen der neuen Verhältnisse keine überlegene Alternative gab, lässt sich dieser Lernprozess bei einem so intelligenten Wissenschaftler doch schwerlich bestreiten. Er wandte sich von seinen früheren Schlüsselkategorien und Denkfiguren kompromisslos ab, eine Kontinuität gibt es in diesem zentralen Bereich nicht, geschweige denn eine geheim gehaltene Nostalgie. An seinem unzweideutigen historischen und moralischen Urteil über den Nationalsozialismus, seine Rassen- und Kriegspolitik ließ Schieder in der Lehre und in seinen Veröffentlichungen 40 Jahre lang keinen Zweifel aufkommen. Das kaum lösbare Dilemma bleibt jedoch, dass er über die Königsberger Jahre nie gesprochen hat, sie vielmehr stillschweigend verdrängte, anstatt wenigstens im engeren Kreis das auferlegte Schweigeverbot zu durchbrechen.

Dennoch gelang es ihm, produktive Konsequenzen zu ziehen. Sein Interesse an der deutschen Nationalbewegung wurde in eine intensiv vergleichende Nationalismusforschung transformiert, die eine geraume Zeit lang den fortgeschrittensten Stand der westdeutschen Diskussion markierte. Zugleich bemühte er sich, jede nationalhistorische Engführung durch eine weite europäische Perspektive zu überwinden. Aus dieser Bemühung ging das von ihm herausgegebene «Handbuch der Europäischen Geschichte» hervor, in dem sein eigener umfangreicher Beitrag über die Zeit von 1870 bis 1970 demonstriert, was er unter seiner bevorzugten Disziplin: einer komplex und vergleichend angelegten Politikgeschichte, verstand. Später bewies der Propyläen-Band über Europa von 1848 bis 1918 erneut, wie weit er bei der Ausführung eines solchen Projektes gekommen ist. Seine Biographie Friedrichs des Großen folgte nicht dem herkömmlichen Muster der Biographie, sondern versuchte im Grunde, mit reflektierenden Essays die Bedeutung dieser Persönlichkeit einzukreisen.

Ganz ungewöhnlich in jener Zeit war sein theoretisches Interesse. Längst vor der Theoriediskussion seit den 70er Jahren bezog Schieder Stellung: zum Problem von Struktur und Persönlichkeit, zur Bedeutung von Idealtypen, zum Vergleich, zum Verhältnis von Geschichte und Soziologie. In mancher Hinsicht entpuppte er sich dabei als ein engagierter Verehrer Max Webers. Nachdem er einmal der «Volksgeschichte» und der «Volkstumspolitik» auf ihrem Holzweg gefolgt war, wirkte sein Theorieinteresse auch wie eine Anstrengung, über die eigenen Begriffe und forschungsleitenden Interessen Rechenschaft abzulegen, sie transparent zu machen und öffentlich zu legitimieren. In dieser theoretischen Klärung, die er als Imperativ an seine Schüler unablässig weitergab, äußerte sich ebenfalls ein politisch-reflexiver Lernprozess, der neue Irrwege vermeiden wollte. Seine Vielseitigkeit trat nicht zuletzt in zahlreichen Aufsätzen zutage, die in drei Bänden gesammelt worden sind. Dort begegnet man nicht nur einer ungewöhnlichen Spannweite der Interessen, sondern auch einem mustergültigen Stil, denn Schieder war ein Meister des stilistisch geschliffenen, zugleich begriffsscharfen Essays. Dort bekannte er auch seine enge Verbindung mit der geistigen Welt Jacob Burckhardts, insbesondere die Affinität mit dem tiefen Skeptizismus des Basler Wertkonservativen, an dessen Krisenlehre er mehrfach anknüpfte. Vom politischen Phänotypus her blieb Schieder ein in Deutschland nicht gerade häufiger liberaler Tory.

Schieder verfocht nach einer tiefen Erschütterung nicht nur eine glaubwürdige Neuorientierung auf die gemeineuropäische Geschichte, stand für theoretische Progressivität und ein differenziertes Traditionsverständnis, das ihn auch immer wieder auf die Geschichte seiner eigenen Wissenschaft zurücklenkte. Vielmehr besaß er auch ein ausgeprägtes Organisationstalent und eine seltene Fähigkeit, auf Jüngere während ihrer Ausbildung, fordernd und fördernd, einzugehen: hilfsbereit, verständnisvoll, immer loyal. Von 1957 bis 1984 fungierte er als Herausgeber des traditionellen Fachorgans, der «Historischen Zeitschrift», wirkte in zahlreichen Kommissionen, oft als ihr Vorsitzender mit, leitete den «Verband der Historiker» in schwieriger Zeit (1967–1972) und repräsentierte als Rektor seine Universität, der er ihre erste Verfassung eigenhändig schrieb. Schieder verstand es, die Ziele solcher Institutionen, weitläufige Projekte und Pläne durchzusetzen, denn als vielseitiger Organisator besaß er eine glückliche Hand, flüchtete aber nie allein in das geschäftige wissenschaftliche Management. Als Krönung der Anerkennung, die er vielfach erfahren hat, empfand er die Aufnahme in den Orden «Pour le Mérite», als deren nächster Ordenskanzler er 1984 galt.

Auf seine zahlreichen Schüler in engerem Sinne wirkte Schieder durch seine wissenschaftliche Souveränität, seine Vielseitigkeit, die Intensität seiner Auseinandersetzung mit komplizierten Problemen, seine Theorieorientierung. Davon ging eine eigentümliche Faszination aus. Nicht zufällig ist die Hälfte seiner Doktoranden wieder Hochschullehrer geworden. Schieder verschmolz Engagement mit kritischer Distanz. Diese schwierige Fusion erwartete er auch im Seminar, eher unausgesprochen als explizit, in dem er eine solche Haltung vorlebte und auf die Verinnerlichung dieses «Hidden Curriculum» vertraute. Diese Grundeinstellung verband er mit einer ungewöhnlichen Liberalität und Toleranz, die er gegenüber denkbar unterschiedlichen politischen Anschauungen, methodologischen Positionen, menschlichen Eigenarten durchzuhalten verstand. Das Geheimnis des Erfolgs von Schieder als akademischer Lehrer – und man braucht nur an die denkbar verschiedenartigen Persönlichkeiten seiner habilitierten Schüler zu denken – lag daher darin, dass er anspruchsvolle Rationalität mit vorgelebter Liberalität vereinigte.

Sie alle, die nur den eindrucksvollen Lehrer nach 1947 erlebt hatten, waren tief betroffen, als die Königsberger Jahre seit 1998 bekannt wurden. Um einen Spagat kommt seither ein um Gerechtigkeit bemühtes Urteil nicht herum. Die Anfälligkeit für völkische Ideen und «Volksgeschichte», für die Verheißung neuen nationalen Aufstiegs, für die «volkstumspolitischen» Zielvorstellungen in unmittelbarer Nachbarschaft des Nationalsozialismus – diese politischen und wissenschaftspolitischen Optionen werden weiterhin entschieden Kritik auf sich ziehen. Aber dann die Jahre nach 1945: nicht nur Anpassung, sondern ein überzeugender Lernprozess und eine Wirkung auf die westdeutsche Geschichtswissenschaft, auch auf das allgemeine historische Bewusstsein, die sich nur als positiv charakterisieren lässt. Wie Millionen Westdeutsche aus den vielfach belasteten Alterskohorten den Aufbau ihres neuen Gemeinwesens vorangetrieben haben, hat Schieder nach einem fraglos schmerzhaften Lernprozess ein imponierendes Lebenswerk zustande gebracht. Besaßen nicht gerade viele einst Fehlgeleitete in seiner Generation eine tief verankerte lebensgeschichtliche Erfahrung, die sie in der Bundesrepublik zu ihrem glaubwürdigen Engagement motivierte? Hätte man wirklich, wie die Ankläger des vermeintlich vorherrschenden Opportunismus insinuieren, auf all jene verzichten können, die dank ihrer Lernbereitschaft und Lernfähigkeit aus den Fehlentscheidungen ihrer jungen Jahre derart produktive Konsequenzen gezogen haben? Für ein Gesamturteil rücken die vierzig Jahre des eigentlichen Lebenswerks in den Vordergrund. Sie sind ein Bestandteil jener respektheischenden Auseinandersetzung, welche die Bundesrepublik mit der monströsen jüngsten deutschen Vergangenheit bestanden hat. Den Toten, deren gute Jahre wir selber miterlebt haben, schulden wir unverändert unsere Loyalität.

IV.

22. Aufstieg und Niedergang der Großmacht Preußen

Seit der Antike hält sich zählebig die Behauptung, dass die Besiegten eine bessere Geschichtsschreibung als die Sieger zustande brächten. Das lässt sich mit dem Blick auf die Zeit nach den beiden Weltkriegen von der deutschen Historiographie im Vergleich mit derjenigen der westlichen Siegermächte keineswegs so pauschal-arrogant behaupten, wie diese These sich überhaupt eher als tröstende Legende denn als sachkundige Diagnose erweist. Zugegeben, die deutsche Geschichtswissenschaft hat nach 1945 zu einem derart umstrittenen Problemkomplex, wie ihn etwa Preußen verkörpert, Reinhart Kosellecks Preußenbuch oder Johannes Kunischs Biographie Friedrich des Großen hervorgebracht. Doch die erste gelungene Gesamtdarstellung preußischer Geschichte stammt jetzt von einem jüngeren (Jahrgang 1961), australischen, in Cambridge lehrenden Historiker: von Christopher Clark.[1] Er hätte in mehrfacher Hinsicht, wenn man so will, von der Position des Siegers aus schreiben können, wenn man dazu auch jene Selbstsicherheit rechnet, die der Triumph im historischen Prozess nach zwei Weltkriegen vermittelt. Tatsächlich aber ist Clark von jeder Siegerattitüde weit entfernt. Die Basis seiner eindrucksvollen Synthese der dreieinhalb Jahrhunderte preußischer Geschichte ist vielmehr ein beharrliches Streben nach einem konsequent durchgehaltenen, gerechten, fairen, abwägenden Urteil, das jedem stereotypen Vorurteil, jedem überlieferten Klischee abhold ist. Diese Grundeinstellung gegenüber einem derart umstrittenen Gegenstand wie Preußen beibehalten zu haben, ist eine imponierende Leistung. Sie besticht durch ihre souveräne Sachlichkeit bei dem Vorhaben, jene Kräfte und Umstände zu verstehen, die Preußen geformt, erfolgreich gemacht und schließlich zerstört haben. Preußen erscheint hier weder in altertümlicher Geschichtstheologie als Träger einer historischen Mission, deren

Ziel die Gründung eines deutschen Nationalstaats gewesen sein soll, wie das die «Borussische Schule» seit der Mitte des 19. Jahrhunderts wirkungsvoll verkündet hatte. Noch dient es als Exempel einer von Anfang an zielbewussten, den Rivalen überlegenen Staatsbildung. In beiden Fällen handelt es sich um geradezu klassische Beispiele für die, modisch gesprochen, «Erfindung von Traditionen», von Legenden also, die Clark genussvoll zerstört. Stattdessen wird der mühsame Konstruktionsprozess geschildert, aus dem Preußen schließlich als jene Großmacht hervorgegangen ist, die dann im 19. und 20. Jahrhundert eine einzigartige Rolle in der deutschen Geschichte gespielt hat.

Clark erweist sich im Verlauf seiner Analyse als bestechender Kenner des Forschungsstandes, mithin auch einer riesigen Fachliteratur. Überdies schreibt er eine menschenfreundliche Prosa, die sich vom Jargon des Spezialisten weit entfernt hält. Dass sein Buch in kürzester Zeit auf der Sachbuch-Bestsellerliste des «Spiegels» auf Platz 9 vorgerückt ist, beweist die Anziehungskraft der Vorzüge, die es unstreitig auszeichnet. Zu ihnen gehört nicht zuletzt die Vielseitigkeit, mit der Clark Politik- und Religionsgeschichte, Verfassungs- und Kriegsgeschichte verbindet. Dabei kann er auf frühere Studien zur deutschen Religionsgeschichte und Monarchie im Zeitalter Wilhelms II. gelegentlich zurückgreifen. Doch auch und gerade ein derart eindrucksvoller Wurf wirft Fragen auf.

Wäre es z. B. nicht möglich gewesen, den Vergleich, der dem Verfasser an einigen Stellen nicht fremd ist, konsequenter zu praktizieren? Der verschärfte Konkurrenzkampf im europäischen Staatensystem erzeugte den Aufbau stehender Heere, die wegen des Widerstands der Stände durch die Fürsten finanziert werden mussten; dieser Druck brachte eine Steuer- und Militärverwaltung hervor, führte zur Entmachtung der adligen Mitregenten des Landes und zur Verselbständigung eines monarchischen Staatsapparates. Diesen funktionalen Zusammenhang des Staatsbildungsprozesses haben alte Meister wie Ranke, Schmoller und Hintze bereits klar gesehen. Lief er aber in Preußen wirklich anders ab als in Bayern oder Sachsen, in Frankreich oder Spanien? Hat nicht das preußische Militär gerade im europäischen Vergleich eine Sonderstellung gewonnen? Hat der verstaatlichte Militäradel anderswo eine vergleichbare Bedeutung erreicht? Nur der explizite Vergleich könnte solche Fragen, die für das historische Urteil wichtig sind, genauer klären.

Clark hat eine glückliche Hand, wenn er verklärte Aspekte der preußischen Geschichte zurechtrückt. So ist sein knapper Abschnitt über Friedrich den Großen das Musterbeispiel eines nüchternen, die Proportionen zurechtrückenden Essays. Aber seine Skepsis gegenüber der romantisch überhöhten preußischen Reformära zu Beginn des 19. Jahrhunderts ist deutlich übertrieben. Die Agrarreform etwa, die mit ihrer Umwälzung von Abermillionen Hektar den Weg in die private Eigentümergesellschaft gebahnt hat, bleibt eine imponierende Leistung. Die zweite große Reformwelle von 1867 bis 1877 kommt merkwürdigerweise gar nicht zur Sprache. Nicht selten scheut auch Clarks lebhafte narrative Darstellung vor der stringenten Ursachenanalyse zurück; sie scheint seinen Denkstil nicht zu reizen. Wo lagen etwa die ausschlaggebenden Ursachen des Scheiterns der 48er Revolution? Wurde Preußen nach 1871 im Sinne der neuen reichsdeutschen Staatsnation allmählich «nationalisiert»? Oder wurde das Reich vielmehr «borussifiziert»? Verlief die Mischung beider Prozesse gleichzeitig nebeneinander? Gewann nicht einer dieser beiden Trends doch das Übergewicht? Auffällig ist nicht zuletzt, wie sehr Clark die Politik- und Dynastiegeschichte privilegiert, während die Wirtschafts-, Sozial-, Kulturgeschichte zurücktreten, obwohl es in diesen Bereichen eine Vielzahl wichtiger Probleme aufzugreifen gilt. Auf rd. 860 Textseiten kommt nur auf 42 Seiten (5 Prozent) die Sozial- und Wirtschaftsgeschichte im engeren Sinne zur Geltung. Dort behandelt Clark, durchweg kompetent, mit dem Blick auf das 18. Jahrhundert das städtische Bürgertum, den Landadel, die Gutsbauern, auch die Anfänge der Industrie. Aber warum haben das 19. und 20. Jahrhundert nicht ebenfalls einen solchen erhellenden Überblick verdient? Hat damals nicht das preußische Besitz- und Bildungsbürgertum eine ebenso prominente Rolle gespielt wie der preußische Adel? Ist Preußen nicht zum modernen Industriestaat par excellence aufgestiegen? Hat es nicht dank seiner Reformuniversitäten sogar als eines der ersten Länder den Übergang zur wissens- und forschungsintensiven Produktion geschafft? Sind die Wirkungen des preußischen Kulturstaats, der in einem so eigentümlichen Spannungsverhältnis zum etablierten Militärstaat stand, nicht ein lohnendes Thema: Spitzenreiter in der Bekämpfung des Analphabetentums, mit dem humanistischen Gymnasium und der Reformuniversität, der Museumsinsel und der Großforschung – das alles sind doch wichtige Gegenstände, die in einer Synthese mit ihrem umfassenden Anspruch nicht derart weit zurücktreten sollten. Bei diesen Lücken handelt es sich kaum um zufällig missratene Proportionen sondern um die Folgen der Selektionskriterien, denen der Verfasser gefolgt ist.

Reizvoll wäre es auch gewesen, wenn Clark mit seiner disziplinierten Sympathie am Ende einen expliziten Vergleich der Vorzüge und Defizite Preußens angestellt hätte. Stehen auf der einen Seite die Expansionslust, die Adelsherrschaft, die Bürokratiemacht, der Militarismus, der Protestantismus von Thron und Altar, die Demokratieblockade und die Staatsgläubigkeit, gibt es auf der anderen Seite die Reformfähigkeit, den Kulturstaat, die Wissenschaftsförderung, die konfessionelle Toleranz, die Industrieunterstützung, die Sozialpolitik, die gezähmte Urbanisierung. Hätte es sich nicht gelohnt, der Frage nach den historisch folgenreichsten Wirkungen dieser Phänomene bilanzierend nachzugehen? Und – last but not least – hat es sich nicht für die Bundesrepublik als rundum vorteilhaft erwiesen, dass sie es nie mit einem ostelbischen Konservativismus, einer Adelslobby, einem Militarismus, einem preußischen Vabanquespiel um neue Größe zu tun hatte? So imponierend das Preußenbuch von Christopher Clark auch bleibt, lässt es doch weiter Raum für ein Werk, das die vernachlässigten Aspekte berücksichtigt, dafür aber die konventionell angelegten Partien zurückdrängt.

23. Das Ende der letzten Legende

Dass Bismarck 1864 und 1866 die Kriege gegen Dänemark und Österreich mit diplomatischem Raffinement vorbereitet hatte, blieb für die Bismarck-Orthodoxie in der deutschen Geschichtswissenschaft 100 Jahre lang unstrittig. Dass aber Preußen wenig später, obwohl sein König sich im Juli 1870 von der riskanten Kandidatur eines Hohenzollernprinzen in Madrid formell distanziert hatte, von einem dennoch unzufriedenen Frankreich den Krieg erklärt bekam, da es den Kampf um die Hegemonie in Europa in offener Kraftprobe mit dem aufstrebenden deutschen Machtstaat entscheiden wollte, galt ihr als ebenso unerschütterliche Gewissheit. Denn der aufbrausende französische Nationalismus blieb für sie die ausschlaggebende Antriebskraft, welche Preußen einen Verteidigungskrieg aufgezwungen habe. Diese Versionen haben vor gar nicht all zu langer Zeit deutsche Historiker, etwa Eberhard Kolb (1970) und Klaus Hildebrand (1989), noch immer nachdrücklich vertreten. Der Apologie der angeblichen Defensivpolitik Bismarcks unterlag nicht zuletzt öfters die Absicht, wenigstens im Hinblick auf die Kriegsursachen von 1870 makellos dazustehen, da an der kriegsauslösenden Rolle Deutschlands im Juli 1914 und August 1939 nicht zu zweifeln war.

Dieser zählebigen Legende hat nun endlich der Augsburger Historiker Josef Becker auf den mehr als 1800 Seiten seiner voluminösen Dokumentensammlung den Garaus bereitet.[1] In asketischer Arbeit hat er über viele Jahre hinweg aus mehr als einem Dutzend Archiven und aus der gesamten einschlägigen Literatur ein riesiges Quellenmaterial zusammengetragen, das vor allem zweierlei beweist: Zum einen hat Bismarck frühzeitig die Chance der spanischen Kandidatur genutzt, um Frankreich in eine aggressive Position zu locken. Dessen Angriffskrieg verschaffte ihm dann tatsächlich die erhoffte Gelegenheit zu einem «provozierten Verteidigungskrieg». Zum anderen kann Becker mit dichten Belegen nachweisen, mit welcher Zielstrebigkeit das sorgfältig inszenierte geheime Krisenmanagement Bismarcks seither vertuscht worden ist, so dass die Legende vom attackierten Preußen weiterleben konnte.

Nach dem preußisch-österreichischen Krieg von 1866 herrschte in Europa eine Art von Kaltem Krieg, der demnächst – das war der auch von Bismarck geteilte Konsens in Berlin – in den offenen Hegemonialkampf mit Frankreich übergehen würde. Denn im antagonistischen europäischen Staatensystem schien die «deutsche Frage» nur durch die militärische großpreußische Expansion lösbar zu sein. Angesichts dieser Grundkonstellation war es seit jeher töricht, einem so exquisiten «Political Animal» wie Bismarck die Naivität zu unterstellen, er habe das verlockende politische Potential der spanischen Kandidatur nicht frühzeitig erkannt, sei geradezu von ihrer Zuspitzung überrascht und allein durch das provozierende französische Konfliktverhalten zum Defensivkrieg genötigt worden. Bismarck hat durch eindrucksvolle Formulierungen über die allgemeine Offenheit der Zukunft und seine Abneigung gegen Präventivkriege das Seine zur Kaschierung des Realverlaufs beigetragen.

Tatsächlich hatten sich aber die restriktiven Bedingungen zugunsten einer Erweiterung des 1867 geschaffenen Norddeutschen Bundes zu einem deutschen Nationalstaat deutlich verengt. Jüngst abgehaltene Wahlen zum Zollvereinsparlament hatten in den süddeutschen Mitgliedsstaaten eine Mehrheit gegen den Anschluss an den Nordbund ergeben. Die frisch geschlossenen Militärallianzen Preußens mit diesen Staaten waren offenbar nur bei einem Verteidigungskrieg gegen Frankreich verlässlich zu aktivieren. Der sog. Eiserne Heeresetat in Preußen lief im Dezember 1871 aus, und wegen der Verlängerung drohte ein zweiter Verfassungskonflikt mit den Liberalen. Als daher durch die Vakanz auf dem spanischen Thron das Interesse auf einen deutschen Prinzen gelenkt wurde – denn Fürstenexport war im 19. Jahrhundert wegen der zahlreichen deutschen Dynastien ein Exportschlager –, witterte Bismarck seine Chance. Die französische Reaktion auf einen Hohenzollernkandidaten war klar vorhersehbar, da man auch im Paris Napoleons III., so lebendig war dort die Erinnerung, eine Wiederholung jenes Zangendrucks befürchten musste, den die Habsburger bereits im 16. Jahrhundert einmal ausgeübt hatten. Das ungleich effizienter organisierte Preußen konnte ihn jedoch mit seinen Verbündeten noch kräftiger geltend machen, so wurde jedenfalls das preußischdeutsche Drohpotential wahrgenommen.

Strukturell befand sich Frankreich schon seit Jahren in der Defensive, daran hatten auch die Abenteuer in Mexiko, Nordafrika und Südostasien nichts geändert. Seit 1866 war es auf die Erhaltung der Mainlinie, damit der neuen deutschen Machtverteilung bedacht. Dieses Ziel war immer wieder von Regierungskreisen betont worden. Wenn daher Preußen den Status quo erneut in Frage stelle, sei ein Krieg, so die verbreitete Vorstellung und latente Drohung, geradezu «unvermeidlich». Dieser Disposition zu einer harten Reaktion auf eine nachteilige Kräfteverschiebung war sich auch im preußischen Entscheidungszentrum so gut wie jedermann bewusst.

Bismarck sah seit dem Frühjahr 1869 die handfeste Chance aufsteigen, wie Becker nachweist, mit Hilfe der «spanischen Diversion» Frankreich als Offensivkraft, Preußen dagegen als in die Defensive gedrängte Macht aufzubauen, mithin das wahre Verhältnis der Antriebskräfte in sein krasses Gegenteil zu verkehren. Das war nicht nur für die außenpolitische Risikominderung optimal, vielmehr wurde damit auch die Mobilisierung des deutschen Nationalismus für das angegriffene Preußen sichergestellt. Kam es unter den erwünschten Bedingungen zum Schlagabtausch, stand von dem Krieg, erst recht von dem erhofften Erfolg zu erwarten, dass er mehrere wichtige Funktionen gleichzeitig erfüllte. Denn als nationaler «Unionskrieg zur Vollendung des preußischen Sezessionskriegs von 1866» konnte er den Nord-Süd-Gegensatz, der sich wider Erwarten stärker als zuvor herausgebildet hatte, endlich überwinden. Als innenpolitischer Integrationskrieg konnte er nicht nur dem Weiterschwelen der «fundamentalen politisch-sozialen Krise der preußischen Militärmonarchie» ein Ende setzen, sondern vor allem auch durch die Aktivierung des Nationalismus eine gesamtdeutsche Staatsbildung immens erleichtern. Ein siegreicher Defensivkrieg gegen den «Erbfeind» vermochte überdies eine neue «Indemnität» für den «Bürgerkrieg von 1866» sowie eine durchschlagende Legitimation der nationalen Einigungspolitik Preußens «von oben» zu verschaffen. Das Problem des umstrittenen Heeresetats wurde drastisch entschärft, da ein Kriegserfolg den Liberalen die Lösung ihrer «Kardinalfrage», der Durchsetzung parlamentarischer Kontrollrechte, versperren würde.

Sollte Paris jedoch wider Erwarten vor dem Krieg zurückscheuen, bedeutete seine diplomatische Niederlage einen hohen Prestigegewinn für Bismarck selber und für Preußen als mitteleuropäische Vormacht. Mit einem Hohenzollernkönig in Madrid öffneten sich zudem zahlreiche neue Möglichkeiten, Frankreich so zu irritieren, dass es zum provozierten Offensivkrieg überging. Zwar trifft es zu, dass der Widerstand gegen den Aufstieg einer preußisch-deutschen Großmacht Paris ebenso kriegsgeneigt machte wie das labile Herrschaftssystem Napoleons III. aus der Befriedigung des französischen Chauvinismus einen kraftvollen Legitimationszuwachs erwartete. Trotzdem war es nicht Frankreich, das einen riskanten Spannungszustand schuf, vielmehr reagierte es auf ein bedrohlich wirkendes Vabanquespiel Bismarcks mit dem extremsten aller möglichen Gegenzüge.

Die geläufige Annahme, dass der fähigste europäische Berufspolitiker mit der «spanischen Diversion» im Stil einer klassischen «Brinkmanship» ohne eine sorgfältige Kosten-Nutzen-Abwägung bis an den Rand des Krieges vorgerückt sei, war immer schon verfehlt. Die Unterstellung eines krassen Fehlurteils oder auch nur einer echten Überraschung ob der Wirkung seines Pokerspiels auf die französische Politik, die er seit vielen Jahren aus erster Hand genau kannte, ist methodisch illegitim. Auf offenherzigen Primärquellen zu bestehen, in denen ein Meister der politischen Manövrierkunst wie Bismarck über das heikle Problem schreibt, wie er für den Kontrahenten den offensiven Erstschlag möglichst unvermeidbar gemacht hatte, ist ein naiver Anspruch.

Vielmehr hat Becker aus dem Urteil kenntnisreicher Persönlichkeiten in der unmittelbaren Nähe der Berliner Entscheidungszentrale sowie aus der inneren Logik der Kriseninszenierung, zu der auch die geheime Mission von Bismarcks vertrautem Mitarbeiter Lothar Bucher in Madrid gehörte, überzeugend geschlossen, dass an der dominierenden Rolle des zum Erfolg verurteilten Berliner Regierungschefs kein Zweifel mehr aufkommen kann. Es ist schon enthüllend, wie viele intime Kenner der Politik Bismarcks in jener Zeit Becker gefunden hat, die dessen Risikobereitschaft bis hin zur Provozierung Frankreichs mit der einkalkulierten Folge des Krieges bestätigen. Der Großherzog von Baden, seine Außenminister v. Roggenbach und v. Freydorf, Kanzleramtschef v. Delbrück, Albrecht v. Stosch im preußischen Kriegsministerium, der sächsische Außenminister v. Friesen, der bayrische Graf Lerchenfeld – sie alle teilten den Konsens, dass es Bismarck gelungen sei, mit der «Diversion» «den Krieg zu provozieren». Generalstabschef v. Moltke und Bucher frohlockten wohl wissend, dass Paris in die sorgsam aufgestellte «Falle» gelaufen sei. Bismarck selber mokierte sich nach seiner Entlassung über jene zeitgenössischen Historiker wie Heinrich

v. Sybel, die im Bann der Verteidigungslegende ihn naiver darstellten, als er damals oder je gewesen sei.

Bismarck hat diesen Krieg nicht auf lange Sicht oder exakt zu diesem Zeitpunkt geplant. Doch da er von einem französisch-preußischen «Kollisionskurs» ausging, konnte er 1869/70 angesichts der pressierenden Umstände mit der «spanischen Thronfrage» jene kühl kalkulierte Weichenstellung herbeiführen, die Preußen die optimale Ausgangslage eines «provozierten Defensivkriegs» verschaffte. Sogar noch über alle optimistischen Erwartungen hinaus erwies er sich dann in der Tat als nationalpolitischer Unionskrieg, innenpolitischer Integrationskrieg und einigungspolitischer Legitimationskrieg.

Der Krieg von 1870/71 ist der letzte Krieg gewesen, den Deutschland gewonnen hat. Mit Beckers Dokumentation steht fest, dass er in die Kontinuität der 1864, 1866, 1914, 1939 von Deutschland provozierten Kriege gehört, mithin keineswegs das Ausnahmebeispiel eines aufgezwungenen Verteidigungskriegs darstellt. Becker hat die letzte große Legende aus dem Umfeld dieser Kriege zwischen 1864 und 1945 mit empirisch erdrückenden Beweisstücken endgültig ad acta gelegt. Das ist eine imponierende Leistung quellengesättigter historischer Argumentation.

24. Wann kommt der «Zweite Bismarck»?

Dass sich mit der Figur Otto v. Bismarcks, der nahezu drei Jahrzehnte lang im Zentrum der preußisch-deutschen Politik stand, der weit in das 20. Jahrhundert hineinwirkende Mythos vom genialen «Reichsgründer» verband, ist in der Geschichtswissenschaft seit langem unstrittig. Dennoch fehlte bisher in der nicht abreißenden Flut der Bismarck-Literatur eine präzise Studie, wie der Einfluss dieses zählebigen Mythos nach dem Untergang des Kaiserreichs, also vor allem in der Weimarer Republik und während der nationalsozialistischen Diktatur, weiter zur Geltung kam. Wie eklatant diese alles andere als nebensächliche Problematik vernachlässigt worden ist, lässt sich zur Beschämung der Zeithistoriker daran ablesen, dass die eindringlichste Deutung des politischen Messianismus der Weimarer Jahre, einschließlich des Bismarckkults, 1998 von dem Mediävisten Klaus Schreiner vorgelegt worden ist.

Mit seiner Monographie über den Bismarckmythos, einer Oxforder Dissertation, hat der junge deutsche Historiker Robert Gerwarth endlich den Charakter und die Auswirkung des Kults um den ersten Reichskanzler insbesondere in den 1920er und 30er Jahren eindringlich analysiert.[1] Als das Krisensyndrom des verlorenen Weltkriegs, des Versailler Vertrags, der «Reparationsknechtschaft», der Hyperinflation und schließlich der Weltwirtschaftskrise seit 1929 auf die öffentliche Meinung in Deutschland machtvoll einwirkte, gewann die politische Ikone Bismarck an kompensatorischer Attraktivität, schien doch die suggerierte Vorbildlichkeit von Bismarcks Politik, die vermeintliche Einzigartigkeit seines Handlungsstils und Interessenkalküls den Ruf nach einem «zweiten Bismarck» geradezu aufzudrängen. Gerwarth hat diese Grundströmung an einem breiten Meinungsspektrum überzeugend herausgearbeitet. Dieser Durchmarsch durch die Sektoren der Öffentlichkeit braucht hier nicht beschrieben zu werden.

Wichtig an der präzisen, überdies auf 280 Seiten leserfreundlich komprimierten Analyse sind insbesondere zwei Aspekte. Zum einen ist sie ein gelungenes Beispiel für die Renaissance der modernen politischen Ideengeschichte. Diese knüpft nicht mehr an Friedrich Meinecke, sondern eher an englische und amerikanische Vorbilder wie Quentin Skinner und John Pocock an, wenn sie die Wanderung einflussreicher Ideen über längere Zeiträume hinweg verfolgt, um der Frage nach ihrer Geschichtsmächtigkeit nachzuspüren. Immerhin wird hier bei dieser Mythenkarriere trotz der eindeutigen Schwerpunktbildung das Jahrhundert zwischen 1890 und 1990 ins Auge gefasst.

Zum Zweiten ist Gerwarths Untersuchung ein weiterführender Beitrag zur politischen Kultur Deutschlands vornehmlich in der ersten Hälfte des 20. Jahrhunderts. Und in diesem Kontext wiederum trägt sie vorrangig zur Klärung erst des Aufstiegs Hitlers, dann der Konsolidierung des «Dritten Reiches» wesentlich bei. Denn sie unterstützt nachhaltig jene Interpretation von Historikern, wie etwa des Hitler-Biographen Ian Kershaw, dass man mit Max Webers Konzeption der charismatischen Herrschaft am ehesten die umstrittene Figur des deutschen Diktators und die Natur seines Regimes adäquat erfassen könne. Der Bismarckkult hatte dem «Reichsgründer» seit jeher ein charismatisches Sondertalent unterstellt. Der Ruf nach dem «zweiten Bismarck», wie er von rechts bis links in den Weimarer Jahren erschallte, arbeitete daher nachdrücklich einem Verständnis von Politik vor, das sie als das erfolgreiche Wirken des großen autoritären Einzelnen mit einer solchen einmaligen Begabung verstand. In diesem Sinn erwies sich der Bismarckkult jener Zeit als Baustein für den Führerabsolutismus – zuerst in der Hitler-Bewegung, dann im «Dritten Reich». Die NSDAP besaß jedenfalls als einzige deutsche Partei, als sie aus ihrem bayrischen Exotendasein in die nationale Arena vorstieß, zur richtigen Zeit am richtigen Ort ein charismatisches Talent wie Hitler, der auch von jener Mentalität, welche den Bismarck-Mythos pflegte, emporgetragen wurde, sie geschickt auszubeuten verstand. Diese Förderung der Führermonokratie durch jenes einflussreiche Element der politischen Kultur, das die Bismarck-Ikonographie in den Mittelpunkt stellte, ist bisher noch nicht derart überzeugend herausgearbeitet worden. Insofern reicht die wissenschaftliche Ergiebigkeit dieser Studie über das engere Thema weit hinaus. Denn sie trägt dazu bei, die verhängnisvollste Weichenstellung in der deutschen Geschichte heller zu beleuchten, als das bisher geschehen ist.

25. Hindenburg zwischen Bismarck und Hitler

An Paul v. Hindenburg scheiden sich bis heute die Geister. Während Historiker wie Karl Dietrich Bracher und Heinrich-August Winkler über seine Rolle als Reichspräsident der Weimarer Republik, insbesondere während ihrer Untergangsphase, mit schneidender Schärfe urteilen, dominiert bei einem Verehrer wie Walther Hubatsch die devote deutsch-nationale Phrase, die kritiklos Seite für Seite zu füllen vermag. Das neue Buch über Hindenburg, das der Stuttgarter Historiker Wolfram Pyta nach achtjähriger intensiver Vorbereitung geschrieben hat, nähert sich seinem Gegenstand ohne die Absicht, ihn noch einmal verdammen oder gar verklären zu wollen.¹ Vielmehr gilt sein Hauptinteresse einem analytischen Problem: Wie kann man die Herrschaftsfunktion dieser Persönlichkeit, damit aber auch den Mythos um den militärisch letztlich völlig gescheiterten Feldmarschall, der es trotzdem nur sieben Jahre nach der Kriegsniederlage zum Präsidenten der Republik brachte und schließlich Hitler die Machtfülle des Reichskanzleramtes übergab, 80 Jahre nach seinem Tod angemessener als bisher interpretieren, um diese Schlüsselfigur der deutschen Zeitgeschichte und den von ihr herbeigeführten Wendepunkt des 30. Januar 1933 endlich umfassender zu verstehen. Denn eins ist vor allem Disput über Einzelheiten von vornherein klar: Ohne Hindenburgs Entscheidung, Hitler den Weg in das Berliner Herrschaftszentrum frei zu geben, wäre die deutsche, ja die globale Geschichte nach menschlichem Ermessen anders verlaufen.

Die grundlegende methodische Entscheidung, die Pytas Studie zugrunde liegt und sie aus der Fülle der einschlägigen historischen Literatur weit hervorhebt, ist sein Verzicht auf eine Biographie im herkömmlichen Stil, die den Lebenslauf ihres «Helden» in den Mittelpunkt stellt, wobei freilich das Urteil über die Qualität des Unternehmens davon abhängt, wie überzeugend der historische Kontext mit seinen restriktiven Bedingungen des individuellen Aktionsfeldes erfasst und dargestellt wird. Pytas Leitperspektive, sein erkenntnisleitendes Interesse im weiten Sinn, lenkt den Blick vorrangig auf die Analyse der Herrschaftsausübung durch eine im Grunde eher mediokre Figur, von der aber eine außerordentlich weitreichende symbolpolitische Wirkung ausging. Sie zehrte sogar von einem zugeschriebenen Charisma, dem keineswegs das extraordinäre Talent eines personalen Eigencharismas zugrunde lag.

Diese folgenreiche methodische Entscheidung des Autors, die auch auf lückenloser, in langen Jahren erworbener Sachkunde beruht, führt dazu, dass der Text seine eigenartige, aber rundum überzeugende Textur gewinnt. Er verbindet nämlich alle biographischen Informationen, die zum Verständnis Hindenburgs unerlässlich sind (und dank einer unermüdlichen Quellensuche sind sie hier aufschlussreicher als je zuvor versammelt), mit scharfsinnigen analytisch-systematischen Erörterungen der deutschen politischen Kultur, die Hindenburg so verblüffend weit emportrug, der Herrschaftsproblematik, der Charismawirkung. Im Kern rücken daher die gesellschaftliche und politische Verfassung der Reichsdeutschen, ihr politischer Habitus, ihre politische Mentalitätstradition, ihr politisches Strukturdilemma in das Zentrum der Studie, die diese Konstellationen durch das Prisma der Persönlichkeit Hindenburgs erfasst. Dass ihr das derart hervorragend gelingt, macht die eigentliche Innovation des Buches aus. Als Biographie ist es daher viel zu eng charakterisiert.

Der 1847 in eine preußische Offiziersfamilie geborene Hindenburg hat nach seiner konventionellen Kadettenzeit als junger Berufsoffizier die Bismarckschen Expansions- und nationalen Integrationskriege von 1866 und 1870/71 aktiv miterlebt. Ihr Ergebnis prägte seither sein Weltbild: Nationale Einheit und Größe blieben seine unangefochtenen Zentralwerte. Hindenburg durchlief in den Friedensjahren eine durchaus respektable militärische Karriere, die ihn dank seiner kriegswissenschaftlichen Ausbildung als Stabsoffizier nicht nur auf den Generalsrang, sondern sogar in die Nähe der Position des Generalstabschefs emportrug. Trotz aller ungewöhnlichen Belesenheit und pragmatischen Intelligenz erreichte er aber nicht das Maß einer herausragenden Persönlichkeit. Ohne das begehrte Ziel des Schlieffen-Nachfolgers erreicht zu haben wurde er pensioniert. Doch kurz darauf erlebte er, im Ruhestand in Hannover wohnend, den Ernstfall: den Kriegsausbruch im Sommer 1914. Sofort bemühte er sich um seine Reaktivierung, die ihm dank der Protektion durch wohlwollende Berliner Gönner schließlich auch gelang. Sein erstes Kommando war der Oberbefehl über die deutschen Verbände in Ostpreußen, wo russischen Truppen ein überraschender Einbruch in das Reichsgebiet gelungen war. Dort brauchte man einen Kommandeur mit jenen guten Nerven, jenem Standvermögen, für das Hindenburg bekannt war.

Die Entscheidung, Hindenburg diesen fatal gefährdeten Frontabschnitt zu unterstellen, stellte die Weichen für seine Zukunft. Denn dank der exzellenten Stabsplanung Erich Ludendorffs, fortab sein Alter Ego, und Max Hoffmanns, an der Hindenburg nicht den geringsten Anteil hatte, gelang es, mit einem hochriskanten Unternehmen der deutschen 8. Armee die russischen Invasoren an den Masurischen Seen zu schlagen. Nach dem Scheitern des Schlieffenplans an der Westfront und der verheerenden Wirkung der verlorenen Marneschlacht wirkte der Sieg in Ostpreußen als ein erster langersehnter militärischer Höhepunkt, der allein den Fähigkeiten Hindenburgs zugeschrieben wurde. Um ihn bildete sich in der deutschen Öffentlichkeit geradezu über Nacht der Mythos des souveränen Schlachtensiegers, obwohl das eigentliche Verdienst ganz und gar seinem Stab gebührte.

Hindenburgs Verhalten in Ostpreußen wird von Pyta mit unüberbietbarer Nüchternheit geschildert: Der alte Herr schläft sich tagtäglich aus, macht einen Morgenspaziergang, legt sich nach dem Mittagessen wieder zwei Stunden hin, empfängt Bewunderer oder geht auch auf dem Höhepunkt von Krisen gelassen auf die Jagd, lädt zu einer mehrstündigen Abendtafel ein – und zwischendurch findet er auch einige Minuten für seinen Stab mit der stereotypen Frage, ob weiterhin alles gut laufe. Alle wesentlichen Planungsideen und operativen Entscheidungen stammten von Ludendorff, fanden allerdings auch immer Hindenburgs formelle Billigung.

Während die Aura um Hindenburg zunahm, unterstützte er auf einem ganz anderen Gebiet als dem militärischen Alltagsgeschäft sein wachsendes Prestige. Von ihm stammte der Vorschlag, künftig von der Schlacht bei Tannenberg zu sprechen (obwohl der Ort vom Schlachtfeld weit abgelegen war), um die symbolische Korrektur jener vernichtenden Niederlage auszudrücken, die der Deutsche Orden 1410 durch ein polnisches Heer erlitten hatte – Hindenburg, der Slawenbezwinger, das vertiefte seinen Nimbus. Unentwegt empfing Hindenburg auch einen Maler und Publizisten nach dem anderen, sofern sie bereit waren, an dem Mythos des militärischen Genius mitzuwirken. Ein denkbar passiver Militär, der aber zielbewusst an der Ausdehnung seiner Herrschaft über die Geister arbeitete. Dafür entwickelte er ein auffälliges Sensorium und Geschick, das vorher keiner an ihm bemerkt hatte.

Hindenburg konnte den Anfangserfolg in Masuren nicht wiederholen, auch nicht als Chef der gesamten deutschen Ostfront, als Leiter von «Oberost». Dennoch fiel ihm 1916 die Führung der 3. Obersten Heeresleitung zu, während der Hof und der Kaiser voller Skepsis spürten, wie dieser zum Feldmarschall beförderte Ex-Pensionär zur entscheidenden Schlüsselfigur des innenpolitischen Lebens, insbesondere zur Verkörperung des Durchhaltewillens und der Siegfrieden-Hoffnungen, aufstieg. Das war eine Entwicklung, deren sich auch Reichskanzler Theobald v. Bethmann Hollweg vollkommen bewusst war, wie überhaupt der Konsens über die Unentbehrlichkeit und das doch noch den Sieg garantierende Talent Hindenburgs zum Gemeingut der öffentlichen Meinung wurde.

Wie konnte ein aus dem Ruhestand geholter, nahezu 70jähriger General mit einem einzigen dramatischen Schlachtsieg die Aura des genialen Feldherrn und des Retters der Nation aus ihrer Kriegsnot gewinnen? Als Antwort lässt es Pyta nicht bei einigen Erläuterungen bewenden, wie das in einer durchschnittlichen Biographie üblich wäre. Vielmehr analysiert er scharfsichtig die deutsche politische Kultur, die nach der entscheidenden Rolle der drei Einigungskriege im großpreußisch-reichsdeutschen Staatsbildungsprozess dem Militär bereitwillig eine Sonderstellung zubilligte. Sie schien durch Hindenburgs Sieg in Ostpreußen nachhaltig bestätigt zu werden, zumal kein dominierender Politiker, ein deutscher Lloyd George oder Clemenceau, als Rivale auftauchte. Ohne die massenpsychologische Disposition wäre die rapide Entfaltung und Stabilität des Hindenburg-Mythos nicht zu verstehen.

Als Chef der 3. Obersten Heeresleitung blieb Hindenburg weiterhin völlig von Ludendorffs Planungsarbeit abhängig, erschien aber nach außen hin als der unangefochtene «Decision-maker», obwohl er weithin ungeniert seinen privatistischen Neigungen nachgab. Offenbar gewann er, so ein weiteres Schlüsselargument Pytas, über sein militärisches Ansehen hinaus die Statur eines Charismatikers, dessen Sonderstellung freilich nicht auf einer charismatischen Begabung beruhte, wie sie etwa Napoleon, Bismarck, Hitler auszeichnete, wohl aber auf der massiven Zuschreibung außergewöhnlicher Fähigkeiten durch eine Bevölkerung, die seit den Jahrzehnten der Bismarckschen Herrschaft in erster Linie großen Individuen statt Institutionen die gebotene Problemlösungskapazität unterstellte. Pyta greift hier auf Max Webers Politische Soziologie zurück, in welcher der Typus der charismatischen Herrschaft erstmals definiert worden ist. Als Produkt einer existenziellen Krise, deren Lösung der Charismatiker durch Wundertaten verspricht, steigt er weit über seine Konkurrenten hinweg auf, wird durch mächtige Traditionen der politischen Kultur begünstigt, bildet aus Anhängern eine charismatische Gemeinschaft, in der eine wahre Gesinnungsrevolution abläuft, die zu einer vorbehaltlosen Hingabebereitschaft und einem fanatischen Glauben an diesen Hoffnungsträger führt. Pyta gelingt es, exakt darzutun, wie die Interpretation von Hindenburgs Stellung und Image in der deutschen Politik durch die Konzeption der charismatischen Herrschaft entscheidend gefördert wird. Seine Deutung präsentiert eine geradezu klassische Form von zugeschriebenem Charisma. Hindenburg erscheint auf diese Weise zwischen den Charismatikern Bismarck und Hitler als eine charismatisch aufgewertete Überbrückungsfigur.

Hindenburg, dem auch Züge des wohlwollenden patriarchalischen Übervaters angedichtet wurden, entpuppte sich häufig als kalter Egoist, der sich von allem zu trennen vermochte, das seine Nützlichkeit für ihn verloren hatte. Im Augenblick der Niederlage trennte sich der überzeugte Monarchist daher auch von seinem Kaiser, indem er ihn ins holländische Exil abdrängte. Obwohl er bis zuletzt Ludendorffs Weigerung, den Verlust des Krieges realistisch anzuerkennen, mit seinem Nimbus gedeckt hatte, machte er sich dann zum prominentesten Befürworter der vergiftenden Anklage, dass die Linksparteien der Heimat dem fast siegreichen Heer in den Rücken gefallen seien und dadurch die Niederlage verschuldet hätten. Wenige Topoi der öffentlichen Debatte haben die Weimarer Republik so belastet wie der perfide Vorwurf dieser Dolchstoßlegende.

Dass die Republik trotz ihres Anfangserfolgs nicht mehrheitsfähig war, trat bereits sechs Jahre später zutage, als der gescheiterte kaiserliche Feldmarschall zum Reichspräsidenten gewählt wurde. Hindenburg scheint ein doppeltes Motiv zur Kandidatur bewegt zu haben: Zum einen reizte ihn offenbar die präsidiale Form der Herrschaftsausübung; zum anderen wollte der überzeugte Nationalist der Desintegration des Neustaates entgegentreten, um die Einheit der Nation zu gewährleisten. Dass er dann als 85jähriger sogar zum zweiten Mal kandidierte und seinen gefährlichsten Rivalen, Hitler, eindeutig schlug, entsprang derselben Überzeugung. Seine ursprünglich klar ausgeprägte Abneigung gegen den «böhmischen

Gefreiten» ließ daher nach, als ihm Hitler auf dem Tiefpunkt der Weltwirtschafts- und Republikkrise als aussichtsreichster Vorkämpfer der nationalen Einheit und Größe erschien. Pytas überzeugendes Schlusselement läuft daher – harte Korrektur der bisherigen Lehre – darauf hinaus, dass Hindenburg nicht primär unter dem Druck einer Kamarilla ostelbischer Konservativer und der Einflüsterungen Franz v. Papens Hitler zum Reichskanzler ernannte, sondern aus der eigenen Überzeugung heraus, in ihm den überzeugendsten Garanten der nationalen Einheit gefunden zu haben, den glaubwürdigsten und durchsetzungsfähigsten Erben seiner eigenen politischen Anstrengungen seit 1914. Insofern läuft Pytas fundierte Kritik auf eine pointierte Anklage jenes Weltbildes hinaus, das der deutsche Nationalismus auch für Hindenburg verkörperte.

Zweiflern an Pytas kritischer Hindenburg-Interpretation sei gesagt, dass der Autor seine 870 Textseiten auf die Arbeit in 96 Nachlässen und 42 Archiven von Harvard bis Moskau stützt und auf 185 Anmerkungsseiten präzise über seine Quellengrundlage Auskunft gibt. Seine Stärke liegt aber nicht allein in der mustergültigen empirischen Fundierung, sondern vor allem in der analytischen Durchdringung eines biographischen Themas, in der fern jeder Dogmatik ausgeführten Analyse von Entscheidungsprozessen und Mentalitätskonsequenzen, in der scharf konturierten Herausarbeitung der Symbolpolitik und der charismatischen Züge von Hindenburgs Herrschaft und in der konsequent durchgehaltenen Kritik am Nationalismus als handlungsleitendem Weltbild. Das Ergebnis ist ein großartiges Beispiel moderner Zeitgeschichte, deren Reflexionsniveau sich auf der Höhe der gegenwärtigen Diskussion bewegt. Es verdient nicht nur zahlreiche Leser, die auf eine menschenfreundliche und dennoch begriffsscharfe Prosa stoßen, sondern auch eine engagierte Debatte, da nicht wenige Positionen der zeithistorischen Geschichtswissenschaft überzeugend in Frage gestellt werden.

26. Ein neuer Klassiker zur NS-Geschichte

Blickt man auf die ersten 60 Jahre der geschichtswissenschaftlichen Veröffentlichungen zur deutschen Zeitgeschichte seit 1945 zurück, ragen unübersehbar einige Klassiker hervor. Zu ihnen gehören z. B. Karl Dietrich Brachers «Auflösung der Weimarer Republik» und Martin Broszats «Der Staat Hitlers», dazu Ian Kershaws Hitler-Biographie, Michael Wildts Kollektivporträt des Reichssicherheitshauptamtes und Ulrich Herberts Studie über Werner Best als Inkarnation des intellektuellen Rechtsradikalismus. Soeben ist nun zu dieser Spitzengruppe außergewöhnlicher Forschungs- und Interpretationsleistungen die Studie von Adam Tooze über die Wirtschaft im «Dritten Reich» hinzugetreten.¹ In ihr wird das seit langem heftig umstrittene Problem des Verhältnisses von kapitalistischer Wirtschaft zum NS-Regime auf denkbar breiter empirischer Basis und in eindringlicher Analyse souverän geklärt. Man kann sagen: Zum ersten Mal ist das jetzt in einer überzeugenden Synthese auf gleichmäßig hohem Niveau geschehen. Denn die westdeutsche Zeitgeschichte hatte bisher ebenso wenig wie die westeuropäische oder amerikanische Forschung ein solches Werk hervorgebracht, das sich auf der Höhe des gegenwärtigen Kenntnisstandes und Reflexionsniveaus bewegt. Und die Historiographie der verblichenen DDR litt unter der borniert dogmatischen Einschränkung durch ihre Glaubenslehre, dass «der Kapitalismus» sich des Nationalsozialismus doch nur als seines Büttels bedient habe. Das trifft auch auf die häufig genannte, dreibändige «Geschichte der deutschen Kriegswirtschaft» von Dietrich Eichholtz zu, wo der Autor bis in die 90er Jahre hinein in seinem geschichtsphilosophischen Prokrustesbett verharrte und überdies bis zuletzt die Zentralität von Rassendoktrin und Holocaust nicht anerkennen wollte.

Die Leistung von Tooze, einem jungen englischen Historiker, der, jetzt an der Yale University, am Jesus College in Cambridge seinen wissenschaftlichen Stützpunkt besaß, besteht darin, eine solche Gesamtdarstellung nach einer sorgfältigen Prüfung der Quellen und konkurrierenden Deutungen in einer präzisen, urteilsfreudigen, stilistisch aufgelockerten und daher alles andere als menschenfeindlichen Prosa geschafft zu haben. Sie besteht gleichzeitig aber auch daraus, eine lange Reihe von hartnäckig kolportierten und einflussreichen Mythen definitiv zerstört zu haben, die das NS-Regime bisher umrankten, z. B. die Legende von Albert Speers «Rüstungswunder» in der zweiten Kriegshälfte.

Unstreitig geht Tooze als ein mit der Politischen Ökonomie und Statistik eng vertrauter Wirtschaftshistoriker vor, doch er betont auch stets die brisanten ideologischen Antriebskräfte Hitlers und seiner Bewegung: die Macht des Rassismus und Antisemitismus, ihre Fixierung auf den Entscheidungskampf zwischen Ariern und Weltjudentum und daher auf die Eroberung von «Lebensraum» im Osten, um diesem Armageddon gewachsen zu sein. Zwar geht es streckenweise primär um Zahlungsbilanzen und Außenhandelsfragen, immer wieder um das Rüstungspotential und den Widerstreit von Interessengruppen. Aber die trübe Mischung der Motive in den Entscheidungsprozessen, in denen nur zu oft und letztlich ausschlaggebend das ideologische Weltbild Hitlers dominierte, kommt stets zur Geltung. Jeder Ökonomismus wird strikt vermieden, überdies die Natur der konkreten militärischen Kriegführung samt ihren Resultaten angemessen berücksichtigt, also nicht als «unökonomische» Dimension an den Rand gedrängt.

Im Hinblick auf die sog. Friedensjahre von 1933 bis 1939 arbeitet Tooze zunächst ausführlich die Konzentration des Hitler-Regimes auf die forcierte Aufrüstung heraus – jener, wie er schreibt, «alles überragenden Antriebskraft der NS-Wirtschaftspolitik» –, die alle antizyklischen Beschäftigungsmaßnahmen zur Bekämpfung der Massenarbeitslosigkeit weit übertraf: Bis 1938 wurde der Militäranteil am Staatshaushalt von einem Prozent auf 20 Prozent gesteigert. Nie zuvor und danach, konstatiert Tooze, ist das «Sozialprodukt eines kapitalistischen Staates zu Friedenszeiten in einem solchen Ausmaß oder einer solchen Geschwindigkeit umverteilt worden». Seit 1938 befanden sich die Militärausgaben im Grunde auf Kriegsniveau. Dieses Ziel der Hochrüstung für den künftigen Krieg um die Hegemonie in Europa, den «Lebensraum» im Osten und letztlich um die Weltherrschaft der arischen Rasse, hat die Führerdiktatur «höchst effektiv» verfolgt, und sie hat sogar während des Krieges einen gewissen Vorsprung in der Mobilisierung aller Binnenressourcen behauptet.

Wie konnte das Regime eine derartige Kontrolle über die streng privatkapitalistisch organisierte Wirtschaft gewinnen? Warum tolerierte diese Privatwirtschaft die Fülle an staatlichen Vorgaben und Eingriffen? Toozes Antwort fällt überzeugend aus: Die Weltwirtschaftskrise seit 1929 hatte die Kollektivmacht der Unternehmer geschwächt. Der autoritäre Stil der Regierung Hitler und die Zertrümmerung der Gewerkschaften sagten ihnen ganz so zu wie die hochschnellenden Profite. Nackter Zwang wurde selten ausgeübt, vielmehr bediente sich das Regime meist der autonomen Initiative der Unternehmer und Manager. Und wegen der Konkurrenz der Interessen genügten einige Bündnisse, um entscheidende Sektoren durch eine «äußerst effektive» Mobilisierung in die Richtung der Regimeziele zu drängen. Tooze formuliert daher ein unzweideutiges Dementi der marxistischen Behauptung, dass «der Kapitalismus» die NS-Diktatur gesteuert habe. Vielmehr gelang ihr eine effiziente Koordination unter dem Primat der Führerherrschaft. Denn im Zweifelsfall war es keine Frage, wer immer wieder die Entscheidung fällte: der Führerbefehl.

Die absolut hervorragende Analyse der Kriegsjahre wird im Grunde durch eine Denkfigur strukturiert. Das ist die kontinuierlich überprüfte Frage nach dem Rüstungspotential (im weitesten Sinn), das die Kriegsgegner gegeneinander ins Feld führen konnten. Trotz einiger blendender militärischer Erfolge des «Dritten Reiches» – im Frankreich-Feldzug etwa und während der ersten Monate des Krieges gegen die Sowjetunion – blieb die Grundkonstellation dennoch eindeutig: Dem gewaltigen und stetig weiter anwachsenden Potential der Alliierten stand das begrenzte Potential Deutschlands und seiner schwachen Verbündeten gegenüber, das auch durch die Ausbeutung des «Großraums» im besetzten Europa nicht entscheidend vermehrt werden konnte. Es bleibt trotzdem verwunderlich, wie lange eine Mittelmacht, die Deutschland letztlich blieb, fast sechs Jahre lang Krieg gegen die halbe Welt führen konnte. Die langlebige militärische Kompetenz der Wehrmacht übte auf diese Fähigkeit sicherlich einen großen Einfluss aus. Für ausschlaggebend hält Tooze, dass das ungeheure Potential der

Vereinigten Staaten den Alliierten das Übergewicht sicherte, obwohl er auch die erstaunliche Mobilisierungsleistung der sowjetischen Rüstungswirtschaft unbefangen würdigt. Mit dieser beharrlichen Betonung der (Hitler und seinen Eliten durchaus bewussten!) strategisch ausschlaggebenden Rolle Amerikas korrigiert er energisch die Grenzen der oft noch vorherrschenden eurozentrischen Sichtweise.

Im Einzelnen analysiert Tooze eine Fülle von Problemen, welche die internationale Forschung schon lange beschäftigt haben, auf innovative Weise. Warum z. B. löste Hitler im September 1939 den Krieg aus, obwohl er wusste, dass sein langfristig angelegtes Rüstungsprogramm zur Kriegsvorbereitung fehlgeschlagen war? Die Kosten des Abwartens schienen größer zu sein; Frankreich und England sollten geschlagen werden, ehe die USA, die Hitler seit 1939 öffentlich und intern immer wieder anklagte, als Speerspitze des Weltjudentums direkt gegen Deutschland intervenierten. Um den Kampf um die Weltherrschaft vorzubereiten, wurde schon im Sommer 1940 der Krieg gegen die Sowjetunion ins Auge gefasst, damit der riesige blockadefeste «Lebensraum» gewonnen werden konnte, der zum einen ein Äquivalent zu den Ressourcen des nordamerikanischen Kontinents darstellen, zum andern als Expansionsfeld eines maßlosen Germanisierungsprojekts dienen sollte. Und wegen der vorrangigen Bedeutung der USA erklärte Hitler ihnen auch sofort nach Pearl Harbor den Krieg, an dem sie ohnehin schon längst latent teilnahmen. Beide Kriegsschauplätze im Osten wie im Westen bildeten insofern eine Einheit, da sie in letzter Instanz dem Kampf gegen das Weltjudentum dienten. Außer dem Krieg gegen die Rote Armee, England und Amerika wurde daher auch noch ein dritter Krieg gegen die Juden und Slawen geführt, wie er im Holocaust verwirklicht, im Generalplan Ost detailliert vorbereitet wurde. Tooze übergeht aber auch nicht die zwingenden ökonomischen Gründe, die Hitler trotz enormer Risiken in das Unternehmen «Barbarossa» führten, als die bisher größte Invasionsarmee der Weltgeschichte in die Sowjetunion einbrach. Denn russisches Getreide und Öl galten, da im «Großraum» NS-Europas nicht genügend Ressourcen mobilisiert werden konnten, als unverzichtbar für eine erfolgreiche Kriegsführung.

Als der Russlandkrieg bis 1943 verloren ging, Speer als Rüstungsminister aber dennoch eine Wende erzwingen wollte, gelang ihm zwar entgegen der von ihm sorgfältig kultivierten Legende, kein Wunder – wichtige Impulse waren vor ihm gegeben worden, die Statistik wurde geschönt –, aber doch eine erstaunliche, kriegsverlängernde Expansion, die für eine Korrektur des Kriegsverlaufs freilich zu spät kam. Kein Historiker hat bisher so genau herausgearbeitet, dass dieser fatale Erfolg Speers in einem ganz fundamentalen Sinn auf der bereitwilligen, intensiven Kooperation mit Himmler, dem SS-Imperium und dem Heer seiner Zwangsarbeiter und KZ-Häftlinge beruhte. Fortab sollte es mit dem Mythos, dass Speer in Unkenntnis des Holocaust als verführter Idealist und brillanter Technokrat agiert habe, ein für allemal vorbei sein.

Es gibt zahlreiche Dimensionen des Zweiten Weltkriegs, die Tooze überzeugender als zuvor zu erklären vermag. Im Sinne der englischen Wissenschaftstradition handelt es sich bei seinem (innerhalb von nur fünf Jahren vorbereiteten und geschriebenen) 900-Seiten-Konvolut um eine glänzende, weit gespannte Politische Ökonomie des «Dritten Reiches» und des Zweiten Weltkriegs. An ihr wird man von nun ab den Gang der zeitgeschichtlichen Forschung messen dürfen. Eine Perspektive hat Tooze freilich nicht verfolgt – das war angesichts der Vielzahl der behandelten Probleme und der klaren wirtschaftshistorischen Ausrichtung seiner Studie auch nicht unbedingt nötig. Aber man fragt sich während der Lektüre ständig, welchem Herrschaftstypus der Verfasser sein «Drittes Reich» explizit zuordnen würde. Die Antwort scheint auf der Hand zu liegen. Immer wieder wird völlig zu Recht nicht nur die ausschlaggebende Bedeutung von Hitlers Antisemitismus, seine «Eroberungsmission» und Lebensraumplanung, seine Vision vom Entscheidungskampf der Arier gegen das Weltjudentum betont, sondern die Schilderung zahlreicher Entscheidungssituation mit einer lapidaren Formulierung abgeschlossen: Hitler ordnete an, Hitler setzte durch, sein Führerbefehl entschied. Der abgehobenen Sonderstellung des deutschen Diktators ist sich Tooze mithin völlig bewusst. Die erklärungskräftigste Interpretation ist daher, wie u. a. Ian Kershaw in seiner Hitler-Biographie demonstriert hat, in Max Webers charismatischer Herrschaft zu finden, mit der Hitler derart fatal in den Gang der Geschichte eingreifen konnte. Nach ihm war wenig mehr wie zuvor.

27. Alter Wein in alten Schläuchen

Eine «neue Geschichte» hat der an der Yale Universität lehrende renommierte Historiker John Gaddis seine letzte Darstellung des Kalten Krieges genannt.[1] Ihm hat er zuvor bereits mehr als ein halbes Dutzend Bücher gewidmet, so dass er gewissermaßen zum angesehenen Hofhistoriographen dieses großen Systemduells aufgestiegen war. Gaddis setzt diesmal aber früher als sonst ein: mit der Russischen Revolution, nicht mit der üblichen Zäsur von 1945 oder 1947, ehe er dann bis 1991 führt, bis zum Verfall der Sowjetunion. Wer sich so lange mit einem Thema beschäftigt hat, kann in der Regel kenntnisreich über es berichten. Das tut Gaddis auch in souveräner Manier wie schon so oft zuvor.

Er beginnt, das ist eine folgenreiche Vorentscheidung, mit der Gründung und dem Aufstieg der Sowjetunion von 1917 bis 1950, geht also von einer dreißigjährigen Latenzphase aus, nachdem mit dem bolschewistischen Imperium der große Unruhestifter in das 20. Jahrhundert eingetreten war. Die meisten Historiker würden den Beginn des Kalten Krieges auf 1945 oder 1947 datieren, als der Konflikt der beiden Supermächte klar zu Tage trat und seither die Weltgeschichte vier Jahrzehnte lang beherrschte. Der Verfasser schildert präzis die Spannungszunahme mit der deutschen Teilung, der Truman-Doktrin, der Gründung der NATO, schließlich mit dem Übergang zum «heißen» Koreakrieg seit 1950, dem atomaren Patt und der Zähmung der Kuba-Krise. Es folgen der Vietnam-Krieg, die Entspannungspolitik der 70er Jahre mit ihrem Höhepunkt in den Helsinki-Beschlüssen und am Ende die osteuropäische Revolutionswelle seit 1989 bis hin zur Erosion der Sowjetunion. Dieser Zerfall eines der beiden großen Kontrahenten besiegelte das Ende jenes Konflikts, der aufs Ganze gesehen, da der offene Zusammenstoß der Weltmächte vermieden werden konnte, den Namen eines Kalten Krieges verdient.

Gaddis kommt zu einem bemerkenswert positiven Urteil über Reagans Außenpolitik, welche die Sowjetunion ökonomisch in die Enge getrieben habe, dann aber doch zu Kompromissen bereit gewesen sei. Aber er fragt nicht nach den Ursachen des Zerfalls der kommunistischen Weltmacht. Sie lagen letztlich in der Lernunfähigkeit eines Systems, das sich im Besitz eines die historische und politische Wahrheit speichernden Ideensystems wähnte, deshalb aber nicht mehr pragmatisch, geschweige denn innovativ auf veränderte Weltlagen reagieren konnte – bis Gorbatschow das als neue Schlüsselfigur auf überraschende, ganz und gar unerwartete Weise tat.

Gaddis kennt die Probleme seines Themas, er präsentiert auch anregende Urteile. Aber insgesamt ist seine Interpretation des großen Duells der klassischen amerikanischen Perspektive verpflichtet, dass von der Sowjetunion die ausschlaggebende, gefährliche Dynamik in der Weltpolitik ausgegangen sei, die Amerika überall einzudämmen versuchte. Es wäre töricht, nach dem Untergang der bolschewistischen Diktatur die Expansionsbereitschaft ihrer Politik und ihres Weltbildes zu unterschätzen. Aber ist der Kalte Krieg im engeren Sinne, also die bipolare Welt von 1945 bis 1991, nicht doch durch den Zusammenstoß von zwei expansiven Bewegungen gekennzeichnet gewesen? Lief nicht parallel zur sowjetischen Ausdehnung der amerikanische Vorstoß auf den Weltmarkt, nach zwei gewonnenen Weltkriegen getragen von dem Siegesbewusstsein, dass die «offene Tür» einer globalen Freihandelspolitik dem riesigen amerikanischen Potential die Vorherrschaft auf allen Märkten und den politischen Umbau letztlich aller Länder im Sinn des «American Way of Life» verschaffen werde? Fraglos verlief dieser Vorstoß ungleich friedlicher und zivilisierter als die kommunistische Ausbreitung. Aber aus ihrer Perspektive konnte die amerikanische Weltpolitik als zielbewusster Vormarsch eines übermächtigen Gegners gedeutet werden.

Der diesen Zusammenprall betonenden revisionistischen Schule in der amerikanischen Geschichtswissenschaft, zu der einige der besten Köpfe unter den Historikern der amerikanischen Außenpolitik gehören (z. B. Lloyd Gardner, Walter La Feber, Thomas McCormick), widmet Gaddis kein Wort, obwohl diese Kritiker es verdient hätten, ernst genommen zu werden. Überhaupt zeigt Gaddis für herausfordernde Interpretationsfragen, die im Diskurs der Fachleute noch keineswegs entschieden sind, keinerlei Interesse. Deshalb kommen auch die eigentlich spannenden Fragen nach der Natur des Kalten Krieges nicht zur Geltung. Glücklicherweise lässt sich Gaddis jetzt schnell korrigieren. Mit der gelungenen Synthese des Potsdamer Zeithistorikers Bernd Stöver «Der Kalte Krieg 1947–1991. Geschichte eines radikalen Zeitalters» (München 2007) liegt eine komplexe Analyse und ganz so zugreifende wie umfassende Interpretation dieser welthistorischen Systemkonkurrenz vor.

28. Klassikergalerie statt Problemorientierung?

Zu den eklatanten Versäumnissen, die mit dem Übergang zur Massenuniversität in der Bundesrepublik verbunden waren, gehörte das auffällige Zögern mancher Fachdisziplinen, sich mit Lehrbüchern im Stil der amerikanischen «Textbooks» auf Studenten einzustellen, die dem Humboldtschen Ideal vom weit vorangeschrittenen jungen Gelehrten keineswegs entsprachen. Die Mediziner, Juristen, Ingenieurwissenschaften hatten sich diese Zurückhaltung nie leisten können, so dass ihre Studenten einen Fundus von bewährten Lehrbüchern vorfanden. Aber die Geistes- und Sozialwissenschaften etwa folgten noch erstaunlich lange dem Wunschdenken, dass ihre Studenten sich in asketischer Einsamkeit die Grundlagen des Fachs selber erarbeiten müssten. Mit dieser Illusion hat es freilich seit einigen Jahren ein Ende: Historiker und Politologen, Germanisten und Soziologen können seither auf zahlreiche Handbücher, auch im erschwinglichen Taschenbuchformat, zurückgreifen, um sich mit den Grundkenntnissen ihrer Fächer vertraut zu machen.

Auf dieser Linie einer wohlverstandenen didaktischen Wissensvermittlung bewegt sich auch der erste Teil der auf drei Bände angelegten Einführung in die soziologische Theorie, die der Bamberger Soziologe Richard Münch, ein durch kontinuierlich verfolgte theoretische Interessen breit ausgewiesener Sozialwissenschaftler der mittleren Generation, soeben vorgelegt hat.[1] In diesem Text über die «Grundlegung durch die Klassiker» werden illustre Figuren aus der Ahnengalerie der neuzeitlichen Sozialforschung behandelt: Herbert Spencer, Emile Durkheim, Karl Marx, Max Weber, Georg Simmel, Vilfredo Pareto und George Herbert Mead. Jeder Abschnitt folgt demselben Gliederungsschema, das den Leser mit komprimierten Informationen und allmählich wachsenden Ansprüchen in die Gedankenwelt dieser Vordenker einführt. Am Beginn steht jeweils eine «biographische Einleitung», gefolgt von einer Skizze des «theoriegeschichtlichen Kontextes», um den Wissenschaftler in den geistigen Strömungen seiner Zeit zu verorten. Alsdann geht es um die Schwerpunkte der intellektuellen Leistungen, eine konzise Zusammenfassung der wichtigsten Ideen und methodischen Fortschritte, eine kritische Würdigung und die Wirkungsgeschichte, gefolgt von einer knappen Literaturauswahl. Das erweist sich als ein wohl überlegtes Schema, das es ermöglicht, auf knappem Raum den Adepten mit zentralen Dimensionen des Denkens dieser «Klassiker» vertraut zu machen. Dabei wird das – im amerikanischen Lehrbetrieb vom Autor erworbene – behutsame und bedachte didaktische Vorgehen keineswegs mit einem Komplexitätsverzicht erkauft. Außerdem wird man der polemischen Intention des Verfassers, dem anachronistischen Anspruch auf den Aufbau einer «sozialen Einheitswissenschaft» à la Parsons, Popper und Luhmann die Vielfalt des ganz unterschiedliche Erkenntnismöglichkeiten bergenden sozialwissenschaftlichen Denkens entgegenzusetzen, mit uneingeschränkter Sympathie begegnen. Bei Parsons und Popper wird das wegen der zeitgebundenen Grenzen ihrer Fata Morgana schon kaum mehr strittig sein. Doch bei Luhmanns mancherorts noch immer überschätzten Systemtheorie, die z. B. auf einem Königsweg der Soziologie: der Erforschung sozialer Ungleichheit, keinen Millimeter Bodengewinn gebracht, vielmehr erkenntnishemmend gewirkt hat, mag das schon weniger auf Zustimmung stoßen.

Auf den ersten Blick überzeugt die Auswahl, die der Autor getroffen hat. Wäre es aber nicht überzeugender gewesen, am Beginn die eminent einflussreichen schottischen Sozialtheoretiker, mithin Adam Smith, Adam Ferguson, John Millar vorzustellen? Denn sie haben den folgenreichen Schritt getan, an die Stelle der christlich-teleologischen Denkformen den Nexus zwischen Wirtschaftsverfassung und Sozialhierarchie zu setzen – eine Entscheidung, an welcher der «Mainstream» der Soziologie bis heute festgehalten hat. Es ist unstrittig richtig, dass Münch Durkheim aufwertet, der hierzulande Zeit sträflich vernachlässigt worden ist, und es spricht für seine Fairness, dass er Marx, den anzuerkennen heute nicht als chic gilt, sachlich präsentiert, freilich ohne sich genauer auf die Grundlagen und Dilemmata seiner Klassentheorie einzulassen. Wäre hier nicht ein Blick auf den Rechtshegelianer Lorenz v. Stein geboten gewesen, dessen riesiges Werk zur Gesellschaftswissenschaft sich als so außerordentlich differenziert und innovativ erwiesen hat? Auch in dem Essay über Max Weber hätte man gern das Urteil des Verfassers über Wilhelm Hennis' fehlgeleitetes Insistieren auf einer einzigen Hauptfragestellung, über Wolfgang Mommsens Nationalismusvorwurf, über die bewährte Erschließungskraft der Weberschen Klassentheorie erfahren. Simmel dagegen wird zur Zeit offenbar überschätzt, denn wo hat sich sein Einfluss abseits der kulturalistischen Wenderhetorik auf die empirische Sozialforschung nachweisbar ausgewirkt? Usw., denn natürlich regt jede Selektion zu weiteren Fragen an.

Das grundsätzliche, vom Autor nicht eigens erörterte Problem aber bleibt, ob es eine schlechthin optimale Lösung darstellt, die Entwicklung der Theorietradition in der Soziologie an die einflussreichen Heroen des 19. und frühen 20. Jahrhunderts zu binden. Wäre es nicht ergiebiger, einer Problemorientierung zu folgen und diese Vordenker wegen ihrer bahnbrechenden Leistungen jeweils einem Problem oder mehreren Problemen zuzuordnen? Dann stünde etwa Spencer für einen evolutionstheoretischen Ansatz, dessen Spuren sich durch das folgende Jahrhundert bis hin zu Parsons und der gegenwärtigen evolutionstheoretischen Debatte verfolgen ließen. Bei den großen Schotten und Marx ginge es um die Konzeptualisierung des Verhältnisses von Wirtschaft und Gesellschaft, bei Weber um die Analyse von Macht und Herrschaft, von Legitimationsgrundlagen politischer Regime, von «Weltbildern» und Verhalten, von Ursachen sozialer Ungleichheit. Simmel ließe sich einzelnen Problemen der Mikrosoziologie, Mead solchen der Sozialisationsforschung zuordnen. Pareto (mit ihm auch Mosca und Ferrero) entfiel freilich ganz, da er an Webers Reflexionsniveau nicht heranreicht.

Dass eine solche Problemorientierung anspruchsvoller wäre, als die Präsentation der Klassikergalerie ist nicht ausgemacht, es hinge vom Geschick des Theoriekenners ab. Man darf daher gespannt sein, ob Münch in den beiden Folgebänden weiterhin Vordenker präsentiert oder ob er nicht gezwungen ist, auf einflussreiche Strömungen, die sich an der Bearbeitung von Komplexphänomenen entwickelt haben, einzugehen, mithin die Problemorientierung zu bevorzugen.

29. Häppchenkultur eines Pseudohistorikers

Auf den Gedanken war bisher noch niemand gekommen: An die Stelle der streng argumentativen Analyse der Ursachen und Entwicklungsbedingungen des Zweiten Weltkriegs eine Anhäufung impressionistischer Tupfer ohne erkennbare rationale Struktur zu setzen. Eben das aber ist die Darstellungsweise, mit welcher der amerikanische Romanschriftsteller Nicholson Baker in seiner Kompilation «Human Smoke» einen Ausflug in jene Domäne unternimmt, die gewöhnlich aus guten Gründen der Geschichtswissenschaft vorbehalten ist.[1] Zu diesem Unternehmen eines Laien gehört ein gehöriges Maß an Mut und Selbstbewusstsein, beides besitzt der Autor in überreichlichem Maße. Dazu gehören ebenfalls Sachkenntnisse, und am Fleiß beim Recherchieren hat es ihm nicht gefehlt. Vor allem aber gehört zu einem solchen Anlauf, dem eine wahre Bibliothek an Monographien bereits vorangegangen ist, eine klare Vorstellung vom historischen Kontext, in dem der zweite totale Krieg entstanden ist, die Vertrautheit mit den geklärten und noch offenen Problemen, mithin die Kenntnis des Forschungs- und Diskussionsstandes. Über all diese selbstverständlichen Anforderungen setzt sich der Autor nicht nur souverän hinweg, vielmehr ersetzt er diese unverzichtbare Sachkunde durch massive gesinnungsethische Empörung, nicht selten durch das selbstgenügsame Engagement eines leidenschaftlichen Pazifisten.

Baker hat für den Zeitraum vom August 1892 (ein unbegründeter Anfang, wie er überhaupt seine Selektionskriterien nicht diskutiert) bis zum Dezember 1941 auf rd. 470 Seiten zahlreiche knappe Exzerpte zusammengetragen, die gewöhnlich ein Drittel oder die Hälfte einer Seite ausmachen, daher ganz der schnellen Bildfolge des gegenwärtigen Fernsehens entsprechend. Der Effekt ist eine Emotionalisierung des Lesers durch eine Häppchenkultur, die unkoordinierte Eindrücke rastlos aneinander reiht. Sie hat der Verfasser an erster Stelle aus Zeitungsberichten, dann aus Tagebüchern, Erinnerungen, Regierungskommunikees usw. geschöpft. Jede Art von herkömmlicher Quellenkritik fehlt, diese Prozedur des Historikers ist dem Romancier offenbar ganz unbekannt. So besitzen z. B. situativ treffend formulierte Berichte von Journalisten in der Regel keineswegs den Status der historischen Wahrheit, sondern vermitteln im besten Fall realitätsnahe Einsichten eines klugen Zeitgenossen oder treffen eine momentan gültige Stimmungslage. Überdies: Bedeutete der Zweite Weltkrieg wirklich das Ende der Zivilisation? Trotz des Menschheitsverbrechens des Holocausts und der Zukunftsbedrohung durch die Atombombe lief der historische Prozess in den Ländern der Zivilisation weiter. Auf eine Begründung für seinen Untertitel verzichtet der Verfasser wiederum ganz und gar. Wie bereitwillig der Verfasser seinen Gefühlen statt einem sachkundigen, historisch disziplinierten Urteil folgt, tritt überdeutlich am Fall Churchill zutage. Leidenschaftlicher Verteidiger des Empire bis zuletzt, auch alles andere als Pazifist, geschweige denn «Appeaser», vielmehr harter, militanter Realpolitiker, hat Churchill doch nicht als blindwütiger Kriegshetzer Karriere gemacht, wie Baker suggeriert, sondern nur dank der durch Hitler drohenden Niederlage zu seiner historischen Rolle als Retter Englands gefunden. Es gehört schon eine ungewöhnliche Verbindung von Häme und Ahnungslosigkeit dazu, Churchill als militaristischen Kriegstreiber, fast auf derselben Ebene wie der «Führer» agierend, zu präsentieren.

Weder kann der Autor mit dieser impressionistischen Methode die Ursachen von Hitlers Kriegspolitik noch die Motive seiner Gegner erfassen. Weder kann er sich dem deutschen Radikalnationalismus noch der Genozidmentalität der Nationalsozialisten annähern. Anstelle klarer Linien bleibt eine immer diffuser verschwimmende Farbtupferanhäufung, die jeder kontrollierten Erfassung der Realität Hohn spottet. Auf diesen Ersatz für klare Argumente kann man daher getrost verzichten. Nur wer das Flimmern des Bildschirms auch auf die Buchlektüre übertragen möchte, wird anders urteilen, ohne doch am Ende aus diesem umgekippten Zettelkasten etwas ernsthaft über den Zweiten Weltkrieg gelernt zu haben.

30. Die Last des Erfolgs: Die Vorteile des «Wirtschaftswunders» und die Bürde der Sozialen Ungleichheit

Blickt man, um ein gerechtes Urteil bemüht, auf die ersten 60 Jahre der Bundesrepublik zurück, gibt es viel zu rühmen: die Lernfähigkeit des neuen politischen Systems, die Vollendung des Rechtsstaats in Gestalt des Bundesverfassungsgerichts, die Leistungsfähigkeit der Wirtschaft und des Sozialstaats, die Durchsetzung einer kritischen Öffentlichkeit, die Krönung einer klugen Außenpolitik durch die Vereinigung der beiden Neustaaten von 1949 – so könnte man noch weiter fortfahren. Um der Gefahr einer selbstgerechten, allzu erfolgsgesättigten Lobpreisung nach Möglichkeit zu entgehen, lohnt es sich jedoch, einige unerwartete Belastungen einer vielfach bestätigten Erfolgsgeschichte ins Auge zu fassen.

Zu Beginn ist es geboten, sich noch einmal die Konstellation nach dem Ende des Zweiten Weltkriegs kurz zu vergegenwärtigen. Sieben Millionen Soldaten waren im Krieg umgekommen. Von 14 Millionen Flüchtlingen und Vertriebenen waren zwei Millionen auf dem Weg nach Westen gestorben. 600 000 Zivilisten waren den alliierten Bombenangriffen zum Opfer gefallen. Der Verlust an Menschenleben machte mithin insgesamt ein Sechstel der gesamten deutschen Bevölkerung im Jahre 1938 aus. Sechs Millionen Häuser und Wohnungen waren durch die Bombardierung zahlreicher Städte oder durch andere Kriegseinwirkungen zerstört worden. Nahezu 13 Millionen deutsche Soldaten mussten den Rücktritt in ihre Heimat antreten, Millionen hatten dafür erst einmal ihre Kriegsgefangenenlager zu verlassen. Acht Millionen meist deportierte Zwangsarbeiter warteten auf den Rücktransport in ihre Heimatländer. Abermillionen alliierter Soldaten lagerten in den soeben geschaffenen Besetzungszonen. Insgesamt zählte damals ein Land, das soeben noch vom «Volk ohne Raum» gesprochen hatte, rund 100 Millionen Menschen auf seinem Boden.

Es lässt sich schwerlich bestreiten, dass der Totale Krieg des «Dritten Reiches» in eine existentielle Krise geführt hatte. Der modische Begriff der Zeithistoriker, die «Zusammenbruchsgesellschaft» von 1945, erfasst diese Situation nur unvollkommen. So gesehen grenzt es schon an ein kleines Wunder, dass die niederdrückenden Probleme der unmittelbaren Nachkriegsjahre etwas entschärft werden konnten. Immerhin konnte die drohende Massenhungersnot nur dank der amerikanischen und englischen Hilfslieferungen vermieden werden. Als schließlich die Fragmentierung in vier Besetzungszonen durch die formelle Konsolidierung der drei Westzonen in Gestalt der im Herbst 1949 gegründeten Bundesrepublik zum großen Teil überwunden wurde, nahm sich die generelle Lage noch immer düster und deprimierend aus. Als ich in den 50er, 60er und 70er Jahren an amerikanischen und englischen Universitäten immer wieder frühere alliierte Offiziere traf, die 1945/46 als junge Männer in Westdeutschland stationiert gewesen waren und sich dort um die Eröffnung von Universitäten oder die Gründung von Zeitungen kümmern sollten, stimmten sie in einer Hinsicht völlig überein. Ihr Konsens sei damals gewesen, dass der Westen des Gegnerlandes, wenn es denn überhaupt zu einem erfolgreichen Wiederaufbau komme, mindestens 30 Jahre, die volle Zeitspanne einer Generation, dafür benötigen werde.

Vier Jahre nach seiner Gründung tauchte jedoch die Wirtschaft des neuen deutschen Staates bereits wieder als ernstzunehmender Konkurrent auf dem Weltmarkt auf; das individuelle Einkommen stieg ununterbrochen rapide an; die Zahl der Arbeitslosen bewegte sich stetig gegen Null; die Integration der Vertriebenen und Flüchtlinge machte erstaunliche Fortschritte; das politische System der zweiten deutschen Republik fand – im Gegensatz zur sowjetischen Satrapie in der Ostzone – zusehends Akzeptanz.

Was löste die dynamische Motorik dieser ganz und gar unerwarteten positiven Entwicklung aus? Das war das im Sommer 1950 einsetzende «Wirtschaftswunder». Gewiss könnte man zuerst die

Glaubwürdigkeit der Adenauerschen Politik betonen, die Weitsichtigkeit der Westintegration, die Befriedigung des hochempfindlichen materiellen und politischen Sicherheitsbedürfnisses durch den Ausbau des Sozialstaates und die Bündnispolitik, das Engagement der aufbauwilligen Generationen im politischen Prozess und Wirtschaftsleben.

Doch wenn man sich kontrafaktisch die zahlreichen Wirkungen des «Wirtschaftswunders» wegdenkt, entfällt die letztlich entscheidende Antriebskraft für den allgemeinen Aufschwung. Ohne die beispiellos lange Boom-Periode des «Wirtschaftswunders» hätte sich der westdeutsche Neustaat nur millimeterweise von Krise zu Krise fortschleppen können – letztlich mit völlig ungewissem Ausgang. Diese These mag man als «ökonomistisch» abtun, aber es gibt im historischen Prozess Phasen, in denen die Wirtschaft ganz so dominiert wie der Kampf der Ideen im Zeitalter der Religionskriege. Die Frühphase der Bundesrepublik umfasst eine solche Periode, in der sich das «Wirtschaftswunder» als ausschlaggebend erwies.

Diese Hochkonjunkturspanne begann weder, wie es eine tief eingefressene Legende wahrhaben will, mit der Währungsreform und der neuen ökonomischen Weichenstellung seit dem Sommer 1948 noch unmittelbar mit der Gründung der Bundesrepublik. Noch stotterte der Wachstumsmotor, die Arbeitslosenzahl kletterte ganz so steil hoch, wie das die Lebenshaltungskosten taten. Als ausschlaggebend für den raschen Anstieg der Wachstumsraten erwies sich vielmehr die stimulierende Wirkung des Korea-Krieges seit dem Frühjahr 1950. Wirtschaftlich potente Länder wurden von der neuen Kriegsanstrengung absorbiert, so dass der deutsche Export in die Leerstellen vorstoßen konnte, die plötzlich auf dem Weltmarkt entstanden. Das «Wirtschaftswunder» erwies sich sogleich und dauerhaft als exportbasierter Boom.

Die Zeitspanne dieses «Wunders» erstreckte sich über 23 Jahre: von 1950 bis hin zur ersten Ölkrise von 1973, denn bis zum OPEC-Ultimatum hatte dieser neuartige, preiswerte Energieträger die Hochkonjunktur ganz wesentlich mit ermöglicht. Im Grunde handelt es sich um die längste Boom-Periode der westlichen Wirtschaftsgeschichte – um die «Goldenen Jahre» der kapitalistischen

Länder, wie sie Eric Hobsbawm in seinem Bestseller über «Das Zeitalter der Extreme» genannt hat. Nie zuvor hatte es einen derartig langlebigen Aufschwung mit einem derartigen Anstieg des Prosperitätsniveaus gegeben. Das «Wirtschaftswunder» erwies sich auch keineswegs nur als eine außergewöhnliche deutsche Erfahrung, sondern es war ein westeuropäisches, in mancher Hinsicht, mit Ausnahme der kommunistischen Länder, sogar ein globales Phänomen. In Westdeutschland wirkte es sich jedoch als besonders folgenreich aus, weil es sich nach zwei totalen Kriegen, nach der Weltwirtschaftskrise seit 1929 und den schrecklichen vier Nachkriegsjahren nach 1945 einstellte, nicht zuletzt mit beispiellos hohen Wachstumsraten überraschte. Kein Experte, nicht einmal der große Keynes, hatte einen derart plötzlichen, explosiven Wachstumsschub nach dem Krieg erwartet. Für die neue westdeutsche Republik bildete er die entscheidende Begünstigung ihres Stabilitätszuwachses. Da hier anstelle des von Historikern oft bevorzugten chronologischen Narratives eine der Ökonomie entlehnte Kosten-Nutzen-Analyse bevorzugt wird, kann man auch sagen: Man trifft mit dieser Wachstumsspanne auf einen ausschlaggebenden Nutzenfaktor.

Hier ist indes nicht der Ort, mit den imponierenden statistischen Daten den wirtschaftlichen Erfolg zu demonstrieren. Nur zwei Resultate der Wunderjahre mögen ihn beleuchten:

1. Das durchschnittliche Nettoeinkommen der Erwerbstätigen wuchs zwischen 1950 und 1970 um das Vierfache. Der Facharbeiter, der 1959 250 DM verdient hatte, bekam 1970 1000 DM. Das hieß: 1952 konnte er sich anstelle des Fahrrades ein Motorrad, 1954 die erste Kamera, 1958 den ersten Urlaub in Oberbayern oder sogar schon in Italien, 1960 einen gebrauchten VW, einige Jahre später dank der Baugenossenschaften ein Eigenheim oder doch eine Eigentumswohnung leisten.
2. Die jährlichen Wachstumsraten erreichten in dieser Zeit acht oder sogar neun Prozent. Man schien einen ununterbrochen anhaltenden Wachstumsspurt, geradezu einen neuen «Take-Off» zu erleben.

Ein derartig vorbildloser Boom lenkt auf ein herausforderndes Problem hin: Wie kann sein Ursachengeflecht überzeugend erklärt werden? Mit der farbigen Verlaufsbeschreibung auf der Grundlage all der inzwischen verfügbaren Daten ist es nicht getan. An dieser Frage nach den Ursachen hat sich eine leidenschaftliche internationale Debatte entzündet, an der nicht wenige der bekanntesten amerikanischen und englischen Wirtschaftshistoriker und Ökonomen mit denkbar unterschiedlichen Erklärungsansprüchen teilnehmen. Nur die deutschen Wirtschaftshistoriker haben sich bisher – mit der Ausnahme von Werner Abelshauser und Knut Borchardt – nicht intensiv eingeschaltet. Offenbar interessieren sie sich noch immer mehr für Handwerkerzünfte im Spätmittelalter oder Merkantilismusfragen als für eins der dramatischsten Probleme der neuesten deutschen Wirtschaftsgeschichte. Auch so kann man vor dem evidenten Desinteresse einer kulturalistischen jüngeren Generation kapitulieren.

Vier Denkschulen haben sich bisher herausgebildet, um den Antriebskräften des «Wirtschaftswunders» auf die Spur zu kommen.

1. Unverdrossen meldeten sich jene vornehmlich aus dem Umfeld von Immanuel Wallersteins «Weltsystem»-Theorie stammenden Experten zu Wort, die noch immer an die «Langen Wellen» der Konjunkturbewegung glaubten, wie sie der russische Ökonom Nikolai Kondratieff glaubte nachweisen zu können. Für ihn bestand jeweils eine solche «Lange Welle» aus einer 20–23jährigen Aufschwungphase und nach dem Einschnitt der Krise aus einer 20–23jährigen Abschwungphase. Diese Wellen, alsbald nach ihm benannt, galten dem unorthodoxen Marxisten als autonome Bewegung der kapitalistischen Wirtschaft, und immerhin hat sich ein so bedeutender Ökonom wie Joseph A. Schumpeter dem russischen Konjunkturforscher alsbald angeschlossen. Kondratieffs Langer-Wellen-Zyklus beruhte überwiegend auf englischem Datenmaterial, wurde aber mit dem Anspruch auf universelle Gültigkeit verbunden. Während des «Zweiten Dreißigjährigen Krieges» von 1914 bis 1945 konnte sich aber diese vermeintlich autonome Bewegung, die auch für die Zeit bis 1914 empirisch höchst umstritten ist, gegen die Gewalt des Krieges und die staatliche Interventionstätigkeit nicht mehr durchsetzen. Und auch für die Zeit nach 1945 ließ sich diese Autonomie nicht mehr nachweisen. Daher kann die Boom-Periode von 1950 bis 1973,

die durch ein von außen kommendes energiepolitisches Diktat des OPEC-Kartells beendet wurde, nicht mit der Aufschwungphase eines neuen Kondratieffs gleichgesetzt werden. Zugleich entsprach die folgende Phase von 1973 bis 1996, die in den 80er Jahren ein kräftiges Wachstum aufwies, nicht dem vermeintlich notwendig folgenden Abschwung. Nach 1996, als diesem Theoriemodell zufolge die neue Aufschwungphase der nächsten «Langen Welle» zu beginnen hatte, setzte alles andere als eine Hochkonjunktur ein. Schon nach zwölf Jahren wurde diese Phase durch den Zusammenbruch des internationalen Finanzmarktsystems und die gravierende Depression der Realwirtschaft dramatisch beendet. Zur Zeit gibt es daher, soweit ich zu sehen vermag, keine Diskussionspartei mehr, die im «Wirtschaftswunder» die Aufschwungphase einer Kondratieffschen «Langen Welle» ausmacht.

2. Die zweite Denkschule verficht die Auffassung, dass das deutsche «Wirtschaftswunder» am besten als Aufholjagd, als «Catch-Up-Process» verstanden werden kann. Die amerikanische Wirtschaft gilt hier im gesamten 20. Jahrhundert, mithin auch vor 1945, in jeder Hinsicht als eine überlegene Macht. Dank der Großzügigkeit amerikanischer Unternehmer und Politiker konnte der Verlierer des Zweiten Weltkriegs auch bald wieder die fortgeschrittene amerikanische Technologie, die amerikanischen Innovationen und Patente, die amerikanischen Organisationsmethoden übernehmen. Auf diese Weise beschleunigte die Aufholjagd das westdeutsche Wirtschaftswachstum in einem solchen Tempo, dass es die Gestalt des «Wirtschaftswunders» annahm.

Obwohl zahlreiche prominente Wirtschaftshistoriker und Ökonomen, offensichtlich fasziniert von der vorbildhaften Überlegenheit der amerikanischen Wirtschaft in der zweiten Hälfte des 20. Jahrhunderts, diese Interpretation unterstützt haben, ist sie alles andere als empirisch überzeugend. Denn diese Protagonisten des «Catch-Up-Process», der das amerikanische Ideal möglichst schnell einholen wollte, kannten sich mit der deutschen Wirtschafts- und Technikgeschichte überhaupt nicht aus. Um 1900 bewegten sich die deutsche und die amerikanische Industrie auf gleichem Entwicklungsniveau. Amerikanische Experten besuchten die deutschen Großbetriebe, deutsche Fachleute informierten sich vor Ort über das amerikanische Pendant. Diese Situation des gleichen Evolutionsstandes hielt während der Zwischenkriegszeit an, wurde durch die beschleunigte Modernisierung der deutschen Industrie im Dienste der Hitlerschen Rüstungspolitik, auch noch während der ersten Nachkriegsjahrzehnte aufrechterhalten. Die deutsche Unternehmer- und Managerelite besaß einen selbstbewussten Stolz auf ihre Leistungen, getragen von der Überzeugung, dass ihre Firmen in jeder Hinsicht zur Spitze gehörten: wie das etwa die deutsche Großchemie und Elektrotechnik schon bald wieder nach 1950 demonstrierten, und VW galt bereits 1954 als modernstes Automobilwerk der Welt. Daher ist die «Catch-Up»-These zwar heftig diskutiert, auch von vielen geglaubt worden, bleibt aber nicht nur wegen ihrer ziemlich naiven Amerikazentrik empirisch rundum enttäuschend.

3. Mehr Erklärungskraft versprechen die Argumente der dritten und vierten Denkschule. Im Zentrum einer einflussreichen Gedankenführung steht zunächst die Rekonstruktionsthese, die ursprünglich von dem ungarischen Wirtschaftswissenschaftler Janossy verfochten wurde. Sie basiert auf der Annahme, dass das Potential der deutschen Industriewirtschaft, obwohl es durch die Kriegseinwirkung zu einem Viertel (24 Prozent) zerstört worden war, zu einer schnellen Erholung imstande war, welche die Wachstumsmaschine wieder ingang setzte. Die Beschleunigung dieser Rekonstruktion gilt daher als die eigentliche Antriebskraft des «Wirtschaftswunders». Als die Wachstumskurve der deutschen Wirtschaft den «Kink in the Curve» überwand, mithin die Verlaufsrichtung erreichte, die sie ohne die Kriegseinwirkung bei gleichmäßigem Fortschritt vermutlich ebenfalls erreicht hätte, endete auch die Zeit der fabulösen Wachstumsraten. Für diesen Rekonstruktionsprozess, auf seine Weise auch eine Aufholjagd, benötigte man effiziente Industrieunternehmen, moderne Maschinenausrüstungen, Kapitalinvestitionen und vor allem das «Humankapital» geschulter Facharbeiter und technischer Experten. All diese Produktionsfaktoren waren, wie sich im Nu herausstellte, in Westdeutschland vorhanden. Nicht zuletzt konnte das

Theoriemodell des «Unlimited Supply of Labor» durch die Millionenzahl erst der Flüchtlinge und Vertriebenen, dann der Gastarbeiter realisiert werden. Der Rekonstruktionsprozess hat deshalb den Produktionsapparat der deutschen Wirtschaft in gut 20 Jahren wieder komplettiert und damit die Ausnutzung des modernisierten Potentials der Wachstumsmaschine ermöglicht.

4. Die vierte Diskussionsströmung verficht die Leitvorstellung von einem «strukturellen Bruch», der zwei Felder der ökonomischen Aktivität charakterisiert habe. Zum einen und an allererster Stelle wurde der Weltmarkt, mit Ausnahme der kommunistischen Einflusssphäre, nach 1945 erstaunlich umfassend liberalisiert, da die amerikanische Außenhandelsmaxime der «Offenen Tür» zu allen Märkten durchgesetzt wurde. Ein neuer globaler Protektionismus wie nach dem Ersten Weltkrieg wurde dadurch vermieden. Daher konnte der westdeutsche Außenhandel Chancen auf dem Weltmarkt ausnutzen, wie es sie seit dem liberalen Handelssystem vor 1914 nicht mehr gegeben hatte – und das «Wirtschaftswunder» blieb, wie gesagt, ein exportbasierter Boom. Zum anderen wurde der westdeutsche Binnenmarkt seit Erhards Reformen von 1948 Schritt für Schritt ebenfalls liberalisiert, so dass sich seine durch die Kriegseinwirkungen komprimierte und aufgestaute Aufnahmefähigkeit voll auswirken konnte.

Wenn man diese beiden Interpretationen des «Wirtschaftswunders»: einmal als Rekonstruktionsleistung, zum zweiten aber auch als Folge des liberalisierten Welt- und Binnenmarktes kombiniert, gewinnt man die überzeugendste Erklärung dieser vorbildlosen Hochkonjunkturspanne. Zugleich belehrt sie darüber, dass es sich um eine einzigartige Konstellation handelt, die nach menschlichem Ermessen in dieser Form nicht wieder auftreten wird. Daher ist es nicht nur naiv, sondern illusionär, die Wachstumsraten dieses Unikats für wiederholbar zu halten. Wer mag sich schon die Rekonstruktionsanstrengung nach dem Zerstörungswerk eines totalen Krieges noch einmal herbeiwünschen?

I. Was war im Sinne der Denkfigur des Kosten-Nutzen-Kalküls der Nutzen: die Summe außerordentlich günstiger, nicht vorhersehbarer Entwicklungsbedingungen, die dem neuen westdeutschen Staat zugute kamen, da sein «Wirtschaftswunder» nahezu ein Vierteljahrhundert lang anhielt? Hier soll es nicht um die ökonomischen Vorteile gehen, sondern um einige fundamentale politische und soziale Auswirkungen, welche die eingangs aufgestellte These unterstützen, dass die Bundesrepublik ohne das «Wirtschaftswunder» eine ganz andere Geschichte erlebt hätte.

1. Der Lastenausgleich zielte auf die möglichst zügige Integration jener acht bis zehn Millionen Flüchtlinge und Vertriebenen, die in der Bundesrepublik ankamen. Das Gesetz führte dazu, dass innerhalb relativ kurzer Zeit in einem Hilfsfonds 140 Milliarden DM gesammelt wurden, die es gestatteten, im statistischen Durchschnitt den betroffenen Familien ein Viertel des Werts ihres früheren Besitzes zu erstatten, darüber hinaus mit zahlreichen Darlehen zum Aufbau einer neuen Existenz beizuspringen. Die Verfügungsgelder stammten aus einer Sondersteuer auf den Besitz jener Bürger, die im Westen den Krieg materiell unbeschadet überlebt hatten. Man hätte diese Steuer auch auf 240 Milliarden DM erhöhen können, aber die politischen Entscheidungsträger fürchteten nicht grundlos, dass damit dem Wiederaufbau zu viel Investitionskapital entzogen würde. Dass die Hilfssumme in diesem Umfang im Grunde reibungslos aufgebracht werden konnte, war an erster Stelle nicht einem strittigen Solidaritätsgefühl, sondern dem rasch ansteigenden Wohlstandsniveau in der Epoche des «Wirtschaftswunders» zu verdanken.

Man kann diese imponierende Leistung des Lastenausgleichs mit der Reaktion der reichen arabischen Ölstaaten vergleichen, als Hunderttausende von Palästinensern vor den israelischen Brigaden flohen oder aus dem Gebiet des künftigen Staates Israel vertrieben wurden. Diese Staaten, in denen die unlängst erfundene «Einheit der arabischen Nation» beschworen wurde, sahen sich derselben dürren Alternative gegenüber, der sich die Regierung Adenauer in den frühen 50er Jahren stellen musste. Entweder musste man die Flüchtlinge und Vertriebenen finanziell unterstützen und ihnen bei der Integration behilflich sein oder aber die Wunde des Heimatverlustes offen halten und auf den Tag der Rache, auf eine Reconquista hoffen. Der innerhalb weniger Tage aus dem Gewinn der Ölproduktion aufbringbare Fonds hätte für ein großzügiges Hilfsprogramm ausgereicht, doch kein einziger arabischer Staat war dazu, damit auch nicht zu einer effektiven Integrationspolitik bereit.

Amerikanische und englische Beobachter hatten nach der Gründung der Bundesrepublik voller Skepsis auf das Vertriebenenproblem geblickt und sich oft genug keine entspannende Lösung vorstellen können. Doch nach nur wenigen Jahren hat dieses Problem seine kantige Schärfe verloren. Ohne die dank dem «Wirtschaftswunder» aufgebrachten Milliarden des Lastenausgleichs wäre das nicht möglich gewesen.

2. Zum zweiten drastischen «Benefit». In der Mitte der 50er Jahre erhielten rd. 16 Millionen Alte eine Rente, die grosso modo einem Drittel ihres Einkommens in der Zeit der Erwerbstätigkeit entsprach. Damit konnte man zwar nicht verhungern, aber auch nicht unter den Bedingungen der unmittelbaren Nachkriegszeit ein zivilisiertes Leben im Alter führen. 1957 führte die Bonner Regierung jedoch die «dynamische Rente» ein, die direkt an das Ergebnis der jährlichen Tarifverhandlungen zwischen Unternehmern und Gewerkschaften gekoppelt wurde. Von jetzt ab sollten die Renten Jahr für Jahr jeweils im selben Ausmaß wie die Löhne und Gehälter ansteigen. Im Kabinett war die Vorlage außerordentlich umstritten gewesen. Finanzminister Schäffer etwa beschwor die nicht zu bewältigende Verschuldung, Wirtschaftsminister Erhard opponierte wie gegen andere sozialstaatliche Maßnahmen, da sie den «sozialen Untertan» schaffe. Nur unter Berufung auf seine letzte Waffe, die Richtlinienkompetenz des Kanzlers, hatte Adenauer das Gesetz durchgesetzt.

Das Ergebnis: Über Nacht stiegen die Renten auf rd. 66 Prozent des früheren Aktiveinkommens, sie verdoppelten sich mithin, da das «Wirtschaftswunder» die mühelos wirkende Übernahme der neuen Kosten ermöglichte. Kein Wunder, dass die «dynamische Rente» zum populärsten Gesetz der alten Bundesrepublik aufstieg. Es war auch der ausschlaggebende Grund dafür, dass die CDU in der unmittelbar folgenden Bundestagswahl, Adenauers wahltaktischem Kalkül entsprechend, das einzige Mal die absolute Mehrheit errang. Vor allem aber beseitigte die «dynamische Rente» zum ersten Mal in einem westlichen Staat wie mit einem Zauberschlag das deprimierende Problem der Altersarmut. Sie leitete die 50 goldenen Jahre des deutschen Rentnerdaseins ein, die offenbar finanziell nicht mehr verlängert werden können.

3. Als dritter Gewinn der Boomphase stellte sich die Fähigkeit heraus, ein relativ großzügig bemessenes Programm finanzieller Hilfeleistung für den Staat Israel und jene deutschen Juden zu organisieren, die den Holocaust überlebt hatten. Zugleich übernahm die Bundesrepublik die Rückzahlung aller internationalen Schulden, welche die erste Republik und das «Dritte Reich» seit 1918 eingegangen waren. Damit gewann sie in der internationalen Staatengemeinschaft ihre finanzielle Glaubwürdigkeit und Handlungsfähigkeit zurück. Da gleichzeitig die anlaufende Wiederaufrüstung, die expansive Sozialpolitik, der Wohnungsbau und die Vertriebenenintegration hohe Summen erforderten, konnten diese beiden Aufgaben nur dank der Finanzmasse bewältigt werden, welche das «Wirtschaftswunder» zu erwirtschaften half.

4. Ein vierter «Nutzen» des «Wirtschaftswunders» lässt sich an einem noch immer weithin unbekannten, aber dramatischen politischen und sozialen Prozess verfolgen, den man durchaus als neue Agrarrevolution bezeichnen kann. Der Begriff zielt an dieser Stelle nicht auf die immense Produktivitätssteigerung, die Maschinisierung und Industrialisierung der westdeutschen Landwirtschaft, sondern auf das dramatische Schrumpfen des Agrarsektors. Bis 1918 arbeiteten noch 30 Prozent aller deutschen Erwerbstätigen in der Landwirtschaft, 2000 waren es in der Bundesrepublik noch nicht einmal zwei Prozent. Statt 20 Prozent zum Bruttosozialprodukt beizutragen, war es jetzt noch soeben ein Prozent. Auch zu Beginn der Bundesrepublik hatten diese Kennziffern immerhin noch 20 bzw. zehn Prozent betragen. Von allen in der Landwirtschaft Beschäftigten: 1949 noch 5,1 Millionen, gaben innerhalb von 25 Jahren 3,5 Millionen ihre Stelle auf. Vor 1914 stellte die Landarbeiterschaft mit 7,3 Millionen Angehörigen «die größte deutsche Arbeiterklasse» (Max Weber), 1990 waren davon noch knapp 200 000 übrig geblieben. Hätte man 1913 eine große Konferenz mit allen reichsdeutschen Agrarexperten – und es gab vor allem mit Weber, Sombart, Knapp, Schmoller exzellente Kenner – zusammengebracht und sie mit der Prognose konfrontiert, dass innerhalb weniger Jahrzehnte

die Landwirtschaft auf die Dimension von 1990 zusammengeschrumpft werde, wäre der Konsens der illustren Runde vorhersehbar gewesen: Sie hätte eine Revolution des flachen Landes für unvermeidbar gehalten, weshalb sie vor dem aberwitzigen Unternehmen beschwörend abgeraten hätten. Nichts dergleichen geschah nach 1945 in Westdeutschland: Keine Revolution, nicht einmal ein Massenprotest, als innerhalb kurzer Zeit von 1,9 Millionen Bauernwirtschaften mehr als eine Million verschwand. Zugrunde lag ein schlichter Wandlungsvorgang, den der Staat mit Hilfe von Transferzahlungen und Subsidien abfederte. Die Besitzer von Zwergstellen, von kleinen und mittelgroßen Höfen bis zu etwa 20 ha wurden gedrängt, ihren Besitz, 30 Prozent der landwirtschaftlichen Nutzfläche, aufzugeben. Danach wurden sie von der expandierenden Industrie, die ständig auf der Suche nach neuem «Humankapital» war, absorbiert. Die um diesen Landbesitz vermehrten großen Höfe erhielten kontinuierlich nicht nur eine großzügige Unterstützung vom Staat, sondern auch von der Brüsseler EG- bzw. EWG-Kommission, die – wie sich herausstellte – die Hälfte ihres Riesenbudgets für Agrarsubventionen verwendete.

Die deutschen Transfersubsidien für den radikal schrumpfenden ersten Sektor, der gerade noch ein Prozent zum Bruttosozialprodukt beiträgt, übertraf stets bei weitem alle Investitionen im System der höheren Bildung, von dem doch Deutschlands Zukunft abhängt. Die Agrarlobby blieb trotz ihres steil absinkenden Wählerpotentials unglaublich erfolgreich. Nachdem der in der Tat revolutionäre Transformationsprozess finanziell vorzüglich abgestützt worden war, bestand sie weiterhin auf Unterstützung in einem Ausmaß, als ob sich die Segnungen des «Wirtschaftswunders» unverändert fortsetzen ließen.

5. Die Ergebnisse des Lastenausgleichs und der dynamischen Rente, der Vertriebenenintegration und der Agrarrevolution, aber auch des gewaltigen staatlich subventionierten Wohnungsbauprogramms mit seinen Abermillionen von Neubauten innerhalb von nur wenigen Jahren – sie alle trugen entscheidend dazu bei, einen jüngst gegründeten Neustaat zu stabilisieren, das unverzichtbare Vertrauen auf die Leistungsfähigkeit seines politischen und sozio-

ökonomischen Systems zu schaffen, das sich gleichzeitig mit einer intelligenten Außenpolitik hervortat. Ohne die ökonomische Basis des «Wirtschaftswunders» wären all diese Leistungen schwer vorstellbar.

Blickt man an dieser Stelle einmal auf das erste deutsche Demokratieexperiment in der Weimarer Republik vergleichend zurück, drängt sich eine Spekulation auf. Hätte sie derart günstige Startbedingungen genossen wie später die Bundesrepublik, mithin eine Hochkonjunkturperiode von 1919 bis 1942, hätte es ebenfalls erfolgreich enden können. Die prominenten Figuren der kaiserdeutschen Elite, die Hindenburg, Ludendorff, Tirpitz, wären längst gestorben gewesen; Hitler wäre der Häuptling einer kleinen, exotischen bayrischen Radikalenpartei geblieben, die ohne die Weltwirtschaftskrise von 1929 nicht ihren verblüffenden Aufstieg hätte nehmen können. Kurzum, die Bundesrepublik ist durch die wirtschaftlichen Bedingungen seit den 50er Jahren immens begünstigt worden.

6. Dadurch wurde auch ein tiefgreifender Wandel der politischen Mentalität gefördert. Der Vulkan des deutschen Radikalnationalismus, der während des «Zweiten Dreißigjährigen Krieges» immer wieder explodiert war, erlosch mit all seiner Aktivität nach der totalen Niederlage von 1945. Ein neues, unbeflecktes Projekt begann an seiner Stelle die Loyalität an sich zu ziehen: Das war die Idee von einem vereinigten Europa. Nirgendwo in Europa fand die Vereinigung Europas eine derart große Mehrheit an Befürwortern wie in Westdeutschland. Das traditionelle Zentrum der politischen Loyalität, der deutsche Nationalstaat und die Leitideen des deutschen Nationalismus, waren dort entweder zerstört oder vollständig abgewertet worden. Nur das Vereinte Europa schien ein neues, unbeschmutztes Loyalitätszentrum zu verheißen. Carlo Schmid, prominenter Sozialdemokrat in den frühen Jahren der Bundesrepublik, notierte sich in ironischem Ton in seinem Tagebuch, es sei schon seltsam, dass plötzlich alle Deutschen behaupteten, nur noch Europäer zu sein.

Fraglos wäre diese Abwertung des Radikalnationalismus ohne die unerwartete, ständig sich verbessernde Lage der Wunderjahre kaum vollzogen worden. Kurzum, der überraschende Ausbruch ökonomischer Hyperaktivität während des «Wirtschaftswunders» blieb ein Vierteljahrhundert lang die wichtigste Bedingung der wirtschaftlichen Prosperität und der sozialen wie politischen Stabilität eines jungen Staates, dessen Entwicklung zu Beginn höchst gefährdet zu sein schien.

II. Nach den Vorzügen nun zu den Kosten. Wie sah der Preis aus, den die Bundesrepublik dafür zu zahlen hatte, dass sie die unerwarteten Vorzüge des «Wirtschaftswunders» so ausgiebig genossen hatte? Denn es gilt die Lebensweisheit auch hier, dass man gewöhnlich selbst für den Genuss von Vorzügen des Lebens zumindest auf lange Sicht einen Preis zu entrichten hat. Nur zwei Probleme sollen in dieser Hinsicht angeschnitten werden.

1. Der verblüffende Wirtschaftserfolg schuf die Mentalität eines stolzen Leistungsdenkens. Wir haben, hieß es oft, unsere Wirtschaft nach dem totalen Krieg im Nu wieder aufgebaut, erfolgreich sind wir auf den Weltmarkt zurückgekehrt. Beim Export komplizierter Maschinen, chemischer und elektrotechnischer Güter, alsbald auch bei der Ausfuhr von «Premium»-Autos stieß die Bundesrepublik in der Tat erstaunlich schnell auf den dritten Platz im Weltaußenhandel vor.

Dieser Stolz nährte aber auch einen weithin grassierenden Wachstumsfetischismus. In Westdeutschland setzte sich die Einstellung durch, als besitze man geradezu ein Naturrecht auf den Genuss jener exorbitant hohen Wachstumsraten, wie man sie während der einzigartigen Boom-Periode bis 1973 erlebt hatte. Wurde dagegen von den Wirtschaftsweisen oder von Politikern eine jährliche Rate von zwei Prozent als Bilanz oder Prognose angekündigt, fühlte man sich am Rande des Abgrunds. Während der Hochkonjunkturperiode von 1896 bis 1913 hatte die reichsdeutsche Wirtschaft im Durchschnitt zwei Prozent als jährliche Wachstumsrate erzielt; das galt damals als beispielloses Rekordergebnis. Nach der blendenden Erfahrung der Wunderjahre lösen sehr beachtliche zwei Prozent nurmehr einen tiefen Schrecken und die böse Ahnung aus, man stürze jetzt in die Tiefen des Grand Canyon.

Als Konsequenz dieser verzerrten Perzeption entwickelte sich eine gewisse Blindheit gegenüber neuen Entwicklungen, ein Mangel an Neugier, an Interesse, an Innovationen, nachdem man jahrzehntelang mit der vertrauten Routine so gut gefahren war. So wurde zum Beispiel die aktive Teilnahme an der digitalen, der elektronischen Revolution verpasst. Silicon Valley, Japan und die südostasiatischen «kleinen Tiger» gewannen das Rennen. Siemens bemühte sich eine Zeit lang, mitzuhalten, gab aber dann auf. Während die alten Leitsektoren der Ersten Industriellen Revolution: Eisen, Stahl, Kohle, Maschinenbau ihre wegen der Rekonstruktionsaufgabe in die ersten Nachkriegsjahrzehnte verlängerte Bedeutung vollends verloren, mussten die längst etablierten Führungssektoren der Zweiten Industriellen Revolution, die Großchemie und Elektrotechnik, der Maschinen- und insbesondere der Automobilbau die Last der internationalen Konkurrenz tragen.

Aufs Ganze gesehen verpasste die westdeutsche Wirtschaft trotz ihrer erstaunlich anhaltenden Außenhandelserfolge auf jenen 300 (von insgesamt 700) Weltmärkten, auf denen sie sogar die Führung übernommen und behauptet hatte, die Entwicklung neuer dynamischer Führungssektoren, welche die begehrte Lokomotivfunktion auf dem Weg in die Zukunft übernehmen konnten. Ein einziger Sektor bildete die sprichwörtliche Ausnahme: der Flugzeugbau von Airbus. Das ist jedoch ein multinationales Unternehmen, das von einigen europäischen Staaten ins Leben gerufen wurde, um die Abhängigkeit vom Quasi-Monopol von Boeing und einigen weniger gigantischen amerikanischen Herstellern zu durchbrechen. Airbus hing natürlich und hängt vom Kapital der Gründerstaaten ab, genauso wie Boeing, angeblich privater Akteur in einer freien Marktwirtschaft, immer von den Milliardensubventionen des Pentagon und anderer Bundesbehörden abhängig war.

2. Noch weit interessanter ist die Frage nach dem Umgang der Bundesrepublik mit dem gewaltigen Anstieg von Vermögen und Einkommen, die seit dem Beginn des «Wirtschaftswunders» in den Distributionsprozess eingespeist worden sind. Im neudeutschen Fachjargon wird dieser Vorgang mit der Aufzugsmetapher umschrieben. 1950 habe die westdeutsche Gesellschaft, heißt es, einen gewaltigen imaginären Fahrstuhl betreten, der sie mit all ih-

ren Mitgliedern kontinuierlich nach oben in stetig aufs Neue verbesserte Prosperitätslagen, in deren Genuss jedermann gekommen sei, emporgetragen habe. Das anschauliche sprachliche Bild ist übrigens von Werner Sombart erfunden, dann von dem russisch-amerikanischen Sozialwissenschaftler Pitrim Sorokin aufgegriffen, aber in den 1980er Jahren von dem deutschen Soziologen Ulrich Beck, dem diese Vorläufer offensichtlich unbekannt waren, als vermeintlich eigene Erfindung wieder in den Fachjargon eingeführt worden.

Das rapide Wachstum der Vermögen und Einkommen scheint dem Anspruch, dass die Aufzugsmetapher die soziale Realität treffend abbilde, zu entsprechen. Unstreitig ist das Volumen des Vermögens ganz so eindrucksvoll gewachsen wie das jährliche Einkommen der Erwerbstätigen. Eine genauere Untersuchung nicht allein des Volumens, sondern der Struktur, der Proportionen der Verteilung enthüllt jedoch erstaunliche Ergebnisse. Für eine solche Analyse muss man vor allem auf das Material des Statistischen Bundesamtes zurückgreifen. Freilich hat «Der Spiegel» schon vor geraumer Zeit aufgedeckt, dass die Bundesregierung formell mit dem Verbot, die Klassenterminologie für die Deutung der sozialstatistischen Daten zu verwenden, in die Arbeit dieses Bundesamtes eingegriffen hat. Das enthüllt die tief verwurzelte Aversion gegen die Klassensprache als vermeintliches Erbe allein der Marxschen Ideologie – ein anachronistisches Vorurteil, das nicht nur die Klassenlehre der deutschen Soziologie seit Max Weber ignoriert, sondern sich auch über den Befund hinwegsetzt, dass nur wenige englische, amerikanische, französische Soziologen auf die Klassenkategorie bei der Analyse der Gesellschaftshierarchie verzichten würden. Jedenfalls benutzt das Statistische Bundesamt für seine Zwecke die künstliche Einheit des Quintils, mit dessen Hilfe die Bevölkerung in fünf Rubriken mit jeweils 20 Prozent aufgeteilt wird.

Es mag sein, dass ich selber der Aufzugsmetapher zu sehr vertraut habe, denn zu meiner Überraschung stellte sich bei der Ungleichheitsanalyse heraus, dass zwischen 1950 und 2000 die Struktur der Vermögensverteilung völlig gleichgeblieben ist! Nie hat sie sich über ein halbes Jahrhundert hinweg verändert.

- Die obersten zehn Prozent besaßen stets rd. 60 Prozent des gesamten Vermögens, das oberste Viertel sogar 80 Prozent, während die untersten 30 Prozent nur 1,5 Prozent verbuchten. In der Spitzenlage finden sich auch die 1996 ermittelten 106 000 Millionäre, deren Anzahl seither noch schnell weiter gestiegen ist.
- Der angesehene Ökonom Wilhelm Krelle, neoklassisch ausgebildet und ökonometrisch versiert, hat die Verteilungsproportionen Anfang der 60er Jahre exakt untersucht mit dem Ergebnis, dass nur 1,7 Prozent aller westdeutschen Haushalte sage und schreibe drei Viertel (74 Prozent) des gesamten Produktivkapitals kontrollierten, dazu mehr als 30 Prozent des gesamten Vermögens der Gesellschaft.
- Dreißig Jahre später wurde Krelle, inzwischen ein hochangesehener Emeritus, vom Sozialbüro, das die Evangelische und die Katholische Kirche gemeinsam unterhalten, gebeten, seine Untersuchung nach dem Zeitabstand einer Generationsspanne noch einmal zu wiederholen. Erneut kam er zu demselben Ergebnis, wie ja auch das Statistische Bundesamt dieselbe Verteilungsstruktur für 2000 bestätigte, die es bereits für 1950 herausgefunden hatte. Die 40 Prozent, welche die bürgerlichen Mittelklassen im zweiten, dritten und vierten Quintil besaßen, konnten von ihnen 50 Jahre lang verteidigt, doch in der Größenrelation nicht vermehrt werden.

Der Blick auf das Einkommen aller Erwerbstätigen bestätigt, dass derselbe Akkumulations- und Distributionsprozess sich auch auf diesem Feld durchgesetzt hat. Auch das Einkommen weist einen enormen Anstieg des Volumens auf. Auf die Vervierfachung des Einkommens allein zwischen 1950 und 1970 ist vorn bereits hingewiesen worden. Das westdeutsche Volkseinkommen ist übrigens in derselben Größenordnung gewachsen und erwies sich als begehrte Ressource für das staatliche Steuersystem. Das monatliche Einkommen der Haushalte, immer häufiger von zwei Erwerbstätigen gebildet, wuchs in den dreißig Jahren bis 1980 auf das Zehnfache der Summe von 1950 an.

Die Distribution des Einkommens blieb jedoch zwischen 1950 und 2000 völlig stabil. Das oberste Quintil erhielt 45 Prozent, allein die obersten sechs Prozent empfingen ein Viertel (25 Prozent), während das unterste Quintil nur auf 5,4 Prozent kam und die drei Mittelklassenquintile 50 Prozent erreichten. Die Verteilung des Einkommens auf die Haushalte blieb mit der Vermögensverteilung strukturell nahezu exakt identisch.

Eine derart starre Distribution von Vermögen und Einkommen wirft jedoch, so beglückend auch das Ansteigen des Volumens gewirkt haben mag, außerordentlich schwierige Probleme auf, die auf den Preis für den steil ansteigenden Wohlstand hinlenken. Zweifellos bleibt, noch einmal, das geradezu explosiv vermehrte Volumen des Vermögens und des Einkommens ein erstaunliches Phänomen. Numerisch dehnten sich die bürgerlichen Mittelklassen aus, und mit ihnen wuchs ihr Vermögen und ihr Einkommen; das milderte den rasch zunehmenden Abstand zu den reicheren Oberklassen ab. Da zugleich die Mehrheit aus den Arbeiterklassen dank dem «Wirtschaftswunder» und den Leistungen des Sozialstaats im Prozess ihrer Verbürgerlichung allmählich in die unteren Mittelklassen aufstieg, so dass das klassische Industrieproletariat endgültig erodierte, verhinderte ihre neu gewonnene Prosperität die Wiederkehr jenes schroffen Klassenantagonismus, der bis 1933 vorgeherrscht hatte.

Immerhin blieben fünf bis sieben Prozent von diesem Prosperitätsanstieg so gut wie völlig ausgeschlossen, da sie ganz unten den ominösen Aufzug nicht einmal erreichten. Dagegen profitierten die Spitzenklassen im Verlauf des anhaltenden Prozesses der Konzentration von Einkommen und Vermögen in ihrer Hand – ein Prozess, der bereits in den 1890er Jahren eingesetzt hatte, sich mit wachsender Geschwindigkeit aber erst seit den frühen 1980er Jahren beschleunigte und zwar unabhängig vom Charakter des politischen Regimes, da diese Beschleunigung unter der Regierung Schmidt einsetzte, unter der Regierung Kohl und in der Phase der Rot-Grünen und der Großen Koalition weiter anhielt. Worum geht es im Kern dieser Problematik?

Im Prinzip bleibt der Markt als Zentrum der modernen Wirtschaftsverfassung eine ingeniöse soziale Erfindung, die bisher durch kein anderes institutionelles Arrangement übertroffen worden ist. Denn er registriert mit großer Sensibilität die Nachfrage, sorgt für ein Angebot, eröffnet Innovationen neue Möglichkeiten, fungiert

weltweit als Kommunikationsnetz. Andererseits sind mit ihm auch hohe Kosten verbunden.
- Der Markt besitzt nicht die Kapazität, den Auf- und Abschwung des Konjunkturzyklus des modernen kapitalistischen Wirtschaftssystems zu kontrollieren. Das lehrt erneut die gegenwärtige Systemgefährdung. Die liberalökonomische Lehre, dass während der Tiefkonjunktur nur unfähige Akteure im Verlauf einer «Reinigungskrise» vom Markt ausgespien würden, ist mehr als oberflächlich.
- Der Markt besitzt überdies nicht die Kapazität, die Soziale Ungleichheit, die gerade durch das erfolgreiche Funktionieren seiner Produktionsmechanik vertieft wird, selbsttätig zu korrigieren, geschweige denn, dass sich in der Arena der Wirtschaft durch die Konkurrenz der Akteure quasi-automatisch das Gemeinwohl einstellt.
- Die ungleiche Verteilung von Vermögen und Einkommen in einer hoch entwickelten Marktgesellschaft, die von der Marktwirtschaft generiert wird, unterminiert das Ideal der Leistungsgesellschaft, in der Einkommen, Prestige und Macht durch individuelle Leistung geschaffen werden sollen. Darüber hinaus untergräbt sie das Ideal der Sozialen Gerechtigkeit, die in modernen demokratischen Gemeinwesen einen zentralen Bestandteil ihrer politischen Glaubenslehre, auch ihrer Legitimationsbasis bildet.

Beide Probleme werden in Krisenzeiten heftig diskutiert: Ist die Leistungsgesellschaft nur ein Mythos? Wird die Zielutopie der Sozialen Gerechtigkeit im Sinn einer weniger ungleichen Verteilung von Vermögen und Einkommen irreparabel verletzt? Solche Fragen werden mit aller Wahrscheinlichkeit im Gefolge des Kollapses der internationalen Finanzmärkte und der realwirtschaftlichen Depression in den Mittelpunkt der öffentlichen Diskussion auch in Deutschland rücken.

Die Antwort auf diese Fragen wird in allen westlichen Wohlfahrtsstaaten, namentlich im perfektionierten deutschen Sozialstaat, durch die Erfahrungen der letzten Jahrzehnte beeinflusst. Denn es hat sich dort überall als außerordentlich schwierig herausgestellt, die Disparitäten der Sozialen Ungleichheit abzumildern, da politische Oppositionslager, Traditionen und Marktkräfte, aber auch das naive Vertrauen auf die durchschlagenden Selbstheilungskräfte des Marktes, mithin das neoliberale Weltbild heftigen Widerstand geleistet haben. Nicht zuletzt wird die Lösungssuche dadurch erschwert, dass auch dem gegenwärtigen Sozialstaat gar nicht so viele Instrumente für seine Intervention zur Verfügung stehen.

Einigen schroffen Disparitäten kann man durch das Steuersystem begegnen. Solange jedoch Steueroasen in der Schweiz und auf den britischen Kanal-Inseln (sie liegen auf Platz 1 und 2), in Liechtenstein und Luxemburg, auf den Bahamas und Cayman-Inseln ungeniert weiter bestehen, ohne einem international durchsetzbaren Steuerzugriff unterworfen zu werden, können rd. acht Billionen Dollar mühelos verborgen werden.

Oft wirken sich Prioritäten des politischen Entscheidungsprozesses gegen einen beherzten Angriff auf jene Privilegienbastionen aus, die im System der Sozialen Ungleichheit weiter bestehen. Nicht einmal ein Viertel der amerikanischen Erbschaftssteuer wird etwa in Deutschland im Erbfall erhoben. Anstatt aber den Jüngeren endlich vorzuenthalten, wofür sie selber überhaupt nicht gearbeitet haben, ist die deutsche Erbschaftssteuer unlängst zu ihren Gunsten verringert worden.

Das höhere Bildungssystem sollte wie ein Schleusenwerk operieren, um auch jungen Leuten aus bisher bildungsfernen Familien jene Aufstiegsmobilität zu ermöglichen, welche die sozialen und mentalen Barrieren der Herkunft zu überwinden hilft. Das war jedenfalls die utopische Hoffnung, welche die Reformdebatte der 1960er und 70er Jahre antrieb. In der Tat ist die Anzahl der Studierenden von 250 000 in den 50er Jahren auf 1,7 Millionen im Jahre 2008 angestiegen. Doch die große Mehrheit kommt weiterhin aus Familien, in denen die Karriereplanung schon immer eine akademische Ausbildung umschloss oder begehrenswert machte. Der relative Anteil der Studierenden aus Familien der Arbeiterklassen stagniert um sechs Prozent.

Es ist schwerlich zu leugnen, dass auch eine funktionstüchtige Marktgesellschaft, die im Wirtschaftsleben ständig in Bewegung ist, in der Sozialstruktur zu einer Rigidität, ja zu einer Verknöcherung tendiert, die traditionelle und neuartige Disparitäten unterstützt. Dieser Tatbestand involviert im Prinzip keineswegs nur wirtschaftliche und soziale Fragen, sondern ein genuin politisches Problem: Wenn die zu starre Soziale Ungleichheit das Sensorium für soziale Gerechtigkeit verletzt, kann ein fataler Legitimationsverlust das politische System in seiner Vertrauensbasis treffen.

Nun ist es ein zutiefst irritierender Befund, dass keiner genau weiß oder zu prognostizieren vermag, wann eine derart angeschlagene Gesellschaft die Schwelle in die rote Gefahrenzone überquert. Welche gegensteuernden Maßnahmen können angesichts dieser Ungewissheit eingeleitet werden? Denn die politische Notwendigkeit, etwas zu unternehmen, wird sich bald noch herausfordernder bemerkbar machen, wenn die gegenwärtige Depression im Verein mit der Finanzmarktkrise ein – die Folgen der Weltwirtschaftskrise seit 1929 weit übertreffendes – Abschwungsszenario schaffen, geradezu altertümliche Muster der Sozialen Ungleichheit zutage fördern und die Diskussion über Soziale Gerechtigkeit mit neuartiger Schubkraft unterstützen wird.

Die Steuerreform muss erneut in Angriff genommen werden, nicht um der politischen Punktgewinn versprechenden individuellen Entlastung zu dienen, sondern um dem Imperativ verbesserter sozialer Gerechtigkeit zu genügen. Die Erbschaftssteuer, deren Reform soeben einer egoistischen Lobby geopfert worden ist, muss endlich drastisch angehoben werden. Anstatt horrende Subventionssummen weiterhin in den sterbenden Agrarsektor zu pumpen, bedarf das Bildungssystem großzügiger Unterstützung. Bei seiner Ausdehnung hat sich als eines der schwierigsten Probleme jene mentale Hürde erwiesen, die in den Köpfen bisher bildungsferner Familien gegen den Überwechsel ihrer Kinder, namentlich ihrer Töchter, auf das höhere Bildungswesen der Gymnasien und Universitäten noch immer besteht. Sie ist alles andere als leicht abzusenken.

In aller Kürze: Die Soziale Ungleichheit kann nicht durch ein allgemeines Umstülpen der gesellschaftlichen Hierarchie aussichtsreich bekämpft werden, wie das der traditionellen kommunistischen Utopie vorschwebte. Sie kann vielmehr nur durch geduldig initiierte und wiederholte Stückwerk-Reformen im Sinne von Karl Popper eine Korrektur erfahren. Um auf die Reformnotwendigkeiten angemessen eingehen zu können, bedarf die deutsche Gesellschaft und ihre Politik jedoch in erster Linie der Elastizität einer hoch entwickelten, funktionstüchtigen Lernkapazität. Kann man sich in Entscheidungssituationen auf sie verlassen? Kann sie überhaupt rechtzeitig mobilisiert werden?

Selbst wenn man hinsichtlich der Lernfähigkeit der westdeutschen Gesellschaft sehr positiv eingestellt ist, da man wichtige Resultate selber beobachten konnte, gibt es doch Grund zu Optimismus. Um an den schwierigsten Vorgang zu erinnern: Nationen geben alles andere als bereitwillig Verbrechen zu, die in ihrem Namen, von ihren Mitgliedern verübt worden sind. Man denke nur an jene Jahrzehnte, bis die französische Öffentlichkeit die Folterpraxis im Algerienkrieg selbstkritisch zu diskutieren bereit war oder an den Widerstand in der holländischen Öffentlichkeit, den Indonesienkrieg mit seinen Massakern unmittelbar nach dem Ende des Zweiten Weltkriegs endlich zu erörtern. Nach einem langwierigen, außergewöhnlich schmerzhaften Lernprozess, der etwa 30 Jahre benötigte, war die westdeutsche Gesellschaft überwiegend bereit, sich dem Holocaust und dem Vernichtungskrieg im Osten als Teil ihrer eigenen Geschichte zu stellen.

Die entscheidende Antriebskraft hinter diesem Lernprozess war eine kritische öffentliche Meinung in enger Kooperation mit jenen Historikern, die sich auf die Zeitgeschichte spezialisiert hatten. Zu diesem Einfluss einer aufgeklärten kritischen Öffentlichkeit ist keine überlegene Alternative zu entdecken. Sie muss ihre einflussreiche Rolle auch im Hinblick auf die politische Notwendigkeit spielen, Soziale Ungleichheit in der derzeitigen und demnächst gesteigerten Form nicht länger hinzunehmen. Sollte sie dabei versagen oder sollte pointierte Kritik von der politischen Klasse ignoriert werden, könnte die Bürde, die gerade durch die früher bestechenden Erfolge in der Zeit des «Wirtschaftswunders» entstanden ist, zu einer fatalen Erosion des Vertrauens auf die Überlegenheit des demokratischen Systems samt seiner Problembewältigungskapazität führen. Das aber würde die wertvollste politische Errungenschaft der Bundesrepublik gefährden: ihre nicht leicht errungene und bislang bereitwillig respektierte Legitimationsbasis. In dieser Hinsicht ist eine Marktgesellschaft wie die deutsche nicht nur besonders verletzlich, sondern sie bedarf auch in besonders hohem Maße einer offenherzig Kritik übenden Öffentlichkeit.

V.

*Eine Diskussion über Gesellschaftsgeschichte
im Lesesaal der FAZ*

Aus Anlass des Erscheinens des fünften Bandes meiner «Deutschen Gesellschaftsgeschichte», der von 1949 bis 1990 reicht, hatte die Feuilletonredaktion der FAZ im Internet einen sog. «Lesesaal» eingerichtet, in dem nahezu vierzig Kommentatoren zu spezifischen Sachgesichtspunkten ihr Urteil abgaben. Das war ein außerordentlich belebendes Experiment mit einem unsichtbaren Colloquium. Nach Möglichkeit bin ich auf die Einwände und Überlegungen eingegangen.

Senilisierungsukas nannte mein Bielefelder Kollege Koselleck die Emeritierungsurkunde. Ich verbinde mit ihr vielmehr den immensen Gewinn an Zeit für die eigene Arbeit, nachdem alle Sitzungen, Forschungsprojekte, Verwaltungsaufgaben, Prüfungen entfielen. Eins aber vermisse ich: die intensiven Debatten im Doktorandenkolloquium. Deshalb freue ich mich über die lebhafte Teilnahme im virtuellen Kolloquium des Lesesaals mit seiner hochkarätigen Besetzung. Wegen der Mühe und der geopferten Zeit der Kommentatoren möchte ich nicht in einem knapp zusammenfassenden Essay auf sie eingehen, sondern zu wichtigen individuellen Beiträgen einige Überlegungen vorbringen.[1]

I. Bundesrepublik und DDR

Es geht vor allem um zwei Einwände von Klaus Harpprecht, da ich zustimmend Heym, die DDR sei eine «Fußnote der Weltgeschichte», zitiert habe. Der Anlauf der sowjetischen Hegemonialmacht und der deutschen Kommunisten, die DDR als überlegenes Staats-, Wirtschafts- und Gesellschaftsmodell zu etablieren, ist nach

40 Jahren rundum gescheitert. Aus der Vogelperspektive kann man sie daher durchaus als Fußnote wahrnehmen. Das schließt nicht aus, dass dort zum einen der Ideenmüll des Spätmarxismus in manchen Köpfen, vornehmlich offenbar der PDS/Linkspartei, weiter haust – die Spanne von einer Generation muss man so gravierenden Transformationsprozessen ohnehin einräumen, siehe die Lage der Südstaaten nach dem amerikanischen Bürgerkrieg. Zum anderen glich für viele die Eingliederung in die Bundesrepublik dem Sprung in eiskaltes Wasser, so dass die Zuflucht in eine Regionalpartei nicht überrascht.

Trotz heftiger Amputationen und Regimewechsel hat sich doch die nationale Solidargemeinschaft der Deutschen, die seit 1871 im Bismarckreich allmählich entstanden war, in der neuen Bundesrepublik behauptet, so dass, abgesehen von der verteidigten Rechtsnachfolge, das Staatsgehäuse der Bundesrepublik in der Kontinuität deutscher Staatlichkeit seit 1871 steht. Trotz gravierender Sonderbedingungen und Vorbehalte gehörte Deutschland vor 1914 durchaus zum Westen. Für Aberhunderte von amerikanischen Doktoranden etwa, die damals an deutschen Universitäten studierten, war es wegen seines Wissenschaftssystems, seiner Sozialpolitik, seiner Urbanisierung, seiner liberalen Presse geradezu ein Spitzenreiter. Im «Zweiten Dreißigjährigen Krieg» hat sich das von Grund auf verändert. Die Auffassung, dass nach dem deutschen Zivilisationsbruch die Westintegration durch die EG und die NATO auf der Basis des «Wirtschaftswunders» und eines funktionstüchtigen politischen Gemeinwesens den Wiederanschluß an den Westen befördert hat, teile ich durchaus.

Michael Wildt ist seit seiner faszinierenden Studie über das Reichssicherheitshauptamt einer der kompetentesten deutschen Zeithistoriker und zielt hier auf die Folgen unterschiedlicher Leitperspektiven. Ich bevorzuge die langlebigen Strukturen und Prozesse, die das Individuum mit restriktiven Bedingungen umgeben, die besonders in einer Diktatur höchst unelastisch sind. Die Gegenposition stammt aus der alternativ oder grün eingefärbten Alltagsgeschichte, die den Mikrokosmos des Einzelnen oder relativ kleiner Gruppen verfolgt und herausarbeitet, wie sie ihre Realität verarbeiten und deuten. Ohne den harten Kranz der restriktiven Bedingungen kann man meines Erachtens die ostdeutsche Teilgesellschaft nicht erfassen, auch nicht das Aufbegehren der «Volksmassen» 1989/90. Um auf das schöne Marx-Zitat zu kommen: Die Menschen in der DDR haben 40 Jahre ihre Geschichte keineswegs selbst gemacht, sondern sich unter den von den russischen und deutschen Machthabern vorgegebenen, zusehends erstarrenden Bedingungen bewegen müssen.

Dem Einwand des verehrten französischen Doyens der Zeitgeschichte, Alfred Grosser, kann ich nicht ganz folgen. Ich habe das Engagement für Europa als unbeschädigtes Projekt mehrfach betont, die ökonomisch ungemein belebenden Folgen des gemeineuropäischen Marktes, die Veränderung der Bonner Gesetzgebung, die schließlich 65 Prozent der Materie von Brüssel vorgegeben bekam. Dennoch hat Grosser recht, wenn er die intensivere Berücksichtigung der Verrechtlichung binnendeutscher Verhältnisse durch europäische Normen und der Veränderung der Handlungsbedingungen und -perspektiven durch die EG/EU fordert.

Der Gesellschaftsbegriff, so Ulrike Jureit, bleibt in der Tat strittig. Er wurde ursprünglich von einer durchaus internationalen Strömung in der Geschichtswissenschaft der 1950/60er Jahre in bewusster Frontstellung gegen die überlieferte konventionelle Interpretationsperspektive der Politikgeschichte verfochten. Er orientierte sich auch durchweg an Nationalgesellschaften, die es aber lange Zeit nicht gegeben hat, wie gerade die Vielfalt der deutschen Regional-, Stadt- und Staatsgesellschaften bis ins späte 19. Jahrhundert zeigt. Die Umorientierung hat einigen Gewinn gebracht, vor allem aber sehe ich keine überzeugend überlegene Alternative. Jede Kritik an der «Flucht vor der Anstrengung des Begriffs» müsste doch wenigstens einige Hinweise auf vorzuziehende Interpretationsmuster enthalten. Überdies: Kollektivmentalitäten werden natürlich nicht im strengen Sinne «vererbt», wohl aber zeigt ein zentraler Befund der Sozialisationsforschung und der Habitusforschung im Anschluss an Bourdieu den generationenübergreifenden Transfer von Kollektivmentalitäten und Habitusinhalten. Gerade ihre Dauerhaftigkeit, nicht ihre Kurzlebigkeit, wirft die eigentlichen Probleme auf. Dabei jubele ich nicht einen «längst überholten Kulturbegriff» (wem auch immer?) unter, sondern kritisiere die bunte

Vielfalt rivalisierender Kulturbegriffe und die bisher bewiesene Unfähigkeit oder Unwilligkeit der «Neuen Kulturgeschichte», endlich belastbare Synthesen zu präsentieren.

Peter von Kielmansegg bringt, wen wundert's, manche meiner Interpretationen besser auf den Punkt, als ich es zu tun vermocht habe. Die Fußnotenmetapher passt diesem vorzüglichen Kenner der deutschen Nachkriegsgeschichte auch nicht. Es ist unstrittig, dass die SED mit der Entchristlichung, der Vertreibung des Bürgertums, der Liquidierung des Adels, der Umwälzung der Landwirtschaft gravierende «Erfolge» erzielt hat. Trotz der beträchtlichen Folgen bleibt sie aber im Systemvergleich unter modernisierungstheoretischen Kriterien ein kurzlebiges, gescheitertes Experiment. Das Modell Bundesrepublik bezog sich bei mir auf die Anpassung des ostdeutschen Entwicklungsniveaus an den westdeutschen Kernstaat, nicht auf einen allgemeinen Anspruch etwa an alle westlichen Staaten.

Auch der Kommentar von Dirk van Laak stört sich an der Behandlung der DDR, bietet aber nicht den Hauch einer aussichtsreichen Gegeninterpretation. Welche «spannenden Fragen» hält denn die «Geschichte ihrer Menschen» bereit? Da wäre man für jeden Hinweis, jede Interpretationsanregung dankbar. Dass es auch in der DDR einen Alltag gab, in dem man sich nach dem Mauerbau anpassen musste, dass es dort lebensgeschichtliche Erfolge, Freundschaft und Liebe gab, wer würde das leugnen? Aber was gewinnen wir mit dieser Anerkennung (gab es sie nicht auch in den sechs Friedensjahren des NS-Regimes?) für die Deutung des gesellschaftlichen und politischen Systems.

Bei Michael Stolleis lohnt sich der Streit über einige der kritisierten Begriffe. Sultanismus – das ist ein Herrschaftstypus von Max Weber, der auf die weitreichende Autonomie einer Spitzenfigur in einem autoritären System abhebt. Im Vergleich mit der bekannten Dreiertypologie Webers ist er selten aufgegriffen worden, aber wenn man schon weberianisch argumentieren will, sollte man ihn für die DDR erproben. Das meinte übrigens auch neulich der amerikanische Politikwissenschaftler Juan Linz, der in der Tat ein Spezialist für Herrschaftstypen ist. Satrapie gebrauche ich wie in der Geschichte des Altertums als Kennzeichnung für ein Gebiet, das unter strenger Kontrolle eines Hegemonialstaats von dessen Stellvertretern verwaltet wird. Trifft das nicht auf das Umfeld der sowjetischen Satellitenstaaten, in ausgezeichnetem Maße auf die DDR bis 1989 zu? Die Sozialdemokratie hat sich in Europa im allgemeinen zu einer Reformbewegung entwickelt, die den modernen Verfassungs- und Sozialstaat mit heraufgeführt und ausgebaut hat. Die Anerkennung als Sozialisten dieses Typus wollte ich den deutschen Kommunisten, die ganz auf den Parteitypus und die politische Kampflehre der russischen Bolschewiki eingeschworen waren, partout verweigern. Was soll also an dem Begriff der «deutschen Bolschewiki» eigentlich falsch sein? Und wenn ich an die aufgeklärten Marxisten unter den englischen, französischen, italienischen Historikern denke, an die Flexibilität ihrer undogmatischen Interpretation, ihre Kritikfähigkeit – dann erscheinen mir zahlreiche DDR-Figuren bis hin zur PDS als Steinzeitmarxisten. Natürlich kann man die Polemik abkühlen und auf einer anderen Sprachebene weiter betreiben. Aber mein Text entstand in der Zeit einer schwer verständlichen Ostalgie-Welle, und da schien Klartext vertretbar zu sein.

II. Soziale Ungleichheit

Paul Nolte weist in der Tat auf ein Grundproblem der Interpretation der Sozialen Ungleichheit hin. Hat der Fahrstuhl der Wohlfahrtsgesellschaft das gesellschaftliche Ordnungsgefüge trotz des erreichten hohen Niveaus wenig verändert? Oder hat er nicht durch einen Strukturwandel doch eine weitreichende Anhebung auf die Mittelklassenebene bewirkt? Die simple Antwort: Beides. Die Prägekräfte der Marktgesellschaft haben «marktbedingte Klassen» in Max Webers Sinn erhalten, die Reproduktionsmuster sind außerordentlich stabil geblieben, auch wenn die Klassenlagen unleugbar angehoben worden sind. Und zugleich haben wirtschaftliche Erfolge, Verteilungspolitik und staatliche Transferleistungen diese Klassen mit ungemein verbesserten Ressourcen ausgestattet, die sich am Einkommen, Vermögen, Rentenkapital, Bildungsverhalten usw. ablesen lassen. Daher: Anerkennung der gesamtgesellschaftlichen Aufstiegsmobilität (einschließlich der Verbürgerlichung der Facharbeiterschaft), doch Betonung zugleich von Disparitäten, die sich einschließlich der Elitenprivilegien nach 1990 in beschleunigtem Maße immer weiter ausgedehnt haben, wie das vor allem der Soziologe Michael Hartmann klar nachweist. Welcher Zeithistoriker wird sich der Ungleichheitsgeschichte in der Phase von 1990 bis 2010 annehmen?

Stolleis erinnert erneut zu Recht daran, dass der umfassende Prozess der Verrechtlichung, die der Sozialstaat auch im Kontext der Sozialen Ungleichheit vorantreibt, viel zu kurz kommt. Diesen wichtigen Punkt kann ich nur noch einmal konzedieren. Verfassungsprobleme habe ich unter der Rubrik des politischen Herrschaftssystems erörtert, aber den allgemeinen Verrechtlichungsprozess nicht eigens thematisiert. Dafür hätte ich das Recht am besten als fünfte Achse der Gesellschaft anerkennen, dann meine Angst vor der zusätzlichen barbarischen Arbeit und der Begriffswelt und den Interpretationskünsten der Juristen intensiver bekämpfen müssen. Stolleis' Vorschlag greife ich liebend gerne auf: Wie wär's, wenn ein Rechtshistoriker die evidente Lücke schließen würde?

Da hat Werner Abelshauser die Berücksichtigung eines Problems (7000 Mrd. Euro privates Eigentum an Sozialvermögen aus Versorgungsansprüchen) zu Recht angemahnt, das ich überhaupt nicht gesehen, also auch nicht bei den Disparitäten der Klassenlagen berücksichtigt habe. Da bei uns das Rentenkapital von der Höhe des Erwerbseinkommens abhängt, wird durch dieses Polster der staatlichen Sozialpolitik die Reibung zwischen den Erwerbs- und Besitzklassen, besonders drastisch im Vergleich etwa mit der Zeit vor 1914, aber auch noch vor 1945, fraglos abgeschwächt, da besonders die unteren Einkommens- und Vermögensklassen begünstigt werden. Doch würde vermutlich die quantifizierte Berücksichtigung dieses Polsters die Ungleichheit zwischen den marktbedingten Klassen nicht grundsätzlich aufheben, sondern gemäß dem wohltätigen Fahrstuhleffekt nach oben anheben.

Die Reproduktion der Klassenlagen in der westdeutschen Marktgesellschaft nach 1949 habe, argumentiert Manfred Hettling, ihren Preis, da die «grundlegende Transformierung der bundesdeutschen

Sozialstruktur» nicht analytisch reflektiert werde; der Gesellschaftsbegriff stamme aus der Welt der Klassengesellschaft des späten 19. Jahrhunderts. Nein, er basiert auf der Anerkennung der Prägekraft von Marktgesellschaften bis heute, die trotz aller graduellen Unterschiede überall eine Hierarchie marktbedingter Klassen ausbilden. Gegen die These von der Diskontinuität im Gehäuse der deutschen Sozialstruktur bleibe ich bei dem Übergewicht der Kontinuität, ohne doch zu bestreiten, dass die antagonistischen Unterschiede durch die Wohlstandssteigerung und die Transferleistungen des Sozialstaats bis 1990 tief reichend abgemildert worden sind. (Tritt sie seither nicht wieder deutlicher zutage?)

Den harten Kern marktgesellschaftlicher Ungleichheit zu negieren, halte ich für den Grundfehler der Individualisierungs- und Pluralisierungsapostel. Auch in der Zeit der neuhumanistischen Bildungsreligion gab es deutliche Unterschiede zwischen den verschiedenen bürgerlichen Formationen, nicht zuletzt im Bildungsbürgertum selber. In der alten Bundesrepublik hat die Aufweichung der alten Schranken zwischen den Erwerbs- und Berufsklassen zu jener bürgerlichen Vielfalt geführt, die Hettling vorführt. Aber im Bildungsverhalten gegenüber Gymnasien und Universitäten, auf den Heiratsmärkten, in der Berufswahl, in der Sprachkompetenz, im Dress- und Esscode, im Leistungsethos, Lebensstil und Habitus usw. gibt es eine Vielzahl homogenisierender Faktoren, die – auch als Summe der «feinen Unterschiede» – eine bürgerliche Welt erkennen lassen, überwölbt von der «Bürgerlichkeit» des Wertehimmels. Diese Bürgerlichkeit nach dem Formenwandel des Bürgertums ohne das soziale Substrat von Bürgertümern will mir noch immer nicht einleuchten. Auch erkenne ich noch nicht, welcher «politische Begriff» für die Gegenwartsgesellschaft eine größere Interpretationsschärfe und realitätsnähere Treffsicherheit bescheren soll. Die «Sozialstaatliche Massendemokratie» z. B. besagt über die Sozialhierarchie der bundesdeutschen Gesellschaft doch ziemlich wenig.

III. Leistungswille

Die Deutung, dass der von den Nationalsozialisten entfesselte Leistungsfanatismus nach seiner «Entbräunung» in den Leistungswillen der Sozialen Marktwirtschaft gewissermaßen als Grundmotorik transformiert worden sei, ist auf viel entschiedenen Widerspruch gestoßen. Mir ging es um die Historisierung auch von Antriebskräften, die der Nationalsozialismus besonders in den jüngeren Generationen entfaltet hat. Also um die Kontinuität eines schwarzen Erbes, das aber der Bundesrepublik zugute gekommen ist, ohne ein genuines Produkt der neuen Wirtschaftsverfassung zu sein. Außerdem ging es mir um die Unterstützung dieser wieder einmal aus zwei berühmten Aufsätzen von Martin Broszat stammenden Interpretation (die nachweisbare Faszination seiner «Leistungs-Volksgemeinschaft»), die mir sogleich eingeleuchtet hatte; leider ist sie von der Zunft nicht ausgiebiger diskutiert worden. Norbert Frei hat freilich diese Mobilisierungsfähigkeit des Nationalsozialismus früher einmal unterstützt, und Michael Wildt hat die Attraktivität der «Volksgemeinschaft» unlängst wieder betont. Nicht aber ging es mir darum, eine Neuartigkeit des Leistungswillens zu postulieren, denn seit dem 18. Jahrhundert hatte sich die bürgerliche Leistungsidee als Strategie gegen adlige Geburtsvorrechte längst durchgesetzt, ehe sie vom Nationalsozialismus und Hitler selber als sozialdarwinistisches Konkurrenzdenken verschärft und umgebildet wurde. Insofern hat der Nationalsozialismus ein bürgerliches Erbe pervertiert.

Sträubt sich in manchen Kommentaren einiges gegen die als Deutung angebotene These, die Wirkungen dieser NS-Hinterlassenschaft anzuerkennen? Natürlich gab es nach dem Mai 1945 notgedrungen den Kampf um das tägliche Brot, um den Aufbau der Existenz, oft um das schiere Überleben. Aber gehört zur Erklärung des «Wirtschaftswunders», das ich aus einer Kombination von Rekonstruktionserfolg und liberalisierter Weltmarktöffnung ökonomisch hervorgehen sehe, nicht ebenfalls das mentale Unterfutter dieses auffälligen Leistungswillens, der doch auch ein historisches Produkt der 12 Jahre vor 1945 war? Soll dieser braune Leistungsfanatismus plötzlich verdampft sein, anstatt sich in veränderter Form wieder geltend zu machen? Mit meinen lebensgeschichtlichen Erfahrungen hat die These ziemlich wenig zu tun. Bei Kriegsende war ich gerade 13 Jahre alt, hatte drei Jahre bei den Pimpfen des Jungvolks ohne erwähnenswerte Indoktrination hinter mir und wurde eigentlich erst später durch die Jahre im Leistungssport und auf einem altertümlich anspruchsvollen Gymnasium auf die Verinnerlichung des Leistungsgedankens hingelenkt. Statt von einer «verkappten Autobiographie» zu sprechen, sollte man auf die Jahrgänge zwischen 1920 und 1930 blicken.

Die These hat diesmal auch nichts mit Webers Religionssoziologie zu tun, denn die katholischen Infanterieoffiziere gingen genauso leistungswillig an die Arbeit wie die protestantischen Panzerkommandeure. Kurzum, die Einwände werden allzu flink auf eine weberianisch eingefärbte, unklug verallgemeinerte lebensgeschichtliche Erfahrung zurückgeführt, ohne auf die seit Broszats Interpretationsvorschuss existierende These noch einmal prüfend einzugehen. Aber zugegeben: Um empirisch überzeugend zu sein, hätte sie durch serielle Untersuchungen der mentalen und psychischen Antriebsstruktur von Tausenden westdeutscher Erfolgsmenschen der ersten Jahrzehnte der Bundesrepublik erhärtet werden müssen. Vielleicht kommt man ja mit dem Kranz jener Bedingungen, die durch den inneren Notstand und die Weltmarktöffnung geschaffen wurden, für die Erklärung des fulminanten Aufschwungs seit 1948/50 aus, wie die meisten Kommentatoren meinen. Aber kann man ungestraft auf den Transfer des Leistungswillens verzichten?

IV. Charisma nach Hitler?

Offensichtlich ist die Abwesenheit eines Charismatikers in der alten Bundesrepublik unstrittig. Auch Harpprechts Urteil über die «Glücksfälle» Adenauer und Brandt teile ich, ihr Erfolgsnimbus machte sie noch nicht zu Charismatikern. Hoffentlich hat Dan Diner Recht, dass in einer existentiellen Krisensituation nicht doch wieder ein Charismatiker als Heilsbringer auftaucht, der Wunder durch seine Problemlösung verspricht und dafür Anhang findet. Der Abschied von Hitler fiel übrigens, da hat Ulrike Jureit ganz Recht, den Westdeutschen nicht so leicht. Noch sechs Jahre nach dem Krieg rangierte er in Meinungsumfragen als deutscher Spitzenpolitiker ganz oben, ehe ihn endlich Adenauer ablöste.

V. Das DDR-System

Die herrschaftstypologische Kennzeichnung als Satrapie und System des Sultanismus à la Weber habe ich schon verteidigt. Weshalb sind diese Begriffe so strittig, wo doch Alternativen wie linkstotalitäre Diktatur oder SED-Diktatur auf diese Weise ergänzt werden können, zumal sie sich mühelos ebenso gut, wenn nicht besser für den Vergleich eignen.

Mit seinem Einwand, dass mich die DDR nicht dauerhaft interessiert, zumal mir die rote Diktatur ganz so gräulich ist wie die braune, hat von Kielmansegg recht. Aber ist das zum Sultanismus gehörende Element der Willkür, keineswegs nur im Orient vorhanden, nicht an der DDR-Spitze zu greifen? Hat Honecker mit Mittag und Mielke nicht jahrelang im Dreiergespann am Politbüro, dem Sekretariat, dem Zentralkomitee vorbei regiert? Hat er nicht den Gewinn aus Schalck-Golodkowskis dubiosen Verkäufen in eine Sonderkasse gelenkt, über die er nach gusto verfügte? Kielmansegg hat in der Zeit, als die Totalitarismustheorie als Kampfinstrument des Kalten Krieges verfemt wurde, an ihrem analytischen Nutzen für den Vergleich moderner Diktaturialsysteme festgehalten. Ich habe ihm zugestimmt und deshalb auch kein Problem, von rechts- und linkstotalitären Systemen zu sprechen. Deshalb bin ich auch nicht von Sabrows Postulat überzeugt, man müsse bei der DDR-Analyse die «westliche Brille» ablegen. Mit dem durchaus westlichen Arsenal Weberscher Begriffe kann man die Soziale Ungleichheit in der DDR durchaus erfassen und braucht zum Beispiel keineswegs hausgemachte DDR-Begriffe zu übernehmen. Auf die empirische Beweisführung, ob der vorgeschlagene Herrschaftstypus «Teleologische Herrschaft» sich bewähren kann, bin ich gespannt, besonders auf die normativen Grundlagen seiner Legitimationsbasis. Also: Auf ins Gefecht, die DDR-Geschichte kann die Debatte um diesen neuen Ansatz durchaus vertragen.

Dass es im DDR-System auch Zonen relativer Autonomie gab, daran erinnert Pollack zu Recht. Aber sie gab es auch im «Dritten Reich», das für 80 Millionen Menschen 9000 Gestapo-Häscher besaß, während die DDR für 16 Millionen auf mehr als 100 000 Stasi-Agenten kam. Immerhin war die Autonomie nicht soweit ausgeprägt, dass es zu einer mehr als winzigen Dissidentenbewegung gekommen wäre. Lebenspraktische Überlebenspraktiken im Kampf um gewisse Spielräume bilden sich in allen autoritären Systemen heraus. War es wirklich schwer, den «menschenverachtenden Charakter» des Systems unter Honecker zu erkennen? Jeder Bus mit den im modernen Sklavenhandel freigekauften Häftlingen (die Studenten, mit denen ich zu tun hatte, haben 50 000 DM gekostet) gab darüber Auskunft. War das ein sich «humanisierender Staat»?

VI. Sozialstaat

Bei der Schilderung des zusehends perfektionierten westdeutschen Sozialstaats gehe ich zum einen in der Tat, wie Stolleis festhält, von der Pfadabhängigkeit ihres sozialpolitischen Systems, zum anderen von dem immensen Sicherheitsbedürfnis nach der Weltwirtschaftskrise 1929, der NS-Diktatur, dem zweiten totalen Krieg und der erbärmlichen Nachkriegszeit aus. Am Ende dieser Krisenzeit den Aufbau eines neuen Systems sozialer Sicherheit zu riskieren – etwa mit einer aus staatlichen Steuermitteln stammenden Grundrente erst von 500, dann von 1000 DM und Privatversicherungen für alle darüber hinausgehenden Ansprüche – lag meines Erachtens außerhalb des Erfahrungs- und Denkhorizontes der damaligen Entscheidungsträger.

Andreas Rödders Argument, dass die erstaunlich schnell erreichte und durchgehaltene innere Pazifizierung mit dem hohen Preis einer untragbaren Finanzbelastung und einer (wie auch Wirsching betont) hochgezüchteten etatistischen Anspruchshaltung erkauft wurde, stimme ich rundum zu. Ob aber das letzte Drittel des 20. Jahrhunderts im Zeichen einer «Spätblüte» des Sozial- oder Wohlfahrtsstaates steht, scheint mir angesichts der Reformen, die in Schweden, Holland, England, Neuseeland erfolgreicher und härter als in der Bundesrepublik durchgesetzt worden sind, noch fragwürdig zu sein. Der Sozialstaat bleibt eine der großen Leistungen der europäischen politischen Kultur, um die zahlreichen Disparitäten des Modernisierungsprozesses abzufedern, und trotz aller exzessiven Perfektionierung ist eine wahrhaft überlegene Alternative noch nicht zu erkennen, so sehr die nicht mehr finanzierbaren Übertreibungen zurückgeschnitten, die Impulse der individuellen Selbstverantwortung gefördert werden müssen.

Werner Plumpes Einwand, dass Sozialstaatsgeschichte in seinem Sinn erst «wirkliche Gesellschaftsgeschichte» sei, vermag ich nicht einzusehen. Im Mittelpunkt einer Gesellschaftsgeschichte, die diesen Namen verdient, sollte doch immer die Hierarchie der Sozialen Ungleichheit stehen. Dass diese seit dem 19. Jahrhundert durch staatliche Intervention und staatlich organisierte Transferleistungen beeinflusst wird, liegt auf der Hand, rechtfertigt aber noch keinen Primat des Sozialstaats. Überdies: Eine «ausschweifende Klassenrhetorik» haben sachkundige Leser des Manuskripts nicht entdecken können. Trotz aller Aufmerksamkeit gegenüber stilistischer Wiederholung war sie mir auch nicht aufgefallen. Allerdings halte ich an der Weberschen Begrifflichkeit fest, um derart amorphe Begriffe wie Gruppen, Schichten, Mittelstände zu vermeiden – sie alle stellen sich nicht der Prägekraft moderner Marktgesellschaften.

Stolleis, Rödder, Abelshauser mahnen Überlegungen über einen neuen Pfad deutscher Sozialpolitik an. Aber ich saß ja nicht an dem politischen Appell an die zweite Große Koalition, sich endlich der Umwandlung des traditionellen sozialpolitischen Systems zu stellen, sondern an einem knappen historischen Überblick seiner Entwicklung bis 1990.

Andreas Kosserts Kritik an meinem Lob des Lastenausgleichs und der Vertriebenenintegration als «Mythen» verrät eine edle gesinnungsethische Einstellung, ist aber weit vom realhistorischen Befund entfernt. 140 Milliarden DM an die Flüchtlinge und Vertriebenen zu verteilen ist für ein besiegtes, ausgeblutetes, zertrümmertes, von Zuwanderungsströmen überflutetes Land eine imponierende, alles andere als «magere» Leistung. Die geforderten

Eingriffe in die Substanz des unversehrten Vermögens hätten der Wachstumsmaschine, deren Anspringen Rettung und Aufschwung für Millionen bedeutete, schwer geschadet, dazu die Solidargemeinschaft überfordert. Im Vergleich steht übrigens der Lastenausgleich noch immer einzigartig da – oder hat man aus Japan, Italien, Russland, den sowjetischen Ex-Satelliten, den arabischen Ländern; je von einem ähnlichen Unternehmen gehört?

Das schreckliche Schicksal der Vertriebenen und ihre extrem mühselige Existenzsicherung hat doch keiner bezweifelt. Doch sie mit 20 bis 25 Prozent ihres Vermögenswerts wieder auszustatten, zahllose Aufbaukredite zu gewähren und letztlich auch die mühsame Eingliederung in die westdeutsche Stammbevölkerung zu erreichen, das bleibt imponierend und kann durch die Aussage, vor einer vermeintlich «gerechten» Vermögensumverteilung hätten sich die «bad beati possidentis» gedrückt, nicht ernsthaft in Frage gestellt werden. Dass die Vertriebenen, mehr als 20 Prozent des westdeutschen Arbeitskräftepotentials, den Aufbau voran trieben, als wertvolles Humankapital die These vom Nutzen eines «unlimited supply of labour» bestätigten und häufig als Agenten der Modernisierung wirkten, habe ich auf der Linie der einschlägigen Forschung, die daran keinen Zweifel aufkommen lässt, entschieden betont. Daher bleibt es in meinen Augen eine reale Erfolgsgeschichte, kein Mythos, dem durch unangemessene Ansprüche der Todesstoß versetzt werden muss. Dasselbe Lob gilt auch der Rentenreform seit 1957, die für mehrere «goldene Rentnergenerationen», deren Alltagsleben sich aller Wahrscheinlichkeit nach in Zukunft nicht wiederholen wird, die deprimierende Altersarmut beseitigt und sie mit beispiellosen Ressourcen ausgestattet hat. Auch hier hat der historische Prozess eine grundlegende Reform auf die Tagesordnung gesetzt, und die politische Handlungsfähigkeit der Bundesrepublik wird sich auch daran beweisen, ob sie eine solche Reform endlich zustande bringt.

VII. Die 68er-Bewegung

Gegen die Verklärung der 68er Bewegung, gegen die maßlos überschätzte Wirkung ihrer vermeintlichen Reformimpulse vor allem durch ihre in die Jahre gekommenen Protagonisten richtete sich aus wissenschaftspolitischen und allgemeinpolitischen Gründen der knappe Abschnitt in Band V. Dass er die Kontroverse fördern würde, dass sich Generationskonflikte im Text widerspiegeln würden und sollten, lag von Anfang an auf der Hand. Selbstverständlich greife ich einige der Einwände auf.

Ulrich Herbert erkennt in dem Abschnitt über die 68er eine Bilanz, «keine Geschichte». Das mag so wirken. Es ist ein Preis, den man für eine gedrängte Synthese nur zu leicht zahlt, obwohl man dem Charakter des historischen Prozesses nur zu gern gerecht werden möchte. Stattdessen wird er unter dem Druck der Knappheit und der «Reduktion von Komplexität» auf Resultate hin eingefroren. Dieses Ergebnis droht freilich auch anderen Syntheseschreibern.

Die Deutschlandfixierung lässt sich wegen der deutschen Eigentümlichkeiten der 68er-Bewegung verteidigen. Herbert sieht wie andere einen internationalen Großtrend der jugendlichen Protestbewegung. Ich sehe viel eher die Unterschiede. Da war der Protest in Berkeley gegen den Vietnamkrieg und für die Bürgerrechtsbewegung (aber nicht gegen Ordinarien und repräsentative Demokratie), der Protest in Paris gegen den autoritären Patriarchalismus von De Gaulle, der Protest in Tokio gegen die versäumte Diskussion über die Kriegsschuld des Tenno-Reiches und gegen den explosiven Kapitalismus, das nationalpolitische Aufbegehren gegen die sowjetische Hegemonialmacht in ihrem Satellitengürtel usw.

Dan Diner weigert sich daher auch zu Recht, eine globale Gemeinsamkeit anzuerkennen und hält die Interpretationsfigur eines weltweit ablaufenden, relativ homogenen Protestes der Jugendkultur für eher fragwürdig. Eine große Rolle spielten dagegen Gabriel Tardes Imitationseffekte. Es war nach Berkeley nur zu verführerisch, das dort erfolgreich praktizierte Go-in, Sit-in, Teach-in auch einmal an der FU oder anderswo zu erproben. Umgekehrt fehlt in den USA der dogmatische Neomarxismus des deutschen linken Flügels. Überhaupt ist die Fixierung auf die «Vergangenheitsbewältigung» und den angeblich herandrängenden Faschismus eine deutsche Eigenart, dank der Faschismustheorie und der kommunistischen Denkvarianten so borniert wie nur möglich, analytisch und wissenschaftlich rundum verfehlt, ein romantischer Rückfall in Totalitätsillusionen, begleitet von unzivilisierten Gewaltexzessen (die ich selber in Köln und Berlin nie persönlich erlebt habe, der Diskussionsleidenschaft der Studenten damals trauere ich aber immer noch nach). Es bleibt als Kritik: Alle wichtigen Reformen laufen vor 1968, seit etwa 1964 an; die 68er waren ein Symptom, nicht die Ursache des Wandels; überzeugende neue Ideen und Institutionen wurden von ihnen nicht entwickelt; Radikalisierung oder pragmatische Anpassung blieben als Reaktion auf das eigene politische Scheitern.

Dirk Moses erkennt den frühen Reformbeginn einer dezidiert reformwilligen Bundesrepublik an, die auch keineswegs aus der Finsternis dumpfer, erzkonservativer 50er Jahre auftauchte, sondern eine rapide Modernisierung unter konservativen Vorzeichen erlebt hatte. Das von ihm zu Recht thematisierte fehlende Grundvertrauen gegenüber belastbaren politischen Institutionen war die Folge eines im Grunde doch außerordentlich kurzen Lernprozesses, der gerade einmal ein Dutzend Jahre lang angehalten hatte. Dieses Manko als Antriebskraft der Protestbewegung leuchtet mir unmittelbar ein.

Die von Nolte zu Recht hervorgehobene Entradikalisierung seit den 70er Jahren, der Erfolgszeit der Sozialliberalen Koalition, ist u. a. auch eine Folge der Zunahme des Vertrauens auf die bewährte Problemlösungskapazität des funktionstüchtigen politischen Systems gewesen.

Peter v. Kielmansegg betont zutreffend den Entwicklungsschub in der Brandt-Ära und wegen der Ölkrise – eine ungleich tiefere Veränderung, als sie die Summe aller 68er-«Demos» hervorgebracht hatte. Auch mit der Formel: eher Symptom als Ursache des Wandels stimmt er überein. Aber die vorab von den 68ern mobilisierte Teilnahmebereitschaft, die dann den Grünen, der Friedensbewegung, dem neuen Feminismus (der auch vom Protest gegen die Gleichgültigkeit der 68er-Männer lebte) zugute kam, hätte ich deutlicher anerkennen können. Aber ob die Propagierung eines neuen Lebensstils zur behaupteten Fundamentalliberalisierung wirklich beigetragen hat, bleibt noch eine offene Frage, auch wenn man die von Stolleis angeschnittenen «osmotischen Wirkungen» hervorhebt. Ältere Liberalisierungstendenzen werden dadurch ganz so ignoriert wie völlig andere Ursachen als 68 übersehen.

Andreas Anter sieht mit seiner diskussionswürdigen These in 68 eher Pop als Politik, daher auch die eigentümliche Faszination eines neuartigen Phänomens. Glücklich fand ich die Interpretation, dass 68 jenes Maß an Zweifel und Unordnung verkörperte, das ein funktionstüchtiges System braucht, um seine Verarbeitungskompetenz und Stabilität zu beweisen. Und weniger abstrakt: Wie viele bisher skeptische Bundesbürger haben wegen der maßlos überzogenen Kritik der 68er ihre Republik, deren Lebensbedingungen, Sicherheitsgewähr, freiheitliche Ordnung, Zukunftschancen erst richtig schätzen, zu bejahen gelernt?

VIII. Kirchen

Hat das Thema der christlichen Amtskirchen nach 1945 weniger Reizeffekte als 68 ausgelöst? Mitnichten. Auf die NS-Zeiten möchte ich wegen der Konzentration auf den 1949 einsetzenden Band V nicht mehr eingehen. Trotzdem zu Harpprechts Kommentar: Das «Martyrium» von 100, ja 1000 protestantischen Pfarrern ist mir bisher unbekannt geblieben, und so leidenschaftlich scheint mir der christliche Glaube «als entscheidendes Motiv» des Widerstands auch nicht durchweg gewesen zu sein. Die Mobilisierung durch die Kirchentage habe ich wohl unterschätzt, die Gleichgültigkeit gegenüber konfessionellen Schranken, als ökumenische Öffnung vermutlich doch missverstanden, offenbar auch. Die Feminisierung des protestantischen Pfarrertums habe ich dagegen ausdrücklich hervorgehoben, und im Hinblick auf die fatal erfolgreiche «Entchristlichung» der ostdeutschen Gesellschaft unter dem DDR-Regime stimmen wir überein.

Andreas Fahrmeir hat mit dem Einwand Recht, dass ich die Ursachen der spezifisch europäischen Säkularisierung nicht pointiert genug hervorgehoben hätte, und die Vernachlässigung der kleinen jüdischen Gemeinden kritisiert er auch mit guten Gründen. Ich habe diesen Komplex leider übersehen. Im Übrigen verlockt ein bis 1990 führender Text offenbar dazu, von ihm Prognosen zu erwarten. Aber die Historiker bleiben nun einmal rückwärts gewandte Propheten, deshalb war ich bei Prognosen eher zurückhaltend. Nur im Hinblick auf die künftige Verschärfung Sozialer Ungleichheit konnte ich die Bremse nicht betätigen.

Friedrich Wilhelm Graf als protestantischer Theologe und Historiker geht mit mir ordentlich ins Gericht. Wie bei so vielen Diskussionen mit ihm muss ich seine überlegene Sachkunde bereitwillig einräumen. Trotzdem: Ist es nur ein «protestantisches Moralisieren», wenn ich nach 1945 das Eingeständnis von Schuld und Bußfertigkeit erwarte? Oder entspringt diese Forderung nicht einem legitimen Wunsch? Haben nicht, wie Graf konzediert, «nur kleine Gruppen» und fromme Einzelne den gespendeten Widerstandsbonus verdient? Die Unterschätzung der Konfession als «sozialkulturellen Faktor» zieht sich nicht nur durch den V. Band hindurch. Vermutlich steckt die Säkularisierungsthese noch zu tief in mir. Die protestantische Elitenkontinuität habe ich jedoch im Abschnitt über die Eliten der Bundesrepublik hervorgehoben, erst in der Ära Kohl setzte sich da der Wandel durch. Andererseits hat Graf wiederum Recht, dass die demokratiefördernde Einstellung der EKD zu kurz kommt. Die Frage nach dem Finanzpotential, nach den politischen Machtchancen, der Intervention in politischen Konfliktsituationen wird nicht explizit geklärt. Kurzum: Gerade dieser Abschnitt über den westdeutschen Protestantismus wirkt im Licht der Grafschen Kritik überarbeitungsbedürftig.

Wie steht es mit dem ostdeutschen Protestantismus, der vom DDR-Regime so radikal und «erfolgreich» reduziert wurde. Monika Maron lenkt den Blick auf die Bereitschaft des «Zeitgeistes», sich entkirchlichen zu lassen. Gewiss, aber wie massiv wurde doch von Staats wegen nachgeholfen: bei der brutalen Diskriminierung der «Jungen Gemeinden», der Blockierung des Studiums, bei der mit ultimativer Drohung durchgesetzten Jugendweihe. Andererseits: Wer widerstehen wollte, wie die Katholiken im Eichsfeld und die Herrnhuter Brüdergemeine, konnte das schon.

Einem Insider wie Pollack, der in der DDR Theologie studiert hat, ehe er nach der Wende zum Sozialwissenschaftler und Autor aufschlussreicher DDR-Analysen wurde, muss die Kritik am ostdeutschen Protestantismus unter die Haut gehen. Aber die monierte Charakterisierung beruht auf Zitaten aus Friedrich Grafs pointierter Analyse, der ich zugestimmt habe. Soweit ich bisher zu sehen vermag (und die Literatur über die DDR wird ja fast täglich ergänzt), ist Grafs Urteil noch nicht widerlegt worden. Da Pollack die Vorzüge des Insiders, der jetzt als Outsider argumentiert, genießt, mag sein Plädoyer für die Anerkennung der Weltoffenheit des ostdeutschen Protestantismus, aber gegen die nationalprotestantische Kontinuitätslinie, die ich betont habe, manches für sich haben. Wenn man sich die irritierende Zählebigkeit des westdeutschen Nationalprotestantismus bis in die 60er Jahre hinein vergegenwärtigt, ist der behauptete Bruch in Ostdeutschland, wo sich die Kirche von der vereinten Nation nur Vorteile erhoffen durfte, noch nicht plausibel. Pollacks Verteidigung der evangelischen Kirche in der DDR sollte sich in einer Veröffentlichung niederschlagen, damit man in der Diskussion prüfen kann, ob er oder Graf näher an die Realität herankommt. Aber selbst wenn Pollack Recht behielte, änderte das doch nichts an dem Gesamturteil, dass die DDR in der Weltgeschichte eine Fußnote darstellt.

Noltes Forderung, die religiösen Prägungen in der westdeutschen Gesellschaft ausführlicher zu untersuchen, finde ich einleuchtend. Die Wechselwirkungen zwischen den beiden Konfessionen und der politischen Sphäre verdienen eine genauere Untersuchung. Die Affinität zum Protestantismus, die an der sozialliberalen Reformprogrammatik, bei den Umwelt-, Friedens- und Grünen-Bewegung festgestellt werden kann, trat in der Tat nicht nur in den «Derivaten politischer Schuld- und Erlösungsvorstellungen» zutage. Diese Aspekte der Gesellschaftsgeschichte sollten einmal geschildert werden, d'accord, ein westdeutscher Pastorensohn würde sich dafür vorzüglich eignen.

IX. NS-DDR-Vergleich

Angesichts der Tatsache, dass es zwei Diktaturen auf deutschem Boden unmittelbar gegeben hat und wir mit der Erblast von beiden zu leben haben, ist der Vergleich ganz unvermeidbar, sowohl politisch als auch wissenschaftlich geboten. Da kann man Lammert nur zustimmen, namentlich auch seinem politischen Appell. Durch den klärenden Vergleich arbeiten auch die Historiker an einem realistischen Kollektivgedächtnis mit, über das keiner die Deutungshoheit beanspruchen kann. In diesem Klärungsprozess sollten in der Tat, wie Jureit fordert, die inneren Verbindungslinien zwischen der NS-Volksgemeinschaft und der klassenlosen Gesellschaft der DDR genauso überprüft werden wie die bisher betonten Unterschiede zwischen beiden Zielutopien.

Wichtige grundsätzliche Fragen wirft Sabrow auf. Der Vergleich zielt bekanntlich immer auf Ähnlichkeiten und Unterschiede. Gemeinsam ist beiden Regimes der totalitäre Zugriff, das Parteienmonopol, die Geheimpolizei, die Militarisierung. Unterschiede bestehen im Hinblick auf den industrialisierten NS-Massenmord (am Anfang der DDR steht freilich gezielter Klassenmord), auf den Vernichtungskrieg (aber die Bereitschaft zur militärischen Intervention gegen Polen und die ČSR war sehr wohl vorhanden), der rote Personenkult war anders gelagert als der Führerkult usw. Wenn der Vergleich ergibt, so Sabrow, dass die repressive Kontrolle der DDR-Bevölkerung den «bei weitem totalitäreren Staat» enthüllt, ist ein solcher Befund alles andere als unergiebig, da er gegen jede Ostalgie wirkt. Auch der von Sabrow angeregte kontrastierende Vergleich unterstreicht die methodische Nützlichkeit pointiert zugespitzter komparativer Analysen. Dieser Kontrast kommt ohne explizite normative Grundlagen nicht aus, und da bilden der Rechtsstaat und die liberale Demokratie – da hat Roellecke völlig Recht – eine vorzügliche Urteilsbasis. Abgesehen von den klassischen Kriterien der Totalitarismusforschung bleibt meines Erachtens eine fundamentale Gemeinsamkeit, die den Totalitarismusbegriff erneut rechtfertigt. Beide Regime wollten den «neuen Adam» heranbilden: hier für das rassereine Großgermanische Reich, dort für die klassenlose kommunistische Zukunftsgesellschaft. Mit dieser menschenfeindlichen Utopie ließen sich alle Steuerungseingriffe, so brutal oder mörderisch sie auch ausfielen, scheinbar rechtfertigen.

Während die Ergiebigkeit eines überlegten, abwägenden Vergleichs nicht bestritten wird, gilt die Aufmerksamkeit mancher Kommentatoren methodischen Fragen (einleuchtend hierzu v. Kielmansegg), insbesondere aber auch deutschen Eigentümlichkeiten, die dabei genauer als bisher zu berücksichtigen seien. Herbert weist mit Nachdruck auf das Unikat hin, dass Deutschland das einzige Land ist, das nacheinander die beiden «Typen radikaler Weltanschauungsdiktaturen» erlebte, beide «Gegenentwürfe zur liberalen Welt», beide wegen des rapiden Wandels und des verlorenen Krieges durchsetzungsfähig, beide auf der «Einwurzelungstiefe antidemokratischer Einstellungen» beruhend und diese weiter fördernd. Aber wurden die SED-Kommunisten wirklich durch die Reaktion auf 1918/19 geprägt oder nicht doch tiefer durch die verlockende Aufstiegsgeschichte der Sowjetunion und durch die Weltwirtschaftskrise seit 1929, die ihnen auch solchen Auftrieb gegeben hatte? Und verwischt nicht der gemeinsame Diktaturbegriff allzu leicht den tiefen Unterschied, dass das NS-Regime im Kern auf der charismatischen Herrschaft Hitlers mit seiner erstaunlichen, in der DDR völlig fehlenden Mobilisierungs- und Legitimationskraft beruhte?

Auch van Laak lenkt die Aufmerksamkeit auf «genuin deutsche Antriebskräfte» des SED-Regimes hin. Das Gleichheitspostulat teilte er freilich mit allen «Volksdemokratien», wo die nur selektiv angestrebte Gleichheit sich faktisch mit extremer Ungleichbehandlung diskriminierter Klassen verband. Anregend ist seine Unterscheidung zwischen der Anhebung des Lebensstandards im «Dritten Reich» und seiner Abwärtsnivellierung in der DDR auf der Basis letztlich staatsgefährdender Subventionsleistungen. Während dort die latente Leistungs- und Reformbereitschaft nicht honoriert und auf diese gesellschaftliche Schubkraft im Glauben an die Planungsallmacht verzichtet wurde, gelang dem Nationalsozialismus die sozialdarwinistische Entfesselung eines Leistungswillens, von dem das Regime ein Dutzend Jahre lang zehren konnte.

Zu Recht erinnert v. Kielmansegg daran, dass die Hälfte der NS-Ära aus Krieg bestand, der eine eigene kriegsgesellschaftliche

Transformation vorantrieb, die es so in der DDR nicht gab. Beide Regime glaubten in der Tat, «ehernen Geschichtsgesetzen» zu folgen, und die Verfolgung dieser Utopie mündete in beiden Fällen in Totalitarismus. In diesem Fall kann ich daher Diners behutsamen Zweifel am totalitären Charakter beider Regime nicht teilen.

Stolleis' Plädoyer für die Erweiterung der Vergleichsperspektive durch die komparative Rechtsgeschichte leuchtet mir wiederum rundum ein. Offenbar rächt sich erneut, dass ich auf das Recht als wirklichkeitsprägende Dimension nicht eigens eingegangen bin. Unterschiede und beklemmende Ähnlichkeiten im Umgang mit dem Recht müssen fortab in diesem Vergleich eine angemessene Rolle spielen.

X. Generationen

Die Kommentare von Bude, Rödder, Merseburger, jeder auf seine Art ein vorzüglicher Kenner der bundesdeutschen Generationenproblematik, empfinde ich als Bereicherung, ohne dass sie besonders strittige Einwände aufwerfen, wie das meines Erachtens der irreführende Beitrag von Gumbrecht tut, der durch eine schief charakterisierte Globalgruppe die Differenzierung nach Generationen ersetzen will. Was die Überlegungen von Nolte, Fahrmeier und Hettling betrifft, bleibt doch wieder die Frage nach den überlegenen methodischen Alternativen, die dem zurzeit modischen Trend der Interpretation von Generationen entgegengesetzt werden können. Dieser Begriff ist ja auch bei mir kein Passepartout, sondern zielt auf plausible Erfahrungsgemeinschaften mit gemeinsamen Charakteristika der politischen Mentalität. Ein Musterbeispiel ist Christina v. Hodenbergs neue Studie über die Entstehung einer kritischen Öffentlichkeit in der jungen Bundesrepublik, befördert durch eine spezifische Journalistengeneration. Selbst wenn der Generationenbegriff auf Grenzen stößt, lenkt er doch die Aufmerksamkeit auf manifeste und latente Unterschiede hin. Bude hat ja Recht, dass es klassenübergreifende Generationserfahrungen gibt. Auf manche Generationen wirken die Kräfte der Klassenbildung prägend ein und lenken daher wieder auf Kontinuitätslinien hin (z. B. die soziale Zusammensetzung der Studentenschaft 1945/1965). Ein Ersatz für Klassen sind sie keineswegs.

Die Generationsexpertin Jureit hält diese generationellen Verbände primär für «gefühlte Gemeinschaften» mit einer zeitbedingten Selbstdefinition, die in unserem Fall angeblich darauf hinausläuft, die Erfolgsgeschichte der Bundesrepublik für sich zu beanspruchen. Aber sie sind mehr als das: auch analytische Instrumente, die wir von außen an die Welt der Politik und Ungleichheit herantragen, wo sie sich bewähren müssen oder scheitern. That's all there is to it. Da diese Instrumente mit Fragen nach der Mentalität und Klassenlage verbunden werden können, ist die (ironisch empfohlene?) Alterskohorte keine attraktive Alternative.

Falsch liegt Doering-Manteuffel erneut mit seiner Deutung der Generationstypen als autobiographische Skizze. Mit diesem Ansatz vermeidet er jede Argumentation über unterschiedliche Tatbestände, die auch so geschildert worden sind. Es geht doch, siehe Bude und Merseburger, durchaus um mehrere handlungsfähige Generationen: erst die «Alten» wie Adenauer, Heuss, Meier, Kaisen, dann die Kriegsgeneration à la Schmidt, die Jungsoldaten, die Flakhelfer und Pimpfe, zuletzt um die 68er.

Die Altersgruppe der zwischen 1928 und 1940 Geborenen ist keineswegs in toto als «strategische Clique» (am besten dazu Dirk Moses' Buch) präsentiert worden, das wäre bei den Hunderttausenden dieser Altersgruppen abstrus, sondern innerhalb einer riesigen Kohorte gab es diese «Clique» von vielleicht zwei bis drei Dutzend Köpfen mit einem schwer bestreitbaren Einfluss. Sie besaßen kein Meinungsmonopol, wer hätte das auch behaupten wollen? Aber doch dauerhafteren Einfluss als Einzelgänger wie Hennis oder Nolte. Erstaunlich irreführend ist das Urteil über die Überlegenheit der akademischen Eliten in Frankreich und England. Aron war als Publizist und historisch geschulter Sozialwissenschaftler eine legendäre Ausnahmeerscheinung in Frankreich, Furet und Ladurie etwa haben sich auf gelegentliche Rezensionen im Rundfunk und seltene Fernsehauftritte beschränkt – nirgendwo taucht über 50 Jahre hinweg eine französische Generation von «politischen Intellektuellen» im Sinne der deutschen «45er Generation» auf. Taylor blieb in England ein klassischer Maverick, nie war er Repräsentant einer politischen Generation.

Allenfalls könnte für einige Zeit der öffentliche Einfluss der bekannten englischen Neomarxisten, der Hobsbawm, Thompson, Dobb, Hilton, Gallagher usw. angeführt werden, aber auf ihre kurzlebige politische Sonderstellung geht Doering-Manteuffel auch nicht ein. Den Vergleich mit den englischen Zeitschriften können bei uns «DIE ZEIT», die FAZ, der «Merkur» durchaus aufnehmen, und nicht nur sie wurden von der deutschen Vergleichsgruppe erreicht, sondern Rundfunk und Fernsehen ebenfalls. Überdies ist nirgendwo die Rede davon, dass ich ausgerechnet meine Altersgruppe im engeren Sinn als die «prägende Generation der Bundesrepublik» inszeniert hätte. Die «45er» (bei ihm falsch, bei Moses richtig datiert) habe ich deshalb vorgestellt, weil sie mir im Vergleich als ein interessantes Unikat erschien. Wer die Bundesrepublik nach 1990 geprägt hat, konnte mich nun wirklich nicht mehr interessieren, bis zu dieser Zeitmarke gab es genug zu diskutieren. Man darf gespannt sein, wie Doering-Manteuffel, der sich als vorzüglicher Kenner der Bundesrepublik erwiesen hat, in seiner seit langem angekündigten Geschichte Deutschlands im 20. Jahrhundert mit solchen Fragen auf innovative Weise umgehen wird.

XI. Integrationsgesellschaft

Der Begriff der «Integrationsgesellschaft» wird von mir nicht verwendet. Unstrittig ist die Leistung bei der Aufnahme von Millionen von Flüchtlingen, Vertriebenen, Arbeitsmigranten, Russlanddeutschen, ausländischen Flüchtlingen, da die Bundesrepublik in ihren ersten 50 Jahren die relativ höchste Zuwanderungsquote der westlichen Welt aufwies, selbst die USA übertraf. Das war die Leistung eines Landes, das sich lange Zeit ja noch immer nicht als Einwanderungsland verstand – was es seit den 1890er Jahren de facto aber war. Mit der Zuwanderung ausländischer Migranten sind jedoch gravierende Probleme verbunden, denen sich Fahrmeier in seinem ungerechtfertigten Integrationsoptimismus und Leistungsstolz nicht stellt. Die erdrückende Mehrheit der ausländischen Zuwanderer, welche zurzeit die große Basis im Block der Bundesbewohner mit «Migrationshintergrund» bilden, bestand aus ungelernten Arbeitskräften, denn nach ihnen gab es jahrzehntelang eine Nachfrage. Abelshauser hat ja unlängst die These verfochten, dass der Sockel von Millionen ungelernten und jetzt arbeitslosen ausländischen Arbeitskräften das eigentliche Dilemma der deutschen Dauerarbeitslosigkeit darstellt. Wo bleibt eine Diskussion darüber?

Jetzt regiert wieder die klassische Formulierung: erst Privatisierung der Gewinne (welche die Unternehmen, aber auch die Stadtverwaltungen mit diesem Arbeitskräftepotential gemacht haben), jetzt Sozialisierung der Verluste (da die Integration noch immer weithin stockt und die Gesellschaft endlich die horrenden Kosten für Vorschulerziehung, Begleitpersonal, Ganztagsförderung usw. aufbringen muss, um im Sinne einer wirklichen Integration und Assimilation den Sprengstoff ausländischer Submilieus wie in Berlin entgegenzuwirken). Wer hält die soeben wieder in Berlin ermittelte Bilanz für einen Grund zu Integrationsoptimismus? Wird doch mehr als die Hälfte der türkischen Erwerbsfähigen in der Stadt als arbeitslos erfasst, sie leben von den Transferleistungen des Staates und ihrer Familie; drei Viertel der Jugendlichen aus diesem Milieu können und wollen einen Hauptschulabschluss nicht gewinnen; die türkischen Verbände opponieren gegen die Vorherrschaft der deutschen Sprache auf dem Schulhof und im Schulgebäude, obwohl die vernünftigen Schüler aus Migrantenfamilien dafür eintreten. Ich erwähne das nicht nur als Vorwurf gegen die Bildungsferne zahlreicher analphabetischer Zuwanderer, sondern auch als Appell an die Politik, diesen potentiellen Gefahrenherd endlich durch eine intensivierte Eingliederungspolitik zu entschärfen. Dass die Russlanddeutschen und andere Minderheitengruppen vergleichbare Probleme aufwerfen, ist schwer bestreitbar. Angesichts der offenen Probleme treten die unleugbaren Assimilierungserfolge doch deutlich zurück. Fahrmeier sollte eine Kerze stiften, dass kein aus Deutschland stammender Attentäter ausländischer Herkunft – wie in Köln und im Sauerland geplant – ganz so zuschlägt wie in England und Spanien. Am Abend danach würde die Welt hierzulande anders aussehen, Schäubles Sicherheitsforderungen würden über Nacht akzeptiert. Wegen eines solchen denkbaren Szenarios halte ich die staatlich forcierte, finanziell großzügige, aber auch mit Sanktionsmitteln bewaffnete Assimilierungspolitik für ein Gebot der Stunde.

Kossert kommt noch einmal auf sein Dauerthema, die aus Hartherzigkeit und Egoismus verweigerte großzügige Aufnahme der Flüchtlinge und Vertriebenen in die westdeutsche Gesellschaft zu sprechen. Seine Anklage fällt, so berechtigt manche Kritik auch sein mag, viel zu negativ aus. Es hängt von den Erfolgskriterien und dem Zeitpunkt ab, zu dem man urteilt, wie die Charakterisierung der neuen Bundesbürger ausfällt. Dass aber einem derart geschundenen Land, wie der Bundesrepublik mit ihrer Eingliederung, mit dem Lastenausgleich, mit der Bewährung auf dem Arbeitsmarkt und der Teilhabe am wirtschaftlichen Aufschwung, nicht zuletzt mit der frühzeitigen Vermischung der Heiratskreise eine imponierende Leistung gelungen ist, drängt sich noch immer als Bilanz auf. Die Welt, sie ist nicht so, dass 12 Millionen vertriebene und acht Millionen ausländische Zuwanderer von jedermann umstandslos als willkommener Zuwachs begrüßt werden. Auf diese Messlatte sollte Kossert verzichten.

XII. Amerikanisierung?

Doering-Manteuffel schneidet ein lohnendes methodisches Problem an, ob das Strukturierungsschema der Gesellschaftsgeschichte zu starr ist, um einen «Kulturtransfer» realitätsangemessen zu erfassen. In der Tat ist es mit einigen Schwierigkeiten verbunden, könnte aber unter der Rubrik Kultur von jemand, der daran mehr Interesse hat als ich, wahrscheinlich doch erfasst werden. Mir ging es nur um den Transfer der amerikanischen Populärkultur, politischen Vorbilder und Stilelemente, erst ziemlich spät der Wirtschaftsorganisation und -mentalität. Einen Kulturaustausch vermag ich noch nicht als lohnendes Thema anzusehen, da ich in den USA, in England und Frankreich keine nennenswerten Einflüsse des deutschen politischen Lebens nach 1949, der deutschen Alltags- und Hochkultur, der Wirtschaft erkennen kann. Die Amerikanisierung bleibt dagegen eine ziemlich klare Einbahnstraße, deren

Erörterung nicht der nationalhistorischen Perspektive geopfert worden ist.

Harpprechts wichtiges Plädoyer für die Anerkennung einer umfassenden Amerikanisierung bereitet mir keine Kopfschmerzen. Aber ist die These von der Zugehörigkeit Deutschlands zur westlichen Welt wirklich «verwegen»? Lassen nicht Wissenschaftsentwicklung, deutsche Aufklärung, christliche Amtskirchen, Urbanisierung, Industrialisierung, Literatur usw., mithin viele (nicht lückenlos alle den Westen charakterisierende) Phänomene Deutschland vor 1914 als genuinen Teil der westlichen Welt erscheinen? Zahlreichen Besuchern und Kennern aus dieser Welt erschien das bis 1914 so. Auf die Sonderbedingungen der deutschen Geschichte habe ich ja wiederholt und ausreichend genug hingewiesen. Ohne sie kann man, dabei bleibe ich, die Ära 1914 bis 1945 nicht erklären. Nach 1945 führte ein mächtiger Schub Westdeutschland wieder in den europäisch-amerikanischen Westen zurück, sei 1990 auch Ostdeutschland, nachdem die deutschen Kommunisten eine anachronistische Variante antiwestlicher Dogmatik kultiviert hatten.

Diese Antwort passt auch auf Noltes ersten Einwand. Natürlich ist die Rückkehr nach Westen nach 1945 keine simple Wiederaufnahme der «eigenen Spur». Doch insgesamt war die Bundesrepublik wegen ihrer westlichen Traditionsbestände kein Irak, der ebenso geschwind verwestlicht werden soll. Auch geht es nicht nur um diese Rückkehr, denn die Bundesrepublik musste zahlreiche neue Veränderungen akzeptieren, doch ein aktivierbarer Sockel war vorhanden. Was denn als «deutsch» überlebte – die Neigung zum Etatismus, das extreme Sicherheitsbedürfnis, der perfektionistische Sozialstaat, der stabile Korporativismus? – diese Frage hätte am Schluss, da hat Nolte Recht, eine spekulative Erörterung verdient.

XIII. Nachrüstung

Fahrmeier fabuliert eine empirisch nicht haltbare Gegenposition zu meiner vermutlich allzu kurzen Behandlung der Nachrüstung und des Doppelbeschlusses samt ihren Folgen. Demgegenüber bezieht Scholtysek eine rundum einleuchtende Position; nicht zuletzt trifft seine Schlussbemerkung ins Schwarze, da die Protestbewegung der 80er Jahre sich als Folge ihrer verdienten Niederlage von einer realistischen Auseinandersetzung mit der Außenpolitik abgewendet hat. Bis heute stemmen sich ihre Erben vom Afghanistan-Einsatz, d. h. aber von einem Bündnis ab, das fast 60 Jahre mitgeholfen hat, auch Deutschland den Frieden zu erhalten. Rödders Kritik trifft, da er viel sachkundiger ist, als ich es bin, öfters zu. Aber grundsätzlich wäre der Begriff der «Achse» weit genug, um unter dem Stichwort der «Politischen Herrschaft» auch diese Außen- und sicherheitspolitischen Dimensionen präziser mit einzubeziehen. Man muss dazu nur mehr Interesse an der internationalen Politik mitbringen.

Noltes Betonung des Umstandes, dass panische Furcht und hysterische Angst (das Wort avancierte damals in den internationalen Sprachschatz) in der deutschen Friedensbewegung besonders ausgeprägt waren, lenkt noch einmal auf die von mir nicht hinreichend geklärten Ursachen dieser kurzlebigen Massenstimmung hin. Früher hatte er im Lesesaal darin auch ein Erbe des deutschen Protestantismus vermutet. Das leuchtet mir noch immer ein. Ganz so wie Diners prägnantes Bild von der «gedächtnisgeschichtlichen Endmoräne» des Zweiten Weltkriegs und natürlich auch sein Urteil, dass die Geschichte unter dem Strich den Kritikern der Friedensbewegung Recht gegeben hat.

Kielmanseggs abwägenden Überlegungen, die mein Plädoyer für eine enge Kooperation mit den eher systematisch argumentierenden Nachbarwissenschaften unterstützen, kann ich nur zustimmen, zumal er auf die langlebigen positiven Folgen des deutschen Bestehens auf Doppelbeschluss und Nachrüstung abhebt.

Wirsching dagegen betont, guter Historismus, die Offenheit der Entscheidungssituation ungleich stärker, da zwei konträre, aus dem Weltkriegstrauma herrührende Einstellungen und Erfahrungen aufeinander prallen. Meines Erachtens bleibt das Interessenkalkül, das damals schon die Zeitgenossen anstellen konnten, der zentrale Bezugspunkt, und da bleiben die sorgfältig aufgeführten Argumente von Kielmansegg und Scholtysek schlüssiger als die realitätsfernen apokalyptischen Angstausbrüche einer Massenbewegung. Auch indirekt hat die Friedensbewegung ihr Ziel nicht erreicht. Die historische Figur Gorbatschows, die eklatante Lernunfähigkeit des Sowjetsystems, seine Überanstrengung im neuen Rüstungswettlauf, seine Kräfteverpulverung in Afghanistan, die Dissidentenbewegungen im Satellitengürtel – all das hat sie nicht heraufgeführt, geschweige denn, dass sie es war, die bis 1989/91 die atomare Strategie delegitimiert hätte.

XIV. Bürgertum

Hier hatte ich noch lebhafteren Protest gegen meine These von der Renaissance des deutschen Bürgertums nach 1945, erst Recht gegen die Behauptung sozialhistorischer Kontinuität erwartet. Nicht wenige Sozialwissenschaftler und Historiker haben mir diese Kontinuität über 1914/1933/1945 hinaus bestritten. Meine Interpretation des bürgerlichen Wiederaufstiegs wie Phönix aus der Asche lief nicht auf die gleichbleibende Identität, sondern auf einen Formwandel unter den Bedingungen erstaunlicher sozialer und mentaler Kontinuität hinaus. Selbstverständlich ist heute der Studienrat nicht mehr wie 1914 an zwei bis drei Dienstmädchen und der Verweigerung des Grußes an den hutlosen Arbeiter zu erkennen. Doch in der akademischen Intelligenz, die weithin aus dem Bildungsbürgertum hervorgegangen ist, laufen zahlreiche Kontinuitätslinien weiter. Dasselbe gilt auch für das höhere Wirtschafts- und Kleinbürgertum, auch vom bürgerlichen Wertehimmel hat sich auffällig viel erhalten. Trotz der Verwirbelungen der deutschen Gesellschaft insbesondere seit 1933/1945 und dank der enormen Wohlfahrtssteigerung mit ihrem allgemeinen Fahrstuhleffekt haben sich bürgerliche Sozialformationen erhalten, die sich vor allem kraft der Distinktionsmacht der «feinen Unterschiede» ohne die älteren scharfen Klassenantagonismen weiter halten, zumal die traditionellen Feindlager des Adels und des Proletariats die bürgerliche Welt nicht mehr weithin konstituieren.

Deshalb vermag ich Budes These von der «formgebenden Diskontinuität» nicht zu folgen. Es geht keineswegs primär um den Konsumstil. Für Bourdieu, dem ich öfters folge, ist der Kampf um kulturelle Distinktion immer auch zugleich eine Dimension des Kampfes um Herrschaftschancen, um das Obenbleiben. Das lässt sich am Bildungsverhalten, am Arbeitsethos, überhaupt am Wertekanon, am Heiratsmarkt usw. überzeugend, wie ich finde, verfolgen.

Aus solchen Gründen halte ich auch die erneut vorgetragene Verteidigung von Wildts Konsumbürger für zu einseitig. Zugegeben, in der Konsumgesellschaft agieren auch Bürgerliche als wache Konsumenten. Doch ihr Bildungsverhalten, ihr Wertehimmel, ihr Heiratsmarkt – sie dienen doch keineswegs primär der gesicherten Teilnahme am Konsum. Das Dilemma meiner These bleibt freilich, dass sich die gegenwärtigen bürgerlichen Formationen schwer politisch koordinieren lassen. Der bürgerliche Politikblock bleibt ein Wunschtraum. Die staatsbürgerliche und sozialstaatliche Demokratie wird zu selten als bürgerliche Leistung, die sie ja auch ist, in Anspruch genommen.

Hettling hat Recht, dass eine bürgerliche Zielutopie heutzutage auf erhebliche Schwierigkeiten trifft. Die sozialhistorische Welt der bürgerlichen Formationen, ihr Wertekanon, ihre Mentalität, zumal angesichts der verbürgerlichten Angestelltenschaft und der kräftigen Verbürgerlichungstendenzen in der Arbeiterschaft, um einen solchen Entwurf zu bereichern, müsste eigentlich ein auch parteipolitisch lohnendes Projekt sein.

XV. Historikerstreit

Also noch mal: Der Historikerstreit war keine fachwissenschaftliche Kontroverse (wie 25 Jahre zuvor zunächst überwiegend die Fischer-Kontroverse, ehe die politische Dimension zusehends ins Spiel kam). Vielmehr verkörperte er eine politische Auseinandersetzung um das politische Selbstverständnis der Bundesrepublik nach dumpfen Jahren der Kohlschen Reformverweigerung, der «Tendenzwende», der artifiziellen Identitätspolitik à la Bitburg. Frei schildert diesen Kontext noch einmal, der mir offenbar so selbstverständlich war, dass ich ihn, ein Malheur, nicht klar genug skizziert habe. Die einseitige Teilnahme von Neuzeithistorikern bleibt ein merkwürdiges Phänomen, Christian Meier war ja durchaus eine eloquente Ausnahme. Wo waren bloß die Osteuropahistoriker und die zahlreichen 68er-Politologen und Soziologen, die das politische Engagement so lange beschworen hatten? Fest steht, dass Noltes Position seither von keinem nennenswerten Historiker in der weiten Welt geteilt wird. Fest steht weiter, dass der imponierende Lernprozess in der alten Bundesrepublik, sich dem Zivilisationsbruch des NS-Regimes zu stellen, durch das Prius des Gulag vor Auschwitz und den Klassenmord als Vorbild des Rassenmords, mithin durch die Externalisierung des Bösen, nicht unterbrochen worden ist.

Ist Zeitgeschichte tatsächlich ein «moralisch so vermintes Gelände», wie Jureit meint? Sollte man wegen der Gefahr besser schweigen, anstatt klipp und klar einige Minen durch Argumente wenigstens zu identifizieren oder gar zu entschärfen? Moses sieht im Ausgang des Streits eine «Fortschreibung des Sonderweg-Dogmas». Warum das der Fall gewesen sein soll, sagt der Beobachter von außen nicht. Es ist ja irreführend, dass damals ein Vergleich totalitärer Systeme pauschal abgelehnt worden sei. Wohl aber galt ein Vergleich als unergiebig, der von vornherein nur die Ähnlichkeiten im Auge hatte, als Vergleichsländer nicht die Staaten des Westens heranzog und außerdem, wie bei Nolte, in Russland als fortbestehendem Gegner im Kalten Krieg die primäre causa aller Verderbnis sah. Um die Anerkennung von deutschen Sonderbedingungen, die zu 1933 und den Folgen geführt haben, kam nach meinem Eindruck auch Moses nicht herum. Über eine überlegene Erklärungsalternative schweigt er sich aber noch aus.

Fahrmeier stellt die eigene Erinnerung ironisch auf den Prüfstand. Doch zu seinen Fragen: Noch scheinen mir zeithistorisch interessierte Journalisten nicht wichtiger als die Zeithistoriker selber gewesen zu sein, zumal die Erfolgskriterien: mediale Wirkung und Beeinflussung der Geister schwanken. Natürlich ist die mediale Unterstützung durch Harpprecht und Fest, Kuby und Paczensky, die Spiegel-Serien usw. eminent wichtig gewesen. Aber Brachers und Broszats Glanzstücke mit erstaunlichen Auflagen, die Gutachtertätigkeit der Zeithistoriker für die großen NS-Prozesse (z.B. die «Anatomie des SS-Staates» für den Auschwitz-Prozess), die unermüdliche Tätigkeit auf Vortragsreisen und Konferenzen, die Forschungsimpulse des Münchener Instituts für Zeitgeschichte, die publizistische Aktivität – sie alle verschafften der westdeutschen Zeitgeschichte einen ungewöhnlichen Einfluss. Die engagierten Publizisten haben deren Ergebnisse bereitwillig und schnell aufgegriffen und ihnen Resonanz verschafft. Aber sie errangen keinen Vorsprung dank eigener Recherchen, geschweige denn eine Hegemonie, und eine Doppelbegabung wie Fest besaßen ohnehin nur extrem wenige. Vielleicht habe ich die Historikerkontroversen, Resultat typischer Berufsschädigung, zu nachdrücklich betont. Aber wichtig waren sie schon, wichtiger für die Selbstverständigung und das selbstkritische Lernen als der Streit zwischen Atlantikern und Gaullisten oder um die Volkszählung.

Deshalb kann ich Wildts Plädoyer für eine vergleichende Gewalt- und Genozidforschung nur ein deutliches Echo wünschen. Dafür muss er mit Gleichgesinnten aber auch außerhalb eines Lesesaals streiten. In den USA etwa wird in der Genozidforschung im Allgemeinen das Unikat des Holocaust noch immer unnachgiebig verteidigt.

An Rödders Einlassung dagegen stimmt diesmal eigentlich nur, dass ich in der Tat meine Texte ganz anachronistisch mit dem Füllfederhalter schreibe. Warum soll bloß die politische Debatte von damals ein so miserables «Demokratieverständnis» enthüllen, lebt Demokratie doch auch von öffentlichem Widerstreit der Argumente? Eine glücklichere Verteidigung stand auch damals jedermann frei. Warum ersetzt Rödder, der bei Hildebrand studiert hat, noch immer anregende Argumente durch Emotionen? Ich habe übrigens an der Hochphase der akuten Auseinandersetzung weder mit «leistungsfanatischem Furor» noch mit «unumschränkter Willkür» teilgenommen, weil ich unbedingt zuerst den zweiten Band der Gesellschaftsgeschichte pünktlich abliefern wollte. Meine Sympathien lagen auf der Hand, aber ich habe erst nach dem publizistischen Ende der Kontroverse wenigstens eine Bilanz cum ira et studio geschrieben. Haben die Personen, die den Historikerstreit angeblich «vom Zaun gebrochen haben» (vielmehr war es ja eine Antwort auf Nolte) «das Diskussionsklima im Fach nachhaltig vergiftet» oder haben nicht tatsächlich ihre Kontrahenten den Anlass zu entschiedener Reaktion geboten? Was die Nachhaltigkeit angeht: Schon in den 90er Jahren lag für die Studenten der Streit so weit zurück wie die jüngere Steinzeit. Dafür hatte schon die welthistorische Zäsur von 1989/91 gesorgt. Der indirekte Appell, vor dem Streit die «Kollateralschäden» der Kränkung oder Dauerverletzung abzuwägen, gilt doch genauso für die eklatant Unterlegenen, die zuvor eine geraume Zeit lang durchaus eine scharfe Klinge geschlagen hatten. Alles schon vergessen, um ein ungetrübtes Feindbild 25 Jahre danach präsentieren zu können?

XVI. Kritische Medien

Das Lob jener Journalistengeneration, die bis ca. 1965 die Weichen für die Durchsetzung einer kritischen Öffentlichkeit gestellt hat, trifft auch im Lesesaal auf Zustimmung. In dieser Hinsicht stimmen van Laak, Wirsching und Nolte überein. Dennoch bleibt der früher geäußerte Einwand richtig, dass ich den medialen Siegeszug in der Folgezeit, namentlich in Gestalt des öffentlichen und dann auch des privaten Fernsehens, nicht angemessen zur Geltung gebracht hätte. Eine der Ursachen ist meine Skepsis gegenüber der Überbetonung medialer Einwirkungen, die von jüngeren Historikern als «Fernseh-Kindern» so hoch geschätzt werden. Deshalb habe ich auch die Konstanz der Print-Medien unterstrichen. Und Habermas' jüngste Verteidigung der Qualitätszeitungen war mir nicht nur aus der Seele gesprochen, sondern wies auch zu Recht noch einmal auf ihre stichwortgebende und meinungsprägende Leistung hin.

In der internationalen Pressegeschichte kenne ich mich nicht hinreichend aus, um Noltes Frage nach deutscher Besonderheit oder westlicher Gemeinsamkeit des Aufschwungs einer kritischen Publizistik befriedigend beantworten zu können. In den USA und in England scheint es mir schon einen von den jungen deutschen Vertretern einer kritischen Öffentlichkeit bewunderten Vorsprung gegeben zu haben. Gemäß dem nationalhistorischen «bias» der Gesellschaftsgeschichte ist der Unterschied nachdrücklich begrüßt worden, der die junge Garde in Westdeutschland von ihren Vorgängern in den Redaktionsstuben abhob. Die drei Erklärungsangebote, die Nolte im Hinblick auf die Stabilisierung der Bundesrepublik anführt (Legitimierung durch Prosperität, Sicherheit, Funktionstüchtigkeit; Abgrenzung des eigenen Erfahrungsmodells von der DDR; Demokratisierung durch die Medien) lassen sich in ihrer spezifischen und wechselseitigen Wirkung ungemein schwer gewichten; mir fehlen dafür trennscharfe Urteilskriterien. Deshalb kann man diese drei Faktorenbündel mit ihren getrennten Strängen getrost zu einem soliden Tau verknoten. An der folgenreichen Mitwirkung der Medien in der «klassischen» Stabilisierungsphase kann man ernsthaft nicht zweifeln. Es ist übrigens ein Erfolg der westdeutschen Zeitgeschichte gewesen, dass sie mit allen Medien intensiv kooperiert und auch dort ihre Forschungsergebnisse möglichst frühzeitig verfochten hat.

XVII. Epochenzäsur 1989/90?

Über die Dramatik dieser Zäsur herrscht offenbar kein Streit. Dass eine Weltmacht wie die Sowjetunion zwischen 1989 und 1991 ohne großen Krieg zusammenbrach, ihren Satellitengürtel, das Erfolgssymbol des Zweiten Weltkriegs, aufgab und dann 13 Randgebiete in die einzelstaatliche Souveränität entließ – das bleibt ein tiefer politischer Einschnitt. Zu ihm gehört die Vereinigung der beiden deutschen Neustaaten 1989, die in dem Kräfteviereck Gorbatschow – Bush/Baker – ostdeutsche Protestbewegung – Kohl/Genscher mit wesentlichen Impulsen der polnischen Dissidentenbewegung und der ungarischen Grenzöffnung zustande kam.

Harpprechts Urteil, dass die europäische Neuordnung nach 1990 das EU-Projekt immens aufgewertet habe, teile ich rundum. Ob ihr wirklich so uneingeschränkt die Zukunft gehört, wie wir beide hoffen, wird auch davon abhängen, ob sie sich weise auf Europa beschränkt und keine überdimensionale Expansion in außereuropäische Gebiete wie z. B. die Türkei und Ukraine verfolgt. Bei einer solchen Ausdehnung ihrer «Soft Power – Domäne» würde sie sich mit Sicherheit überheben.

Im Hinblick auf die eklatante Erosion der ostdeutschen Satrapie von Revolution zu sprechen, hatte ich vermieden, da zum modernen Revolutionsbegriff, wie Hettling und Diner zu Recht geltend machen, die Gewalt und der langlebige innergesellschaftliche Strukturwandel gehören. Die Wucht der ostdeutschen Protestbewegung, Gorbatschows Klugheit vom Herbst 1989 bis zu seinen fundamentalen Konzessionen im Camp David, das effektive Zusammenspiel von Bonn und Washington auch gegen heftigen westeuropäischen Widerstand – sie haben die dynamische Wende zur Staatenfusion herbeigeführt. Während dieses Prozesses erwiesen sich die meisten tonangebenden Köpfe der Dissidentenbewegung als Anhänger eines klassischen Anarchismus: ihr Glaube an Herrschaftsfreiheit und generalisierbare Konsensdemokratie an runden Tischen führte zu ihrer Entmachtung im Frühjahr 1990.

Es wird kaum verwundern, dass mich die unerwartete Zustimmung eines so imponierenden Kenners der DDR-Geschichte wie Detlef Pollack besonders freut. Offenbar stimmen wir in mehr Urteilskriterien überein, als es anfangs den Anschein hatte. Mit Modernisierungsdefiziten lässt sich empirisch wie normativ doch ganz ordentlich argumentieren. Und man tut es besonders gern mit einem kritischen Experten.

XVIII. Wie deutsch ist die deutsche Geschichte 1949–1990?

Die unübersehbare politische und methodische Grenze dieser Gesellschaftsgeschichte liegt in ihrer nationalhistorischen Anlage. Sie ist kein Ergebnis nationaler Borniertheit, vielmehr primär eine Folge der Motive zu Beginn des Unternehmens, die Sonderbedingungen und Verwerfungen der deutschen Geschichte, insbesondere den Zivilisationsbruch seit 1933, mit längerem Atem als oft üblich zu erörtern und nach Möglichkeit zu erklären, jedenfalls eine Diskussion über die Charakteristika der deutschen Gesellschaftsentwicklung anzuregen. Diner trifft ins Schwarze, dass sie insofern der Reflex einer «Sonderzeit» ist. Kielmanseggs Ruf nach der internationalen Kontextualisierung trifft auf offene Ohren. Doch wäre es abgesehen von den Motiven eine barbarische Arbeit gewesen, diese Erweiterung in fünf Bänden durchzuhalten, auch wenn die Kompetenz dazu erworben worden wäre. Gerade der knappe, erhellende Vergleich setzt ja intime Vertrautheit mit der Problematik in anderen Ländern voraus.

Das Manko des fehlenden internationalen Vergleichs, den v. Kielmansegg mit guten Gründen anmahnt, und der zur Zeit favorisierten transnationalen Perspektive, die auch Stolleis unterstützt, lässt sich daher leicht feststellen. Aber im Hinblick auf die Epoche des siegreichen Nationalismus und Nationalstaats teile ich Harpprechts skeptische Einwände durchaus. Vielleicht habe ich es in diesem Band nicht so deutlich gesagt wie zuvor in einem schlanken Buch über «Nationalismus» (2001). Der Nationalismus ist in meinen Augen, schlüssiges Ergebnis der neuen Forschung seit den 1980er Jahren, ein Phänomen der politischen Moderne, das, zuerst von seiner «gedachten Ordnung» ausgehend, den Nationalstaat hervorbringt. Er ist innenpolitisch mit seinen Versprechen gescheitert, eine homogene Gesellschaft von gleichberechtigten Nationsgenossen heraufzuführen, davon wissen Iren, Korsen, Juden, Polen ein Lied zu singen. Er ist außenpolitisch mit seiner Verheißung gescheitert, eine friedliche Koexistenz aller Nationen zu gewährleisten, statt ihrer gab es mörderische Nationalkriege. Andererseits muss man als Historiker (wie das van Laak, aber auch als Politikwissenschaftler Kielmansegg tun) die Zählebigkeit des institutionell und mental verankerten Nationalstaats realistisch anerkennen. In ihm findet der Bürger aller europäischen Staaten seine politischen Optionen, seine Rechtssicherheit, seine sozialstaatliche Absicherung. Diese Kompetenzen auf die EU zu übertragen bleibt eine schwierige Aufgabe. Aber, auch da hat Harpprecht mit Max Weber Recht, die Aufgabe des Historikers ist es nicht, sich der Claque der Verklärer des Status quo anzuschließen, sondern durch historisch nur zu gut begründete Kritik den Nationalismus und Nationalstaat in Frage zu stellen, ihm die normative Verbindlichkeit zu nehmen.

XIX. Triftige Argumente – schwächelnde Einwände

Nicht jeder Kommentar im Lesesaal zwingt einem den Füllfederhalter in die Hand. Doch tauchen immer wieder prinzipielle Argumente auf, die eine Erörterung oder Klarstellung lohnen.

Während seines Rückblicks auf den Aufstieg der neueren Sozial- und Gesellschaftsgeschichte seit den 1960er Jahren übersieht der

Literaturwissenschaftler Hans Ulrich Gumbrecht (FAZ 1. 10. 2008) einen wichtigen Motivationsschub. Für eine jüngere Generation war damals die überlieferte Politikgeschichte in einen Zustand methodischer und erst Recht theoretischer Erschöpfung eingetreten. Das klassische Beispiel lieferte die Bewegungs- und die Regimegeschichte des Nationalsozialismus bis hin zum Holocaust und Vernichtungskrieg. Das alles konnte allein in den Kategorien der Innen- und Außenpolitik nicht befriedigend erfasst, geschweige denn erklärt werden. Daher richtete sich das Interesse auf eine Gesellschaft, die Hitler emporgetragen und bis zum Kriegsende unterstützt hatte. Dieses Interesse erwies sich als verallgemeinerungsfähig, löste mithin auch den sozial- und gesellschaftsgeschichtlichen Vorstoß in Forschungsfelder aus, die weithin eine terra incognita bildeten.

Nachdem der Irrweg einer engen kulturalistischen Vorgehensweise seine Attraktion verloren hat, kehrte auch die Frage der Sozialen Ungleichheit mit Wucht zurück. Das beweist das Thema des Dresdener Historikertages im September 2008, der «Ungleichheiten» unter zahlreichen Aspekten thematisiert hat. Und es gehört keine besondere Prognosefähigkeit zu der Vermutung, dass die gesellschaftlichen Folgen der internationalen Finanzmarktkrise zu einer krassen Verschärfung konventioneller Sozialer Ungleichheit führen werden. Insofern ist der Anlauf, Ungleichheitsdimensionen auch mit statistischer Unterfütterung, insofern «objektivierbar», zu erfassen, kein verstaubtes Thema. Es ist vielleicht doch das (mir einigermaßen vertraute) Gelände von Governor Stanfords Farm, das von der kulturalistischen Modeströmung mit ihrer spezifischen Abwertung objektivierbarer Ungleichheitsdimensionen nicht unberührt geblieben ist und jetzt als neue akademische Heimat Gumbrechts Urteil beeinflusst.

Unabhängig davon hat Gumbrecht Recht mit dem Appell, die Mentalitätsgeschichte intensiver in die Gesellschaft einzubeziehen. Der Heimatfilm der 1950er Jahre, das «Wunder von Bern» 1954 als Stärkung des bisher ökonomisch unterfütterten Selbstbewusstseins, die aufsteigende Protestneigung in der DDR – ja, das sind lohnende Probleme, die unter dem Stichwort des politischen oder kulturellen Wandels hätten diskutiert werden können.

Eine eigenartige Mischung von lang- und kurzatmiger Argumentation präsentiert dagegen Ute Daniel (FAZ 6. 10. 2008). Wird der Leser wirklich spaltenlange Ausflüge in die Sprachgeschichte von «Leistung» und «Leisten» zu goutieren wissen? Aus der normativen Verteidigung von Leistungsbereitschaft und -fähigkeit habe ich kein Hehl gemacht. Dementsprechend fällt die Kritik an Personen und Phänomenen aus, die sie in Frage stellen. Ist diese Kritik an der verwöhnten Klientel der «sozialen Untertanen» des hypertrophen Sozialstaats, an den Gegnern klarer Leistungsnoten, an der düsteren «Kerkerstaats»-Utopie Foucaults wirklich nicht haltbar? Soll alles nur gut historistisch «verstanden» werden? Jedenfalls handelt es sich hier um einen langatmigen Erguss.

Kurzatmig geht es dagegen bei einem evidenten Missverständnis zu. Während der Erörterung der politischen Generationen habe ich kurz auf das Unikat einer kleinen Teilgruppe hingewiesen, die seit fünfzig Jahren in verschiedenen Wissenschaften, aber auch in der Öffentlichkeit, insofern als «Public Intellectuals», gewirkt hat. Im internationalen Vergleich lässt sich eine solche «Generation 45» nirgendwo sonst finden. Daniel nennt als rundum verkorkstes Gegenbeispiel vier denkbar unterschiedliche amerikanische Intellektuelle, die weder einer einzigen Generation angehören, noch durchweg prominente Wissenschaftler sind. Solche Vergleiche sind in der Tat «empirisch unhaltbar». Willkürlich herausgegriffene Intellektuelle gibt es selbstredend in der Publizistik vieler westlicher Länder. Von einem ein halbes Jahrhundert lang aktiven Generationssegment kann aber dort ganz so wenig die Rede sein wie hier von der Behauptung eines veritablen neuen «deutschen Sonderwegs». Die Erfahrungen des Krieges, des Holocaust und der neuen Chancen in der Bundesrepublik haben zu der Mobilisierung und anhaltenden Aktivität einer überaus schmalen, aber einflussreichen und daher interessanten Kleingruppe geführt. Sie hat der australische Historiker Dirk Moses in seinem Buch soeben präzise vorgestellt. Diese strategische Minderheit wird von mir auf einer Seite, mithin auf 0,2 Prozent des Textes skizziert. Soll dieser knappe Hinweis als Argument für einen «neuen Sonderweg», dem zugleich eine «rührende Vermessenheit» bescheinigt wird, aufgepeppt werden? Ein Schuss Sachkunde anstelle der Häme wäre da doch wünschenswert.

Der Bamberger Soziologe Gerhard Schulze, dessen «Erlebnisgesellschaft» ich die Tragfähigkeit als gesamtgesellschaftliches Analysekonzept sanft bestritten hatte, wirft eine Reihe von methodischen und erkenntnistheoretischen Fragen auf (FAZ 8. 10. 2008). Im Kern geht es um das Problem, ob man den Anlauf zu einer Synthese der deutschen Gesellschaftsgeschichte über dreihundert Jahre hinweg auf ein gleichbleibendes Strukturierungsschema gründen kann. Die von mir im Anschluss an Max Weber zugrunde gelegten vier Achsen von Wirtschaft, Sozialer Ungleichheit, politischer Herrschaft und Kultur lösen den gängigen Vorwurf der Statik aus. Meinen begrenzten Reflexionsansprüchen genügte der Interpretationsrahmen während der zwanzig Jahre lang währenden Arbeit an diesem Projekt, um eine nicht unerhebliche Menge von historischen Problemen und Verläufen gewissermaßen zu bändigen. Das mag man nun als illusionäre Hoffnung kritisieren, zumal diese Selektionskriterien wichtige Phänomene nicht erfassen. Was aber sind, diese Frage taucht ständig und auch hier auf, die überlegenen Alternativen?

Der permanente Wechsel zwischen Verallgemeinerung und Detailbetrachtung bietet kein methodisch und theoretisch belastbares Fundament. Dass jede Generation Geschichte neu schreibt, ist banal. Insofern genügt gerade die Geschichtswissenschaft Max Webers Diktum, dass sie eine «ewig junge Wissenschaft» verkörpert, die wechselnden Leitbildern folgt. Aber wo sind die vertrauenswürdigen Perspektiven für eine Langzeitdarstellung – hic et nunc? Schulze erinnert an die vermeintliche «Unvergleichlichkeit verschiedener Sozialwelten», der man mit Begriffen «historisch begrenzter Reichweite» gerecht werden könne. Das ist im Grunde ein klassisches Argument aus der Hermeneutik des Historismus: Jede Epoche kann demnach nur aus ihren eigenen Bedingungen und Konstellationen, ihrem Denk- und Sprachhorizont erfasst werden. In diesem Denkstil eine deutsche Gesellschaftsgeschichte zwischen 1700 und 1990 zu schreiben, ergäbe ein irritierend buntes Kaleidoskop, das sowohl die Orientierung für den Leser als auch das historische Urteil außerordentlich erschwerte, wenn nicht gar unmöglich machte.

In der Tat habe ich die «Pfadabhängigkeit» der deutschen Entwicklung nachhaltig betont, denn ökonomische, politische, kulturelle, sozialstrukturelle Konstellationen haben sich als ungewöhnlich langlebige «restriktive Bedingungen» erwiesen. Die Interpretation erleichterte auch, wie gesagt, die Aufgabe, überschaubare Schneisen durch die Vergangenheit zu schlagen. Niemals habe ich jedoch geglaubt, «es gäbe nur diesen einen Film». Wer mit anderen Regieanweisungen und einem neuen Drehbuch den «Wandel, der jenseits meiner Kategorien» liege, erfassen will, ist im Kreis der Synthesegeschädigten jederzeit willkommen. Meine gespannte Erwartung, mit welcher Konzeption, mit welchen Kategorien das neue Projekt über lange Jahrzehnte hinweg «durchgezogen» wird, vermag ich allerdings als Anhänger des agonalen Prinzips nicht zu verhehlen. Schulzes Plädoyer läuft darauf hinaus, einen Neohistorismus mit den schwierigen Fragen nach Wertewandel, Sinnstiftung und Glückserfahrung zu verbinden. Glückauf! Die Reformära nach 1800 oder nach 1867, die Reichsgründung, die Geschichte von Bürgern und Proletariat, Hitlers charismatische Herrschaft, die Erfolgsgeschichte der alten Bundesrepublik usw. usque ad infinitum – sie bieten ein weites Exerzierfeld für eine neue interpretatorische Marschordnung.

XX. Die fundamentale Untat. Eine Replik auf Ernst Nolte

Der Berliner Historiker Ernst Nolte blickt in der FAZ vom 17.9. 2008 auf die knappe Darstellung, die der «Historikerstreit» von 1986/1988 im letzten Band meiner «Gesellschaftsgeschichte» gefunden hat. Sein Ziel ist es, die Kontinuität und Konsistenz der Argumentation in seinem «inzwischen vorliegenden Lebenswerk» noch einmal zu verteidigen – wie er das in den letzten beiden Jahren in nicht weniger als drei Büchern bereits getan hat. Das geschichtsphilosophische Konstrukt eines Mega-Duells zwischen Bolschewismus und Nationalsozialismus steht unverändert im Mittelpunkt. Der Antimarxismus bleibt die Speerspitze der Ideologie der Hitler-Bewegung und ihres «Dritten Reiches». Diese Hasslehre hatte Nolte schon in seinem Erfolgsbuch von 1963 («Der Faschismus in seiner Epoche») nachdrücklich hervorgehoben. Allerdings war vielen Rezensenten und Lesern damals nicht aufgefallen, dass damit schon Noltes zugespitzte Position von 1986 voll vorweggenommen worden sein soll: der welthistorische Zusammenprall des Bolschewismus – Vorbild und Schreckbild zugleich – mit dem Nationalsozialismus.

Zu jener Zeit habe ich das Faschismusbuch auch nicht so verstanden. Als Assistent am Kölner Historischen Seminar hatte ich Nolte 1963 kennen gelernt, der als Studienrat an einem Bad Godesberger Gymnasium nach dem anstrengenden Lehrbetrieb in strenger Askese jeden Nachmittag und Abend jenen Dreiervergleich zwischen Action Française, Faschismus und Nationalsozialismus geschrieben hatte. Nach einem Dutzend Jahre intensiver zeitgeschichtlicher Forschung empfand ich diesen ersten Vergleich als imponierende Leistung eines Außenseiters der Historikerzunft, denn Nolte hatte bei Heidegger seine Ausbildung zum Philosophen erfahren.

Kein Historiker hatte bis dahin – und hat seither – bestritten, dass im Ideenmüll des Nationalsozialismus der Antimarxismus eine wichtige Rolle spielte. Aber war er tatsächlich wichtiger als etwa der Radikalnationalismus, der Hitler als seinen Propheten und die NSDAP zwischen 1930 und 1940 emportrug? Erst recht aber gilt: War er wichtiger als der leidenschaftliche Judenhass, den Hitler selber zusammen mit den aus der völkisch-antisemitischen Strömung stammenden NS-Kadern in eine Vernichtungsaktion übersetzen wollte? Zugegeben, die Ermordung von Tausenden von deutschen Kommunisten und Sozialdemokraten ist als Ergebnis des Bürgerkriegs, den die Hitler-Bewegung gegen die «marxistische Linke» führte, jedermann bekannt. An der Verachtung der Slawen, die im Nationalsozialismus als «Untermenschen» galten, herrscht ganz so wenig ein Zweifel wie an der Radikalisierung des antisowjetischen Vernichtungskriegs im Osten. Wer kennt nicht Himmlers «Generalsiedlungsplan», der die Eroberung von «Lebensraum» bis zum Ural vorsah und für dieses Germanisierungsexperiment etwa 33 Millionen Russen kaltblütig opfern wollte?

Löst man sich aber von Noltes obsessiver Fixierung auf das gewaltige Armageddon zwischen Bolschewismus und Nationalsozialismus bleibt doch – in Übereinstimmung mit der gesamten seriösen Forschung – der «Zivilisationsbruch» in Gestalt des Judengenozids in universalhistorischer Perspektive, die für immer Entsetzen erregende fundamentale Untat der nationalsozialistischen Rassenpolitik. Ungleich dominierender als der Antimarxismus, erst recht der Bolschewismus, läuft von Anfang an der extreme Antisemitismus als Kontinuitätslinie durch die Geschichte des Nationalsozialismus. Die Steigerung seiner dumpfen Aversion zu einer genozidalen Mentalität, die Hunderttausende von Tätern und Helfershelfern geteilt haben und die dann sechs Millionen Juden das Leben kostete (ein Viertel von ihnen Kinder unter 14 Jahre) – dieser mörderische Exzess wird in der Tat als eine «Vergangenheit, die nicht vergeht», im Gedächtnis der Menschheit haften bleiben. Im Vergleich mit diesem industrialisierten Massenmord ist der Antimarxismus, den so viele autoritäre, konservative, bürgerliche Parteien auch geteilt haben, geradezu eine Phobie zweiter Ordnung.

Hätte sich die Souveränität eines Wissenschaftlers im Rückblick auf sein «Lebenswerk» nicht gerade darin bewiesen, dass er endlich dem Judenmord den Primat unter allen nationalsozialistischen Untaten, weit vor dem militanten Antimarxismus, unmissverständlich zuerkannt hätte? Wie hartnäckig stattdessen Nolte an seinem Interpretationsschema festhält, zeigt auch seine Verurteilung des Vergleichs von Bundesrepublik und DDR als «absurd», da doch dem allein «adäquaten Vergleich» von Bolschewismus und Nationalsozialismus weiterhin der Vorrang gebühre. Dieser «große Vergleich» ist nicht aufgrund einer Lähmung vermieden worden, vielmehr gehört er nicht in einen Band über die Zeitspanne von 1949 bis 1990. Im Hinblick auf den vorhergehenden vierten Band der «Gesellschaftsgeschichte» über die Epoche von 1914 bis 1945 hätte Nolte diesen Vergleich anmahnen können, wenn ihm dort der Vergleich von Links- und Rechtstotalitarismus nicht zugesagt hätte. Im Übrigen ist es politisch wie wissenschaftspolitisch ganz und gar unvermeidlich, dass die Bundesrepublik und die DDR verglichen werden; die Gesichtspunkte brauche ich nicht noch einmal zu wiederholen. Aber die Erfahrungen mit der sowjetischen Satrapie in Ostdeutschland und ihr schlimmes Erbe werden auf absehbare Zeit den Vergleich geradezu erzwingen. Durch den erstarrten Großvergleich von Bolschewismus und Nationalsozialismus kann die komparative innerdeutsche Geschichte schlechterdings nicht ersetzt werden.

Anmerkungen

Vorwort

1 Vgl. Krisenherde des Kaiserreichs 1871–1918, Göttingen 1979²; Historische Sozialwissenschaft u. Geschichtsschreibung, ebd. 1980; Geschichte als Historische Sozialwissenschaft, Frankfurt 1980³; Preußen ist wieder chic, ebd. 1983; Aus der Geschichte lernen? München 1988; Die Gegenwart als Geschichte, ebd. 1995; Politik in der Geschichte, ebd. 1998; Die Herausforderung der Kulturgeschichte, ebd. 1998; Umbruch u. Kontinuität, ebd. 2000; Konflikte zu Beginn des 21. Jahrhunderts, ebd. 2003; Notizen zur deutschen Geschichte, ebd. 2007.
2 Vgl. von früheren Beiträgen: Aus der Geschichte lernen, 11–33, 44–60; Politik 154–58, Konflikte, 36–40, 89–107; Umbruch, 98–112; Notizen 135–39, 175–79; Systembelastung der zweiten Republik, in: Festschrift für H.-J. Puhle, Göttingen 2001, 177–89. Vgl. vorn Nr. 1–3, 6, 30.
3 Vgl. aus der früher geäußerten Kritik an einem Türkei-Beitritt: Konflikte, 41–67; Notizen, 160–75; Die Selbstzerstörung der EU durch den Beitritt der Türkei, in: Fischer-Weltalmanach aktuell: Die EU-Erweiterung, Frankfurt 2004, 104–9, u. in: G. Weisseno Hg., Europa verstehen lernen, Bonn 2004, 71–79; Der Türkei-Beitritt, in: Kölner Stadtanzeiger 21. 12. 2004; Der Türkei-Beitritt bedeutet für die EU politischen Selbstmord, in: Tagesspiegel 19. 6. 2003; Die türkische Frage, in: FAZ 19. 12. 2003; Türkei-Beitritt torpediert die EU, in: Focus 16. 2. 2004; Verblendetes Harakiri: Der Türkei-Beitritt zerstört die EU, in: Aus Politik u. Zeitgeschichte 33–34.2004, 6–8; Der Türkei-Beitritt zerstört die EU, in: H. König u. M. Sicking Hg., Gehört die Türkei zu Europa? Bielefeld 2005, 47–61; Mutwillige Selbstzerstörung: Der Türkei-Beitritt, in: K.-S. Rehberg Hg., Soziale Ungleichheit – Kulturelle Unterschiede, Frankfurt 2006, 1140–50; Grenzen u. Identität Europas, in: H. König u. a. Hg., Europas Gedächtnis, Bielefeld 2008, 121–32, englische Fassung: Boundaries and Identity of Europe Until the 21st Century, in: Critique and Humanism 27, 2008, 65–74. Vgl. vorn Nr. 4, 5.
4 Vgl. von den früheren Beiträgen zum Nationalismus: Gegenwart als Geschichte, 127–80; Politik, 55–67; 64–80; Konflikte, 52–67, 116–25; Notizen, 119–23, 147–58; Rückkehr zum «normalen» Nationalismus? In: Landesinstitut für Schule u. Weiterbildung Hg., Lernen für Europa, Soest 1992, 67–79; Nation u. Nationalismus in der deutschen Geschichte,

in: Schriftenreihe der Polizei-Führungsakademie 4/92, Lübeck 1992, 107–17; Nationalismus u. Fremdenhass, in: H. Osten Hg., Gewalt gegen Ausländer – Gewalt von Ausländern, Kiel 1999, 16–34; Nationalismus u. Nation, in: H. Berding Hg., Nationales Bewusstsein u. kollektive Identität, Frankfurt 1994, 163–79; Der deutsche Nationalismus bis 1871, in: Wehler Hg., Scheidewege der deutschen Geschichte, München 1995, 116–30; Nationalismus, Nation u. Nationalstaat in Deutschland, in: U. Herrmann Hg., Volk – Nation – Vaterland, Hamburg 1996, 269–79. Ausführlich über drei Jahrhunderte hinweg: Deutsche Gesellschaftsgeschichte I, 506–30; II, 394–412; III, 228–51, 938–65; IV, 486–95, 675–83; V, 298–303; Nationalismus, München 2007³. – Endlich über den Nationalismus im Nationalsozialismus: S. O. Müller, Deutsche Soldaten u. ihre Feinde. Nationalismus an Front u. Heimatfront im Zweiten Weltkrieg, Frankfurt 2007. Das Zitat: C. A. Bayly, Die Geburt der modernen Welt 1780–1914, Frankfurt 2006, 204. Vgl. vorn Nr. 8–11.

5 Vgl. von den früheren Aufsätzen zum Nationalsozialismus: Aus der Geschichte lernen, 44–71; Politik 11–44, 145–53; Umbruch, 11–46; Konflikte 11–30, 163–70, 206–10, 222–28; Notizen, 13–28, 78–91, 232–43; Sechsmal Hitler, in: FAZ 23. 11. 1995. Zuletzt: Der Nationalsozialismus, München 2009; Deutsche Gesellschaftsgeschichte, Bde. IV und V (Sonderausgabe für die Bundeszentrale für Politische Bildung), Bonn 2009. Vgl. vorn Nr. 12–14, 26, 29.

6 Vgl. von früheren Arbeiten zur Geschichtswissenschaft und ihren Theorien: Historische Sozialwissenschaft, 13–180, 206–26; Gegenwart als Geschichte, 189–232; Aus der Geschichte lernen, 66–90, 115–29, 130–240; Umbruch, 214–50, 265–326; Politik, 160–78, 188–225; Herausforderung, 15–153; Preußen, 87–120; – H. Lahme, G. Mann, Frankfurt 2009 (dadurch überholt: U. Bitterli, dass., Berlin 2004). – Zur Gesellschaftsgeschichte: Historische Sozialwissenschaft, 161–80; Politik in der Geschichte, 18–45, 160–94, 212–41; Aus der Geschichte lernen, 115–29, 152–255; Gegenwart als Geschichte, 60–71; Umbruch, 143–250; Konflikte, 80–107; Notizen, 102–18; What ist the «History of Society»? in: E. Lönnroth u. a. Hg., Conceptions of National History, Berlin 1994, 270–84; Deutsche Gesellschaftsgeschichte I, 6–31; Zitat: J. G. Droysen, Historik, R. Hübner Hg., München 1974⁷, 229.

7 Vgl. die früheren Essays über Historiker: Historische Sozialwissenschaft, 227–97; Aus der Geschichte lernen, 101–11 (Nachruf Schieder); Notizen, 199–231; Deutsche Historiker, H.-U. Wehler Hg., 9 Bde., Göttingen 1971/72, 1980/82. Vgl. vorn Nr. 19–21.

8 Von früheren Aufsätzen über Preußen: Konflikte, 108–11; Preußen, 11–18, 67–71; Kritik der Preußenbild-Diskussion, in: O. Büsch Hg., Das Preußenbild in der Geschichte, Berlin 1981, 27–31, 45–48, 214–16. –

Zitat: W. Dilthey, Der Aufbau der geschichtlichen Welt in den Geisteswissenschaften, M. Riedel Hg., Frankfurt 1981, 228. Vgl. vorn Nr. 22.
9 Die gesamte Debatte findet sich jetzt in: P. Bahners u. A. Cammann Hg., Der Streit um die Bundesrepublik u. die DDR. Die Diskussion im «Lesesaal» der FAZ, München 2009.

7. Eine Lanze für Alice Schwarzer

1 A. Schwarzer, Die Antwort, Köln 2007.

10. Der Puritanismus als Weltbildspender des amerikanischen Nationalismus

1 D. Langewiesche, Staatsbildung u. Nationsbildung in Deutschland – ein Sonderweg? Die deutsche Nation im europäischen Vergleich, in: U. v. Hirschhausen u. J. Leonhard Hg., Nationalismen in Europa, Göttingen 2001, 56 f.; vgl. ders., Nation, Nationalismus, Nationalstaat in der europäischen Geschichte, in: ders., Nation, Nationalismus, Nationalstaat in Deutschland u. Europa, München 2000, 14–34; T. Schieder, Typologie u. Erscheinungsformen des Nationalstaats in Europa, in: ders., Nation u. Nationalstaat, Hg. O. Dann u. H.-U. Wehler, Göttingen 1991, 65–86.
2 Die Pionierleistung: H. Kohn, American Nationalism, N. Y. 1961[2]; vorzüglich ist: R. W. van Alstyne, Genesis of American Nationalism, Waltham/Mass. 1970; ders., American Nationalism and Its Mythology, in: Queen's Quarterly 65.1958, 423–36; neuerdings A. Lieven, America Right or Wrong. An Anatomy of American Nationalism, Oxford 2004; zuletzt aufschlussreich, auch dank der Distanz des gebürtigen Europäers, der Harvard-Historiker Patrice Higonnet, Attendant Cruelties. Nation and Nationalism in American History, N. Y. 2007; R. H. Wiebe, Who We Are. A History of Popular Nationalism, Princeton 2002 (das rundum enttäuschende Buch eines großartigen Sozialhistorikers, der kurz vor seinem Tod die Probleme des Nationalismus nicht in den Griff bekommen hat); typisch amerikanozentrisch: S. McConnell, Nationalism, in: S. Kutler Hg., Encyclopedia of the United States I, N. Y. 1996, 251–71; J. Bodnar Hg., Bonds of Affection. Americans Define Their Patriotism, Princeton 1996; ders., Remaking America. Public Memory, Commemoration, and Patriotism in the 20th Century, ebd. 1992; W. S. Hudson, Nationalism and Religion in America, N. Y. 1970; S.-M. Grant, A Nation Before Nationalism: The Civic and Ethnic Construction of America, in: G. Delanty

u. K. Kumar Hg. The Sage Handbook of Nations and Nationalism, London 2006, 527–40; weiterführend von einem israelischen Historiker: Y. Arieli, Indidividualism and Nationalism in American Ideology 1786–1865, Cambridge/Mass. 1964. Zuletzt G. McKenna, The Puritan Origin of American Patriotism, New Haven/Conn. 2007. Der Verf. verfolgt in seiner Längsschnittstudie wichtige Kontinuitätslinien, arbeitet aber wieder mit dem beschönigenden Begriff des Patriotismus, anstatt der souverän ignorierten internationalen Nationalismusforschung endlich auch im Hinblick auf die USA zu folgen.

Im Allgemeinen besteht in der amerikanischen Nationalismus-Forschung die ausgeprägte Neigung, die Entstehung und den Aufstieg des amerikanischen Nationalismus oder «Patriotismus», jeweils in der Zeitspanne zu verfolgen, auf die sich der Autor spezialisiert hat. Zum Beispiel für die Zeit vor der Revolution: T. H. Breen, Ideology and Nationalism on the Eve of the American Revolution, in: Journal of American History 84. 1997, 13–39; C. Bridenbaugh, The Spirit of '76. The Growth of American Patriotism 1607–1776, N.Y. 1975, P. A. Varg, The Advent of Nationalism 1758–76, in: American Quarterly 16. 1964, 109–81. Option für die Revolutionsära: M. Savelle, Nationalism and Other Loyalties in the American Revolution, in: American Historical Review 57. 1962, 202–23, sowie mehrere der vorn zitierten Autoren. – Der zweite Krieg gegen England und seine Folgen: C. Dangerfield, The Awakening of American Nationalism 1815–28, New York 1965. – Zur Phase des Krieges gegen Mexiko vgl. die Literatur unten in Anm. 9. – Zur angeblich ausschlaggebenden Rolle des Bürgerkriegs vor allem S.-M. Grant, North Over South: Northern Nationalism and American Identity, Lawrence/Kan. 2000; dies., From Union to Nation? The Civil War and the Development of American Nationalism, in: dies. u. B. H. Reid Hg., The American Civil War, Harlow 2000, 333–57; dies., The Charter of Its Birthnight: The Civil War and American Nationalism, in: Nations and Nationalism 4. 1998, 163–85 (diese englische Historikerin hat wenigstens keine Berührungsängste gegenüber dem Nationalismusbegriff); dies., When Is a Nation Not a Nation? The Crisis of American Nationalism in the Mid – 19th Century, in: ebd. 2. 1996, 105–29; vgl. noch K. D. Bracher, Providentia Americana, in: Fs. E. Voegelin, München 1962, 27–48, u. in: ders., Deutschland zwischen Demokratie u. Diktatur, München 1964, 313–36; antiquiert: M. Curti, The Roots of American Loyalty, New York 1946; C. A. Beard, Nationalism in American History, in: W. G. Leland Hg., Nationalism, Bloomington/Ind. 1934, 39–51.

3 M. Weber Objektive Möglichkeit u. adäquate Verursachung in der historischen Kausalbetrachtung, in: ders., Ges. Aufsätze zur Wissenschaftslehre, Tübingen 1922/1988[7], 266–90.

4 Der beste historisch-systematische Beitrag der neueren Nationalismusforschung stammt, wen könnte es verwundern, vom besten Nationalismuskenner unserer Gegenwart: A. D. Smith, Chosen Peoples, Oxford 2003; vgl. D. Langewiesche, Nationalismus – ein generalisierender Vergleich, in: Fs. J. Kocka, Göttingen 2006, 176–8. Zum Erwähltheitsglauben: F. Dexinger, Erwählung u. jüdisches Selbstverständnis, in: A. Mosser Hg., «Gottes auserwählte Völker», Frankfurt 2001, 21–36; ders., Erwählung II, in: Theologische Realenzyklopädie 10. 1982, 189–92; R. Jospe, The Concept of Chosen People, in: Judaism 43. 1994, 127–48; G. Braulik u. F. Bovon, Erwählung, in: Neues Bibel Lexikon 1.1991, 582–85; H. Seebaß, Erwählung I. Altes Testament, in: Theologische Realenzyclopädie 10. 1982, 182–89; L. H. Silbermann, Chosen People, in: Encyclopedia Judaica 5. 1973, 498–502; W. Pannenberg, Erwählung, in: Religion in Geschichte u. Gegenwart 2.1958, 614–21; S. S. Cohen, Chosen People, in: Universal Jewish Encyclopedia, New York 1948, 164–69; J. W. Parkes, The Concept of a Chosen People, N. Y. 1954; M. Buber, Die Erwählung Israels, in: Almanach des Schocken Verlags, Berlin 1938, 12–31; M. Joseph, Auserwähltes Volk, in: Jüdisches Lexikon, Frankfurt 1927, 575–77.

5 Vgl. hierzu R. G. Asch, An Elect Nation? Protestantismus, nationales Selbstbewusstsein u. nationale Feindbilder in England u. Irland 1560–1660, in: Mosser Hg., 117–41; M. Grabes, «Elect Nation». Der Fundierungsmythos englischer Identität in der frühen Neuzeit, in: H. Berding Hg., Mythos u. Nation, Frankfurt 1996, 84–103; B. Cauthen, Covenant and Continuity. Ethnosymbolism and the Myth of Divine Election, in: Nations and Nationalism 10. 2004, 19–34; K. Kumar, The Making of English National Identity, Cambridge 2003; J. Black, Confessional State or Elect Nation? In: T. Claydon u. I. McBride Hg., Protestantism and National Identity 1650–1850, Cambridge 1998, 99–129; R. Helgerson, Forms of Nationhood. The Elizabethan Writing of England, Chicago 1992; F. Wieselhuber, Entwürfe englischer nationaler Identität in Pamphleten der Restaurationszeit, in: H. Berding Hg., Nationales Bewusstsein u. kollektive Identität, Frankfurt 1994, 301–22; D. Loades, The Origins of English Protestant Nationalism, in: S. Mews Hg., Religion and National Identity, Oxford 1982, 297–307; A. Fletcher, The First Century of English Protestantism and the Growth of National Identity, in: ebd., 309–17; C. Hill, Protestantismus, Patriotismus u. öffentl. Meinung im England des 16. u. 17. Jh., in: B. Giesen Hg., Nationale u. kulturelle Identität, Frankfurt 1991,100–20; T. Claydon u. I. McBride Hg., Protestantism and National Identity: Britain and Ireland 1650–1850, Cambridge 1998; W. Lamont, Puritanism and Historical Controversy, London 1996; ders., Puritanism and the English Revolution, Aldershot 1991; M. Mittag,

Nationale Identitätsbestrebungen u. antispanische Polemik im englischen Pamphlet 1558–1630, Frankfurt 1993; P. Collinson, The Cohabitation of the Faithful with the Unfaithful, in: O. P. Grell u. a. Hg., From Persecution to Toleration. The Glorious Revolution and Religion in England, Oxford 1991, 51–76; G. Newman, The Rise of English Nationalism 1740–1820, London 1987; L. Colley, Britons: Forging the Nation 1707–1837, New Haven 1992; L. Greenfeld, Nationalism. Five Roads to Modernity, Cambridge/Mass. 1992; dies., The Emergence of Nationalism in England and France, in: Research in Political Sociology 5. 1991, 333–70 (Greenfelds Buch, das in der Nationalismusforschung der Soziologen ein offenkundig auf historischer Unkenntnis beruhendes Ansehen genießt, ist meines Erachtens rundum gescheitert. Der englische und amerikanische Nationalismus werden maßlos verklärt; über seine Basis im Auserwähltheitsglauben beider Länder wird kaum ein Wort verloren. Der deutsche Nationalismus dagegen wird antiquiert auf Pietismus und Romantik zurückgeführt, ohne irgendeine Berücksichtigung der deutschen Fachliteratur skizziert und schließlich auf seine Rolle als Vorspiel zur «Endlösung» reduziert. In ihrem neuen Buch (The Spirit of Capitalism: Nationalism and Economic, Growth, Cambridge/Mass. 2001) wird der Nationalismus zur Antriebskraft des neuzeitlichen Kapitalismus stilisiert, die komplexe Entwicklungsgeschichte ignoriert. In einem Aufsatz (Modernity and Nationalism, in: G. Delanty u. K. Kumar Hg., The Sage Handbook of Nations and Nationalism, London 2006, 157–68) wird der Nationalismus in einem Anflug von monistischer Besessenheit sogar zur entscheidenden Triebkraft für die moderne Ökonomie, Sozialstruktur, Ideologie und Politik, für schlechterdings alle wesentlichen Züge der globalen Moderne erhoben.) – Wieder der Vorreiter: H. Kohn, The Genesis and Character of English Nationalism, in: Journal of the History of Ideas 1. 1940, 69–94. Vgl. allg. H. Schilling, Nationale Identität u. Konfession in der europäischen Neuzeit, in: Giesen Hg., 192–252; zu Holland nur: G. Groenhuis, Calvinism and National Consciousness in the Dutch Republic as the New Israel, in: A. C. Duke u. C. A. Tamse Hg., Church and State since the Reformation, Den Haag 1981, 118–33; der Abschnitt «Die Idee des auserwählten Volkes» in: G. Schmidt, Die frühneuzeitliche Idee «deutscher Nation», in: H.-G. Haupt u. D. Langewiesche Hg., Nation u. Religion in der deutschen Geschichte, Frankfurt 2001, 35–42.

6 Zur Ideen- und Lebenswelt in Neuengland: Natürlich zuerst P. Miller, Errand Into the Wilderness, Cambridge/Mass. 1956/1975^2; ders., The American Puritans, Garden City 1956; ders., The Puritans, I, N. Y. 1986; S. Bercovitch, The Puritan Origins of the American Self, London 1975; E. S. Morgan, Visible Saints. The History of a Puritan Idea, N. Y. 1963;

J. Demos, A Little Commonwealth. Family Life in Plymouth Colony, N. Y. 1970; P. J. Greven, Four Generations. Population, Land, and Family in Colonial Andover, Massachusetts, Ithaca 1970; K. A. Lockridge, A New England Town, the First Hundred Years, N. Y. 1970; R. Zuckerman, Peaceable Kingdoms. New England Towns in the 18th Century, N. Y. 1970; S. C. Powell, Puritan Village. The Formation of a New England Town, Middletown/Conn. 1963; J. T. Main, The Social Structure of Revolutionary America, Princeton 1965; G. B. Nash, Class and Society in Early America, Englewood Cliffs 1970.

7 Winthrop, Edwards, Langdon zit. nach: H. Kohn, The Idea of Nationalism, N. Y. 1944, 269 f., 279; vgl. ders., American Nationalism, 15–48; R. W. Van Alstyne, The Rising American Empire, Oxford 1960, 8; L. Gardner u. a., Creation of the American Empire, Chicago 1973, 3 f.; C. L. Sanford, The Quest for Paradise, Urbana/Ill. 1961, 32, vgl. 75–88. Staughton nach: Miller, American Puritans, 13; Stiles nach: J. W. Thornton, The Pulpit of the American Revolution, Boston 1876², ND N.Y. 1970, 403–440; vgl. G. H. Williams, Wilderness and Paradise in Christian Thought, N. Y. 1962, 98–137; H. N. Smith, Virgin Land. The American West as Symbol and Myth, Cambridge/Mass. 1962, 138–41. Zum puritanischen Weltbild vor allem: K. Krakau, Exzeptionalismus – Verantwortung – Auftrag, in: Mosser Hg., 2000, 89–116; ders., Critical Reflections Upon an Old Theme. Chosen People and Mission in American History, in: Amerikastudien 38. 1993, 457–70; J. H. Moorhead, The American Israel, in: W. M. Hutchison u. H. Lehmann Hg., Many Are Chosen, Minneapolis 1994, 145–66; C. Cherry Hg., God's New Israel. Religious Interpretations of American Destiny, Englewood Cliffs/N.J. 1971; S. Grosby, The Nation of the United States and the Vision of Ancient Israel, in: R. Michener Hg., Nationality, Patriotism and Nationalism in Liberal Democratic Societies, St. Paul/Minn. 1993, 49–79; ders., The Chosen People of Ancient Israel and the Occident, in: Nations and Nationalism 5. 1999, 357–80; G. M. Foster, A Christian Nation: Signs of a Covenant? in: J. Bodnar Hg., Bonds of Affection, Princeton 1996, 120–38; S.-M. Grant, Myth and the Construction of American Nationhood, in: G. Hosking u. G. Schöpflin Hg., Myths and Nationhood, London 1997, 88–106; J. M. Murrin, A Roof Without Walls: The Dilemma of American National Identity, in: R. Beeman u. a. Hg., Beyond Confederation, Chapel Hill 1987, 333–48; S. Foster, The Long Argument. English Puritanism and the Shaping of New England Culture, Chapel Hill 1991; C. C. O'Brien, God Land. Reflections on Religion and Nationalism, Cambridge/Mass. 1988; J. Meacham, American Gospel. God, the Founding Fathers, and the Making of a Nation, N. Y. 2006; G. Wills, Under God. Religion and American Politics, N. Y. 1990; E. L. Tuveson, Redee-

mer Nation: The Idea of America's Millenial Role, Chicago 1968; R.B.Nye, The Almost Chosen People, East Lansing/Mich. 1966; W.B.Lewis, The American Adam, Chicago 1955; H.R.Niebuhr, The Kingdom of God in America, N.Y. 1962; ders. u. A.Heimert, A Nation so Conceived, London 1963; A.Heimert, Religion and the American Mind: From the Great Awakening to the Revolution, Cambridge/Mass. 1966; S.Eddy, The Kingdom of God and the American Dream, N.Y. 1941; S.M.Lipset, The First New Nation, Garden City 1967 (Dort findet sich kein Wort zur Religion!). Ausläufer bis heute: W.A.McDougall, Promised Land, Crusader State. The American Encounter with the World Since 1776, Boston 1997; T.Smith, Amercia's Mission, Princeton 1994.

8 Drayton zit. nach: N.Ferguson, Das verleugnete Imperium, Berlin 2004, 49; T.Parker, Writings, XII, Boston 1911, 195. Zum amerikanischen Imperium: van Alstyne, Rising American Empire; W.E.Weeks, Building the Continental Empire. American Expansion 1716–1861, Chicago 1996; A.J.Bacevich, American Empire, Cambridge 2002; ders., Hg., The Imperial Tense. Prospects and Problems of American Empire, Chicago 2003; H.-U.Wehler, Der Aufstieg des amerikanischen Imperialismus 1865–1900, Göttingen 1987², 10–14 (dort auch Berkeley und Morse). Zum ideengeschichtlichen Umfeld: L.Baritz, City on a Hill. A History of Ideas and Myths in America, N.Y. 1964/ ND 1980; S.Bercovitch, The Rites of Assent. Transformations in the Symbolic Construction of America, N.Y. 1993; Williams, Wilderness; Smith, Virgin Land; M.Lienesch, The Role of Political Millenialism in Early American Nationalism, in: Western Political Quarterly 36. 1983, 445–65; E.M.Burns, The American Idea of Mission, New Brunswick 1957; R. van Zandt, The Metaphysical Foundations of American History, Den Haag 1959. Allg. zu Religion und Nationalismus: Einer der anregendsten Beiträge zur neueren Nationalismusforschung stammt von F.W.Graf, Die Nation – von Gott ‹erfunden›? Zum Theologiebedarf der historischen Nationalismusforschung, in: G.Krumeich u. H.Lehmann Hg., Gott mit uns. Nation, Religion u. Gewalt im 19. u. frühen 20. Jh., Göttingen 2000, 285–317. Vgl. S.Weichlein, Nationalismus u. Nationalstaat in Deutschland u. Europa, in: Neue Politische Literatur 51. 2006, 306–24; U.Altermatt u. F.Metzger Hg., Religion u. Nation, Stuttgart 2007; M.Geyer, Religion u. Nation, in: ders. u. H.Lehmann Hg., Religion u. Nation – Nation u. Religion, Göttingen 2004, 11–32; B.Rieffer, Religion and Nationalism, in: Ethnicities 3. 2003, 215–42; R.Friedland, Religious Nationalism, in: Annual Review of Sociology, 2001, 125–52; A.Hastings, The Construction of Nationhood, Cambridge 1997; G.Hosking u. G.Schöpflin Hg., Myths and Nationhood, London 1997. Zum deutschen Beispiel: H.Lehmann, The

Germans as a Chosen People. Old Testament Themes in German Nationalism, in: German Studies Review 14. 1991, 261–74; ders., «God Our Old Ally». The Chosen People Theme in Late 19th and Early 20th Century German Nationalism, in: W. Hutchison u. ders. Hg., Many Are Chosen, Minneapolis 1994, 85–113; Wehler, Nationalismus, München 2007³, 62–89.

9 Melville: Burns, XIII; Higonnet, XLVII; vgl. S. Haynes u. C. Morris Hg., Manifest Destiny and Empire, College Station/ Tex. 1997; A. Stephanson, Manifest Destiny, N. Y. 1995; F. Merk, Manifest Destiny and Mission in American History, N.Y 1963/Cambridge/Mass. 1995²; R. Horsman, Race and Manifest Destiny, London 1981; N. A. Graebner Hg., Manifest Destiny, N. Y. 1968; noch immer A. Weinberg, Manifest Destiny, Baltimore 1935/N. Y. 1979.

10 E. Rosenstock-Huessy, Die europäische Revolutionen u. der Charakter der Nationen, Stuttgart 1962², 526, ND Moers 1987. Zum Exzeptionalismus: S. M. Lipset, American Exceptionalism, N. Y. 1996; D. K. Adams u. C. A. van Minnen Hg., Reflections on American Exceptionalism, Staffordshire 1994; J. P. Greene, The Intellectual Construction of America: Exceptionalism and Identity 1492–1800, Chapel Hill 1993; M. Kammen, American Exceptionalism, in: American Quarterly 45. 1993, 1–43; B. E. Shafer Hg., Is America Different? A New Look at American Exceptionalism, Oxford 1991.

11 Vgl. H. Maier, Politische Religionen, München 2007; G. Pfleiderer u. E. W. Stegmann Hg., Politische Religion, Zürich 2004; zuerst E. Voegelin, Die politischen Religionen (Stockholm 1939), München 1993. Der Transfernationalismus, der aus dem Westen zum Beispiel Asien, Indonesien, Afrika erreicht hat, hat ebenfalls so gut wie überall auf indigene Auserwähltheitsvorstellungen und Mythen einer glorreichen Vergangenheit (Ghana, Simbabwe, Nippon, China) zurückgegriffen, da sich die ursprünglich importierte Denkfigur der exklusiven Erwähltheit offenbar als immens attraktiv erwies.

12 Die auch religionsgeschichtlich vergleichende Nationalismusforschung müsste einmal genauer den konfessionellen Unterschieden während der Generierung und Durchsetzung des Nationalismus nachgehen. Historisch gesehen haben sich protestantische Länder wie Holland, England, Nordamerika als besonders geeigneter Nährboden erwiesen. Das trifft auch auf das protestantische Deutschland zu, wo fast alle Mitglieder der nationalen Gemeinde, die aus dem frühen Intellektuellennationalismus seit dem Ende des 18. Jahrhunderts hervorging, durch und durch protestantisch waren. Bis zum Ende des 19. Jahrhunderts erwies sich der deutsche Katholizismus als relativ resistent gegenüber dem Reichsnationalismus, nicht nur weil das protestantische Preußen den antikatho-

lischen «Kulturkampf» so heftig betrieben hatte, sondern auch deshalb, weil für Katholiken das auserwählte Volk letztlich von der weltumspannenden Kirche verkörpert wurde. Im Übrigen muss auch in dieser Hinsicht die Nationalismusforschung klären, welche religiösen Antriebskräfte der Nationalismus in katholisch geprägten Ländern (wie Frankreich, Spanien, Italien, Lateinamerika) besaß; der polnische Nationalkatholizismus besitzt schon relativ klare Konturen.

11. Ein aufgeklärter Patriotismus?

1 Der Text beruht auf einem frei gehaltenen Vortrag bei einer Diskussionsveranstaltung der Konrad-Adenauer- und der Hanns-Seidel-Stiftung am 15. 12. 2005 in Berlin. Er wurde vom Tonband transkribiert.

13. Reichsführer – SS – Himmler als Schlüsselfigur des «Dritten Reiches»

1 P. Longerich, Himmler, München 2008.

14. Gab es von 1914 bis 1945 einen «europäischen Bürgerkrieg»?

1 E. Traverso, Im Bann der Gewalt. Der Europäische Bürgerkrieg 1914–1945, München 2008.

15. Literarische Erzählung oder kritische Analyse?

1 Eine bequeme Einführung in die hier behandelte Problematik bietet: J. Eibach u. G. Lottes Hg., Kompass der Geschichtswissenschaft, Göttingen 2002; vor allem die folgenden Beiträge sind heranzuziehen: G. Noiriel, Die Wiederkehr der Narrativität, 350–70; G. Motzkin, Das Ende der Meistererzählungen, 371–387; J. Revel, Die Annales, 23–37; R. Chartier, New Cultural History, 193–206; R. Jütte, Diskursanalyse, 307–317; S. Burghartz, Historische Anthropologie – Mikrogeschichte, 206–218; J. Hampsher-Monk, Neuere angloamerikanische Ideengeschichte, 293–306; C. Tilly, Neuere angloamerikanische Sozialgeschichte, 38–52; P. Nolte, Historische Sozialwissenschaft, 53–68.

Wegen ihres nachhaltigen Einflusses auf die Diskussion sind auch noch immer drei Beiträge von Lawrence Stone wichtig: The Revival of the Narrative, in: Past & Present 85. 1979, 3–24, u. in: ders., The Past and the Present, Boston 1981, 78–96, dt. Die Rückkehr der Erzählkunst, in: U. Raulff Hg., Vom Umschreiben der Geschichte, Berlin 1986, 3–24; History and the Social Sciences in the 20th Centuy, in: C. F. Delzell, Hg., The Future of History, Nashville 1977, 3–42, u. in: Stone: The Past and the Present, 3–44 u. 260–263; History and Postmodernism, in: Past & Present 131. 1991, 217 f., ebd.: 135. 1992, 189–94.

16. Was ist und was will Gesellschaftsgeschichte?

1 Dies war ein frei gehaltener Vortrag an der Universität Lüneburg, der von der Bandaufnahme transkribiert worden ist. Der Vortragsstil wurde beibehalten, zitierte Titel wurden hinzugefügt. Die im Text zitierten Veröffentlichungen:
E. J. Hobsbawm, From Social History to the History of Society, in: Daedalus 1971, 20–45; dt. Von der deutschen Sozialgeschichte zur Geschichte der Gesellschaft, in: H.- U. Wehler Hg., Geschichte und Soziologie, Köln 1972/Königstein 1984², 331–53. E. R. Huber, Deutsche Verfassungsgeschichte 1789–1933, 7 Bde., Stuttgart 1957–1984. R. Geißler, Die Sozialstruktur Deutschlands, Wiesbaden 2008⁵. B. Schäfers, Sozialstruktur u. sozialer Wandel in Deutschland, Stuttgart 2004⁸. S. Hradil, Soziale Ungleichheit in Deutschland, Wiesbaden 2005⁸. F. Braudel, Civilization and Capitalism, 3 Bde., New York 1979–1984. K. Jarausch, Die Umkehr 1945–1995, München 2004. C. Eisenberg, «English Sports» u. deutsche Bürger 1800–1939, Paderborn 1999. J. Kocka, Weder Stand noch Klasse. Unterschichten um 1800, Bonn 1990; ders. Arbeitsverhältnisse und Arbeiterexistenzen. Grundlagen der Klassenbildung im 19. Jahrhundert, ebd. 1990. S. Malinowski, Vom König zum Führer. Sozialer Niedergang u. politische Radikalisierung im deutschen Adel zwischen Kaiserreich u. NS-Staat, Berlin 2003. J. Schmidt, Begrenzte Spielräume. Arbeiterschaft u. Bürgertum in Erfurt 1970–1914, Göttingen 2005. U. v. Hirschhausen, Die Grenzen der Gemeinsamkeit. Deutsche, Letten, Russen u. Juden in Riga 1860–1914, ebd. 2006. T. van Rahden, Juden u. andere Breslauer. Breslau 1860–1925, Göttingen 2000. T. Mergel, Zwischen Klasse u. Konfession. Katholisches Bürgertum im Rheinland 1794–1914, ebd. 1994. S. L. Hoffmann, Die Politik der Geselligkeit. Freimaurerlogen in der deutschen Bürgergesellschaft 1840–1918, ebd. 2000.

17. Intentionalisten, Strukturalisten und das Theoriedefizit der Zeitgeschichte

1 G. Hirschfeld u. L. Kettenacker Hrsg., Der «Führerstaat» – Mythos u. Realität, Stuttgart 1981.
2 J. Fest, Das Gesicht des Dritten Reiches, München 1963.
3 I. Kershaw, Hitler, 2 Bde., Stuttgart 1998/2000; ders., Hitlers Macht, München 1992; ders., Der NS-Staat, Reinbek 1994.

18. Ein glänzendes Beispiel vergleichender Geschichte

1 MacGregor Knox, Origins and Dynamics of the Fascist and National Socialist Dictatorships, Bd. I: To the Threshold of Power 1922/33, Cambridge 2007.

19. Droysen: Vom Hellenismus zur Mission Preußens

1 W. Nippel, J. G. Droysen, München 2008.

22. Aufstieg und Niedergang der Großmacht Preußen

1 C. Clark, Preußen 1600–1945, München 2007/2008^8.

23. Das Ende der letzten Legende

1 J. Becker Hg., Mitarbeit M. Schmid, Bismarcks spanische «Diversion» 1870 und der preußisch-deutsche Reichsgründungskrieg 1866–1932, 3 Bde., Paderborn 2003/2003/2007.

24. Wann kommt der zweite Bismarck?

1 R. Gerwarth, Der Bismarck-Mythos. Die Deutschen und der Eiserne Kanzler, München 2007, erweiterte Fassung der engl. Ausgabe Oxford 2005.

25. Hindenburg zwischen Bismarck und Hitler

1 W. Pyta, Hindenburg. Herrschaft zwischen Hohenzollern und Hitler, München 2007.

26. Ein neuer Klassiker zur NS-Geschichte

1 A. Tooze, Ökonomie der Zerstörung. Die Geschichte der Wirtschaft im Nationalsozialismus, München 2007.

27. Alter Wein in alten Schläuchen

1 J. L. Gaddis, Der Kalte Krieg. Eine neue Geschichte, München 2007.

28. Klassikergalerie statt Problemorientierung?

1 R. Münch, Soziologische Theorie, Bd. I: Grundlegung durch die Klassiker, Frankfurt 2002.

29. Häppchenkultur eines Pseudohistorikers

1 N. Baker, Human Smoke. The Beginnings of World War II. The End of Civilization, New York 2008, dt. Menschenrauch, Reinbek 2009.

V. Eine Diskussion über Gesellschaftsgeschichte im Lesesaal der FAZ

1 Die von mir kommentierten Diskussionsbeiträge finden sich in: P. Bahners u. A. Cammann Hg., Bundesrepublik und DDR. Die Debatte um Hans-Ulrich Wehlers «Deutsche Gesellschaftsgeschichte», München 2009.

Bibliographische Notiz

1. Die ZEIT 22. 11. 2006.
2. Politique étrangère 4. 2007, 829–34 (hier erstmals die deutsche Fassung).
3. Die ZEIT 5. 7. 2007.
4. Festschrift H.-G. Haupt, Frankfurt 2008, 85–95.
5. Unveröffentlichte Rundfunksendung 2008.
6. Unveröffentlichte Rundfunksendung 2007.
7. Weltwoche 24. 5. 2007.
8. Der SPIEGEL 12. 2. 2007, 56–64.
9. Unveröffentlichte Rundfunksendung 2006.
10. Festschrift F. W. Graf, München 2008.
11. Politische Studien 57. 2006, 21–25.
12. H. R. Rother Hg., Hitler darstellen, München 2008, 101–12.
13. Weltwoche 44. 2008.
14. ZEIT-Literatur Oktober 2008, 44.
15. Wien 2007.
16. W. Faulstich u. H. Colla Hg., Panta Rhei, München 2008, 25–38.
17. N. Frei Hg., M. Broszat, Göttingen 2007, 71–75, 109–11, 115 f..
18. Weltwoche 13. 12. 2007.
19. ZEIT-Literatur März 2008, 47.
20. D. Felken Hg., Ein Buch, das mein Leben verändert hat, München 2008, 438–46.
21. FAZ 11. 4. 2008.
22. Weltwoche 3. 5. 2007.
23. Die ZEIT 19. 6. 2008.
24. Weltwoche 22. 3. 2007.
25. ZEIT-Literatur, November 2007, 10 f..
26. Weltwoche 19. 7. 2007.
27. Weltwoche 2. 8. 2007.
28. FAZ 3. 12. 2002.
29. Weltwoche 19. 2. 2008.
30. Geschichte in Wissenschaft u. Unterricht 60. 2009, 478–89.

V. Beiträge zum Lesesaal der FAZ im Oktober 2008.

Personenregister

Abelshauser, Werner 210, 233, 239, 251
Adenauer, Konrad 29, 214/15, 236/7, 249
Allemann, Fritz René 24
Althaus, Paul 102
Anter, Andreas 243
Arndt, Ernst Moritz 51, 55, 57, 100
Aron, Raymond 249
Atatürk, Kemal 33
Baker, Nicholson 204/5, 260
Barthes, Roland 124
Beck, Kurt 13
Beck, Ulrich 35, 232
Becker, Josef 11, 181–185, 192, 193
Becker, Nikolas 55
Berkeley, Miles Joseph 81
Besson, Waldemar 152
Best, Werner 109, 194
v. Bethmann Hollweg, Theobald 191
v. Bismarck-Schönhausen, Otto 11, 40, 64, 65, 67, 68, 88, 94, 100/1, 103–105, 157, 159, 160, 180–187, 191/2
Blair, Tony 27, 45
Bloch, Ernst 103
Bloch, Marc 158
Borchardt, Knut 210
Bormann, Albert 110
Bosl, Karl 133
Bourdieu, Pierre 16, 77, 230, 255
v. Boyen, Hermann 51
Bracher, Karl Dietrich 19, 152, 187, 194, 257
Brandt, Willy 25, 236
Braudel, Fernand 119, 140, 144, 147
Broszat, Martin 152–154, 157, 194, 235/6, 257
Brunner, Otto 126
Brunnhuber, Georg 36
Bucher, Lothar 184
Bude, Heinz 248/9, 255
Burckhardt, Jacob 66, 92, 174
Buckle, Thomas 116
Bush, George W. 87, 260
Carlyle, Thomas 45
v. Cavour, Camillo Benso 56, 159
Churchill, Winston 205
Clark, Christopher 10, 177–180
Claß, Heinrich 102
v. Clausewitz, Carl 51
Clemenceau, Georges 191
Conti, Leonardo 156
Conze, Werner 121, 126, 152, 170, 172
Dahrendorf, Ralf 31, 83
Daniel, Ute 264
v. Delbrück, Rudolf 184
Delors, Jacques 29
Demirel, Süleyman 37
Derrida, Jacques 124
Dilthey, Wilhelm 11, 117, 166
Diner, Dan 236, 240, 248, 254, 260/1
Dobb, Maurice 250
Doering-Manteuffel, Anselm 249/50, 252
Dopsch, Alphons 118
Drayton, William H. 81

Droysen, Johann Gustav 10, 55, 63, 116, 118, 163–166
Durkheim, Emile 202/3
Edwards, Jonathan 79
Ehmer, Josef 119
Eichholtz, Dietrich 194
Eisenberg, Christiane 148
Elias, Norbert 96
Eppler, Erhard 25, 45
Engels, Friedrich 61, 138
Erbakan, Necmettin 39
Erdogan, Recep 36, 39
Erhard, Ludwig 213, 215
Erler, Fritz 25
Fahrmeier, Andreas 243, 248, 250, 251, 253, 257
LaFeber, Walter 200
Ferguson, Adam 202
Ferrero, Guglielmo 204
Fest, Joachim 129, 153, 257/8
Fichte, Johann 51
Filbinger, Hans 43, 35, 36
Fischer, Joschka 34
Foucault, Michel 124, 127, 264
Fraenkel, Ernst 99
Franklin, Benjamin 81
Frei, Norbert 18, 157, 235, 256
v. Freydorf, Rudolf 184
Friedländer, Saul 156
Friedrich II., 100, 173, 177, 179
Friedrich, Jörg 8, 21, 23
Friedrich Wilhelm IV., 50, 53
v. Friesen, Richard 184
Furet, François 249
Gadamer, Hans Georg 123, 166
Gaddis, John 199–201
Gallagher, Jack 250
Gardner, Lloyd 200
De Gaulle, Charles 29, 241
Geertz, Clifford 115
Gaißler, Rainer 13, 136
Gellner, Ernest 49, 75

Genscher, Hans-Dietrich 260
George, Lloyd 191
George, Stefan 102
Gerschenkron, Alexander 53
Gerwarth, Robert 186
Giordano, Ralph 41, 43
v. Gneisenau, August Neidhardt 51
Goebbels, Joseph 103, 106, 109, 110
Gogarten, Friedrich 102
Goldhagen, Daniel 93
Gorbatschow, Michail Sergejewitsch 200, 254, 260/1
Graf, Friedrich Wilhelm 244/5
Grass, Günter 8, 20, 21
Grimm, Hans 91
Grosser, Alfred 230
Gül, Abdullah 39
Gumbrecht, Hans Ulrich 248, 263, 279
Gundolf, Friedrich 102
Haase, Hugo 25
Habermas, Jürgen 259
Haller, Johannes 101
Hamilton, Alexander 81
v. Hardenberg, Karl August 51
Harpprecht, Klaus 228, 236, 243, 252, 257, 260, 262
Hartmann, Michael 233
Hecker, Friedrich 61
Hegel, Georg W. F. 92, 116, 138
Heidegger, Martin 283
Heinrich VIII., 76
Hennis, Wilhelm 203, 249
Herbert, Ulrich 156, 194, 240, 247
Hess, Rudolf 171
Hettling, Manfred 233/4, 248, 256, 260
Heuss, Theodor 249
Heydrich, Reinhard 109, 156
Heym, Stefan 228
Hildebrand, Klaus 153, 181, 258
Hill, Christopher 137

Hillgruber, Andreas 153
Hilton, Rodney 250
Himmler, Heinrich 105–111, 155, 172, 198, 267
v. Hindenburg, Paul 11, 100, 149, 187–193, 218
Hintze, Otto 93, 118, 134, 158, 166, 177
v. Hirschhausen, Ulrike 149
Hitler, Adolf 11, 19, 80, 88, 92–96, 100/1, 103–110, 152–158, 162, 168, 186–188, 191–193, 195–199, 205, 218, 235–237, 247, 263, 266/7
Hobbes, Thomas 134
Hobsbawm, Eric 122, 133, 135, 137/8, 144, 209, 250
Hochstadt, Steve 119
v. Hodenberg, Christina 248
Hoffmann, Max 189
Hoffmann, Stefan-Ludwig 129, 151
Hoffmann v. Fallersleben, August Heinrich 55, 57
Honecker, Erich 237, 238
Hradil, Stefan 13, 136
Hubatsch, Walther 187
Huber, Ernst-Rudolf 135
v. Humboldt, Wilhelm 51, 52, 117, 118
Huntington, Samuel 38
Hüttenberger, Peter 153
Jäckel, Eberhard 158
Jäger, Friedrich 129
Jahn, Friedrich 51, 56, 100
Janossy, Ferenc 212
Jarausch, Konrad H. 146
Jefferson, Thomas 81
Jünger, Ernst 111
Jureit, Ulrike 230, 237, 246, 249, 257
Kaisen, Wilhelm 249
Kaelble, Hartmut 121

Kant, Immanuel 89
Kapp, Friedrich 61
Kershaw, Ian 154/5, 158, 163, 186, 194, 198
Keynes, John Maynard 209
v. Kielmansegg, Peter 231, 237, 242, 247, 254, 261/2
v. Kleist, Heinrich 51
Knapp, Georg Friedrich 216
Knodel, John 119
Knopp, Guido 145
Knox, MacGregor 10, 158/9, 162/3
Kocka, Jürgen 121, 131, 141, 148
Kohl, Helmut 29, 223, 244, 260
Kolb, Eberhard 181
Kondratieff, Nikolai 210/11
König, René 167
Körner, Theodor 57
Koselleck, Reinhart 126, 131, 177, 228
Kossert, Andreas 239, 252
Krelle, Wilhelm 15, 222
Kube, Wilhelm 171
Kuby, Erich 257
Kuhn, Thomas 144
Kunisch, Johannes 129, 177
van Laak, Dirk 231, 247, 259, 262
Lafontaine, Oskar 24, 25
Lammert, Norbert 246
Langdon, Samuel 80
Langewiesche, Dieter 71
Laslett, Peter 119
Laube, Heinrich 61
Lazarus, Moritz 169
Leber, Julius 102
Lepsius, Mario Rainer 157
von Lerchenfeld, Gustav Freiherr 184
Le Roy Ladurie, Emmanuel 249
Linz, Juan 231
Longerich, Peter 106, 110, 111
Löwith, Karl 111

Ludendorff, Erich 100, 189–191, 218
Luhmann, Niklas 138/9, 202
Lyotard, Jean-François 124/5
Madison, James 81
Malinowski, Stefan 149
Mann, Golo 10, 129
Marc, Franz 111
Marcks, Erich 101
Maron, Monika 244
Marx, Karl 133, 135, 138, 141, 161, 202/3, 230
Mason, Tim 153
Mather, Cotton 79
McCormick, Thomas 200
Mead, George Herbert 202/3
Meier, Christian 249, 256
Meinecke, Friedrich 118, 119, 166, 186
Melville, Hermann 83
Mergel, Thomas 131, 151
Merkel, Angela 43, 45
Merseburger, Peter 248/9
Merz, Friedrich 91
v. Metternich, Clemens 52, 53
Meyer, Arnold Oskar 101
Mielke, Erich 237
Millar, John 202
Mittag, Günter 237
Mitterauer, Michael 121, 125
v. Moltke, Helmut K. B. 64, 184
Mommsen, Hans 153, 155, 156
Mommsen, Theodor 19, 55, 63, 164
Mommsen, Wolfgang Justin 153, 203
Morse, Jedidiah 82
Mosca, Gaetano 204
Moses, Dirk 242, 249, 250, 257, 264
Müller, Adam 51
v. Müller, Karl Alexander 101
Münch, Richard 201/3
Mussolini, Benito 162

Napoleon I., 50, 51, 87, 100, 104, 160, 191
Napoleon III., 11, 65, 182, 184
Naumann, Hans 102
Niebuhr, Barthold Georg 147
Niethammer, Lutz 155, 156
Nietzsche, Friedrich 128
Nippel, Wilfried 163, 166
Nolte, Ernst 94, 111, 266–268
Nolte, Paul 232, 242, 248/9, 253/4, 257–259
Oettinger, Günther 43–45
Oken, Lorenz 59
v. Paczensky, Gert 257
v. Papen, Franz 35, 201
Pareto, Vilfredo 202, 204
Parker, Theodor 81
Parsons, Talcott 202/3
Persson, Torsten 27
Plumpe, Werner 239
Pocock, John G. A. 126/7, 186
Pollack, Peter 238, 245, 261
Popper, Karl 202, 226
Procksch, Otto 102
Pyta, Wolfgang V, 187/8, 190–193
van Rahden, Till 149
Reagan, Ronald 16, 200
v. Ranke, Leopold 117, 118, 145, 147, 166, 177
Reiter, Erich 34
Ricoeur, Paul 123
Ritter, Gerhard A. 121
v. Rochau, Ludwig August 63
Rödder, Andreas 238/9, 248, 254, 258
Röhm, Ernst 162
Roellecke, Gerd 246
Roethe, Gustav 102
v. Roggenbach, Franz 184
Rosenberg, Hans 179
Rosenstock-Huessy, Eugen 84, 167–169

Rothfels, Hans 170–172
Ruge, Arnold 53
Sabrow, Martin 237, 246
de Saussure, Ferdinand 124
Schäfers, Bernhard 13, 136
Schäffer, Fritz 215
Schalck-Golodkowski, Alexander 237
v. Scharnhorst, Gerhard 51
Schäuble, Wolfgang 33, 251
Scheler, Max 101
v. Schenkendorff, Max 57
Schieder, Theodor 71, 169–175
Schieder, Wolfgang 153
v. Schiller, Friedrich 51
Schlegel, Friedrich 51
Schleiermacher, Friedrich 51, 79
Schmalenbach, Hermann 101
Schmid, Carlo 25, 218
Schmidt, Helmut 25, 37, 223, 249
Schmidt, Jürgen 149
Schmitt, Carl 135
v. Schmoller, Gustav 134, 166, 177, 216
Schneckenburger, Max 55
Schönbohm, Jörg 45
Scholtysek, Joachim 253/4
Schreiner, Klaus 186
Schröder, Gerhard 17, 26, 34
Schulin, Ernst 152
Schulze, Gerhard 265/6
Schumann, Robert 29
Schumpeter, Joseph A. 210
Schurz, Carl 61
Schwarzer, Alice 45–48
Shakespeare, William 91
Simmel, Georg 116, 202/3
Skinner, Quentin 127, 186
Smith, Adam 202
Sombart, Werner 14, 133, 216, 221
Sorokin, Pitrim 221
Spann, Othmar 102

Speer, Albert 110, 195, 198
Spencer, Herbert 202/3
Spengler, Oswald 102
v. Srbik, Heinrich 118, 133
Stanford, Leland 263
vom Stein, Karl Freiherr 51, 55
v. Stein, Lorenz 133, 141, 164, 203
Steinthal, Heymann 169
Stiles, Ezra 80
Stolleis, Michael 231–233, 238/9, 243, 248, 262
v. Stosch, Albrecht 184
Stoughton, William 79
Stöver, Bernd 201
Strasser, Gregor 108
Suhrkamp, Peter 102
v. Sybel, Heinrich 63, 165/6, 184
Tarde, Gabriel 241
Taylor, Alan J. P. 249
Tenfelde, Klaus 121
Thatcher, Margaret 16, 45
Thernstrom, Stephen 119, 120
Thompson, Edward Palmer 119, 122, 137, 250
Tilly, Richard 121
v. Tirpitz, Alfred 218
Tooze, Adam 11, 194–198
Traverso, Enzo 112, 113
v. Treitschke, Heinrich 63, 165/6
Troeltsch, Ernst 116
v. Unruh, Victor 64
Updike, John 91
Verheugen, Günter 34
Veyne, Paul 124
Vogel, Hans-Joachim 25
Wagenknecht, Sahra 25
Wallerstein, Immanuel 32, 210
v. Wartenburg, Yorck 164
Washington, George 81
Weber, Max 14, 68, 75, 94–96, 100, 113, 116, 118, 120, 123, 129, 139–144, 151, 153–155, 162,

166/7, 169, 174, 186, 191, 198, 202–204, 216, 221, 231/2, 236/7, 262, 265
Wernle, Paul 101
White, Hayden 115, 128
Wilhelm II. 100, 178
Wilhelm IV. 60
Wilson, Woodrow 85
Wildt, Michael 156/7, 194, 229, 235, 256, 258
Winthrop, John 79
Winkler, Heinrich August 26, 187
Wirsching, Andreas 238, 254, 259
Wittram, Reinhard 129
Wrigley, Edward 114
Zehrer, Hans 102